Considerações sobre as causas da grandeza dos romanos e de sua decadência

O livro é a porta que se abre para a realização do homem.

Jair Lot Vieira

Considerações sobre as causas da grandeza dos romanos e de sua decadência

Tradução, introdução e notas
SAULO KRIEGER

Graduado em Filosofia (USP)
Doutorando em Filosofia (UNIFESP,
bolsista na Université de Reims, França)

MONTESQUIEU

edipro

Copyright desta tradução © 2017 by Edipro Edições Profissionais Ltda.

Todos os direitos reservados. Nenhuma parte deste livro poderá ser reproduzida ou transmitida de qualquer forma ou por quaisquer meios, eletrônicos ou mecânicos, incluindo fotocópia, gravação ou qualquer sistema de armazenamento e recuperação de informações, sem permissão por escrito do editor.

Grafia conforme o novo Acordo Ortográfico da Língua Portuguesa.

1ª edição 2017

Editores: Jair Lot Vieira e Maíra Lot Vieira Micales
Coordenação editorial: Fernanda Godoy Tarcinalli
Tradução: Saulo Krieger
Editoração: Alexandre Rudyard Benevides
Revisão: Beatriz Rodrigues de Lima e Ângela Moraes
Diagramação: Karine Moreto Massoca
Arte: Marcela Badolatto | Studio Mandragora

Dados Internacionais de Catalogação na Publicação (CIP)
(Câmara Brasileira do Livro, SP, Brasil)

Montesquieu, Charles de Secondat, Baron de, 1689-1755
　　Considerações sobre as causas da grandeza dos romanos e de sua decadência / Montesquieu ; tradução, introdução e notas Saulo Krieger. – São Paulo : EDIPRO, 2017.

　　Título original: Considérations sur les causes de la grandeur des Romains et de leur décadence.

　　ISBN 978-85-7283-998-3

　　1. História - Filosofia 2. Roma - História I. Krieger, Saulo. II. Título.

17-03211　　　　　　　　　　　　　　　　　　　　CDD-901

Índice para catálogo sistemático:
1. História : Filosofia 901

São Paulo: (11) 3107-4788 • Bauru: (14) 3234-4121
www.edipro.com.br • edipro@edipro.com.br
@editoraedipro　@editoraedipro

SUMÁRIO

Introdução à edição brasileira – A maçã de Newton, Montesquieu e a ciência política 7

CONSIDERAÇÕES SOBRE AS CAUSAS DA GRANDEZA DOS ROMANOS E DE SUA DECADÊNCIA

CAPÍTULO I
1. Os começos de Roma. 2. Suas guerras. 33

CAPÍTULO II
Da arte da guerra entre os romanos 41

CAPÍTULO III
Como os romanos puderam se engrandecer 47

CAPÍTULO IV
1. Os gauleses. 2. De Pirro. 3. Paralelo entre Cartago e Roma. 4. Guerra de Aníbal. 51

CAPÍTULO V
Situação da Grécia, da Macedônia, da Síria e do Egito, após a decadência dos cartagineses 61

CAPÍTULO VI
Da conduta adotada pelos romanos para subjugar todos os povos 71

CAPÍTULO VII
Como Mitrídates pôde resistir aos romanos 81

CAPÍTULO VIII
Das divisões que sempre existiram na cidade 85

CAPÍTULO IX
Duas causas da perda de Roma 91

CAPÍTULO X
Da corrupção dos romanos 95

CAPÍTULO XI
1. De Sila. 2. De Pompeu e César. 99

CAPÍTULO XII
Do Estado de Roma após a morte de César 109

CAPÍTULO XIII
Augusto 113

CAPÍTULO XIV
Tibério 121

CAPÍTULO XV
Dos imperadores, de Caio Calígula a Antonino 127

CAPÍTULO XVI
Do estado do Império, de Antonino a Probo 137

CAPÍTULO XVII
Mudança no Estado 151

CAPÍTULO XVIII
Novas máximas adotadas pelos romanos 159

CAPÍTULO XIX
1. Grandeza de Átila. 2. Causa do estabelecimento dos bárbaros.
3. Razões pelas quais o império do Ocidente foi o primeiro a ruir. 165

CAPÍTULO XX
1. Das Conquistas de Justiniano. 2. De seu governo. 173

CAPÍTULO XXI
Desordens no Império do Oriente 181

CAPÍTULO XXII
Fraqueza do Império do Oriente 187

CAPÍTULO XXIII
1. Razões da duração do Império do Oriente. 2. Sua destruição. 199

INTRODUÇÃO À EDIÇÃO BRASILEIRA
A maçã de Newton, Montesquieu e a ciência política

I

Por mais que se trate de uma anedota de questionável valor pedagógico, e mesmo que Newton não tenha sido o primeiro a se perguntar sobre o motivo de os corpos caírem, a lendária maçã do filósofo natural inglês seria aqui um ícone de alguma serventia (MARTINS, 2006, p. 167-89). Não o primeiro a observar e se perguntar, mas o primeiro a fazê-lo a ponto de ali constatar e isolar regularidades. Assim, ainda que a imagem pertença ao anedotário, a verdade é que Newton se debruçou de tal maneira sobre o que a muitos pareceria um fato bruto, que tirou esse fato do isolamento e de uma aparente irrelevância, fazendo-o adentrar no universo humano sob a forma de leis: no campo estrito da natureza, precisamente na física, nascia a ciência moderna.

De maneira similar, no campo das ciências humanas até Montesquieu, um evento da história romana – uma estratégia, uma conquista, uma traição, uma decisão infeliz, a intermitente convulsão na fronteira do Reno – era um entre tantos incidentes perdidos na história, por mais que a história de Roma seja também a nossa. Até Newton, o espaço entre o galho em que pendia a maçã e o chão era apenas um espaço vazio, uma obviedade inquestionada, e eis que se transformou em lei a reger todos os fenômenos físicos. Tudo se passa como se, até Montesquieu, um incidente perdido nos confins da história de Roma fosse não mais do que isto: fato ou curiosidade histórica, a se iniciar e terminar em si mesmo. Entre ele e nós, um imenso espaço vazio, a sinalizar que, para além de um círculo de historiadores e eruditos, tal incidente não nos dizia respeito.

Que não se imagine encontrar analogia direta entre as leis da física, desveladas por Newton, e as leis da história, que Montesquieu procurou buscar em *Considerações sobre as causas da grandeza dos romanos e de sua decadência*[1]. Não obstante, assim como Newton é considerado o fundador da ciência moderna, Montesquieu seria eminência análoga no campo da ciência política. Montesquieu toma como ponto de partida não postulados ou princípios metafísicos, mas dados empíricos, que, hauridos ao longo de decênios dedicados ao estudo de Roma, concretizam-se na obra que se apresenta aqui. E tais dados, como se pretende mostrar, hão de conferir sentido ao juízo formulado pelo filósofo marxista Althusser (1972), a corroborar o positivista Auguste Comte e Émile Durkheim, pai da Sociologia: de fato, Montesquieu seria nada menos que o fundador da ciência política.

E, diga-se, estamos ante o que parecem ser duas ousadias: uma comparação entre os campos distintos, das ciências naturais e das ciências humanas, e uma afirmação de pioneirismo talvez até grandiloquente. Quanto à comparação, cabe compreender por quais meios ela se faz possível, e isso passa por considerar que os campos distintos para nós não o eram à época de Descartes, Hobbes ou Espinosa. Quanto à afirmação de Althusser, não cabe meramente repeti-la, mas dela compreender a dimensão e o real sentido. E, convenhamos, a afirmação sobre Montesquieu fundador da ciência política de fato nos suscita um questionamento a um só tempo abrangente e pontual: abrangente à medida que indaga sobre o teor das reflexões políticas basilares que o pensamento ocidental conheceu com Platão e Aristóteles na Antiguidade, no Renascimento com Maquiavel e na modernidade com Hobbes, Locke e Espinosa, fundadores da filosofia política e antecessores de Montesquieu. Sem juízo de valor, mas com escrutínio, tratava-se de *filosofia* política, não *ciência* política. E se a fundação da *ciência* política remete a Montesquieu, e não aos que vieram antes dele, trata-se, antes de qualquer coisa, de considerar em que medida a obra de tais pensadores é um saber, e saber fundador de outros saberes, mas não fundador de uma ciência. A face pontual do mesmo questionamento diz respeito à noção de ciência. Com "ciência" aqui, bem entendido, temos em mente o sentido moderno do termo. Tal sentido deve nos remeter à comparação inicial, de um olhar que extrai leis da insipidez de fatos empíricos. Uma pergunta a se fazer é: em que medida Montesquieu conseguiu transplantar esse olhar,

---

1. A título de abreviação, doravante passaremos a chamar a obra de *Grandeza e decadência dos romanos* ou, simplesmente, *Considerações*.

que Newton lançara à natureza, às relações humanas em sua feição política? Trata-se, pois, de se interrogar sobre o que fez de Montesquieu, afinal, o fundador da ciência política.

Ao falar no que seria já um estofo à afirmação de Montesquieu, pai da ciência política, falaremos aqui, precisamente, da obra *Grandeza e decadência dos romanos*. A título de introdução à presente edição da obra, o que se pretende é justamente fazer ver de que modo *Grandeza e decadência* não é uma pura e simples incursão de Montesquieu no campo da historiografia, isenta de maiores consequências e empreendida, como de fato é, à revelia dos métodos que eram então adotados. O que se quer fazer ver é que, se Montesquieu é considerado o fundador da ciência política, as *Considerações* foram para tal um experimento. De tal experimento, lembrando que experimentos são necessários para que se tenha uma ciência, os dados empíricos foram colhidos nas já referidas décadas de estudo da história de Roma. E o propósito de um experimento será, precisamente, o de fazer com que dele se possa extrair uma regularidade, de uma regularidade inferir uma relação, e, a partir desta, formular uma lei. Sem perder de vista esse preceito básico, trata-se aqui de examinar como *Grandeza e decadência* constituiu-se em um experimento que viabilizaria a fundação da ciência política. Ou, ainda, de compreender a posição da obra no *corpus* de Montesquieu, sobretudo em relação à sua obra capital e mais intimamente associada a seu legado, *Do espírito das leis*. Mas acreditamos que entender seu legado fundador da ciência política, e *Grandeza e decadência* em função desse legado, não bem seria possível sem um procedimento por contraste. Esse contraste traz à tona o aspecto referido anteriormente, ou seja, a ideia de contrastar *Grandeza e decadência* em relação a outras obras de caráter fundador da política, ainda que não lhes caiba a honra de fundar especificamente a ciência política. E pretende-se bem realçar que os edifícios anteriores à contribuição política de Montesquieu postularam um rigor que o pensador francês veio a satisfazer com a empiria, com o experimento de seu meticuloso estudo sobre os romanos.

II

Na Antiguidade, tinha-se um campo de saber único e elástico, a filosofia, e suas áreas não chegavam a se destacar como disciplinas autônomas. O esforço de Aristóteles em conceber as ciências físicas e biológicas, que estão na origem das que hoje conhecemos, além da moral e da política, da retórica e da poética, cumuladas por uma "filosofia primeira", deve ser entendido mais como um esforço de classificação – e a classificação é legado aristotélico por excelência – do que como um desmembramento e uma subsequente autonomia, tal como o método e a profusão de dados empíricos fizeram necessários na modernidade. Antes de Aristóteles, porém, Platão instaura um saber ao distingui-lo do que é mera opinião, e o faz por meio do método dialético. A dialética é um *pensar através do que aparece*, para além dos aspectos particulares de uma atividade ou objeto, para além do que se mostra em dado tempo e em dado lugar; pela interrogação e pelo diálogo, o método dialético induz a pensar para além das relatividades dos diferentes órgãos dos sentidos e das diferentes manifestações particulares. O particular tem o seguinte papel na filosofia de Platão: o de revelar-se em apenas um de seus aspectos, condicionado e envolto em sombras, porém, de certo modo, passível de suscitar um pensar para além dele – o pensar dialético, que no limite conduzirá a algo verdadeiro [porque eterno, imutável e incondicionado].

Questionamento desse tipo empreende o protagonista Sócrates ao indagar "o que é a justiça", em *A República*. Em sua busca da definição do que é justo, seu adversário e pano de fundo é a concepção sofística de uma justiça relativa às convenções humanas. A norma ideal de justiça que Platão vai propor, bem no sentido oposto, deve ser absoluta, intocada pelos fatos justamente para poder regê-los, acessível tão somente pela inteligência. Essa inteligência, bem entendido, em primeiro lugar será a do filósofo, indivíduo liberto do "teatro das sombras", entenda-se aí, dos casos particulares, que são parciais, condicionados e fugidios. Ora, essa relação de Platão com os casos particulares é aqui algo a se ter em mente, será uma constante ao passarmos pelos outros pensadores da política até Montesquieu, que vai encontrar para o particular tratamento diverso, ao possibilitar que da filosofia política se origine uma ciência política.

O próprio Montesquieu (1899, p. 105-6) comenta sobre Platão: "É um pensamento admirável de Platão que as leis sejam feitas para anunciar as ordens de razão aos que não podem recebê-las imediatamente dela". Notável aqui é que o mesmo Montesquieu buscará as leis gerais a partir de uma intensiva perscrutação de dados empíricos, que envolvem os exemplos de ações e motivações de tempos passados, seus anseios e sua postura na guerra, os costumes, erros e acertos de governos e de impérios, suas leis e máximas, sua religião, seu clima. Esquadrinhamento como esse está nos antípodas da atitude de Platão, por mais que nasça de sua necessidade de rigor. Em Platão, os casos particulares se mostram obscuros e se dão à compreensão tão somente à medida que, por uma ascese inerente ao método dialético, são reconhecidos ao tomar parte nas formas inteligíveis (εἶδος, *eîdos*).[2] Ocorre que as formas, ao conferir inteligibilidade à matéria, são dela separadas e estão acima delas, ou seja, são-lhes transcendentes. Não há formas em objetos materiais, ainda que, e por mais que, estes participem das formas. Ora, isso veio a se configurar um problema para seu discípulo Aristóteles.

Para Aristóteles, entre as formas há, evidentemente, formas de objetos matemáticos, como a da igualdade, a de um triângulo, de uma tríade. E não há como separar formas matemáticas dos objetos materiais dos quais, segundo Platão, elas participariam, porque objetos materiais possuem efetivamente propriedades matemáticas. Isso levou Aristóteles a pensar que não seria possível pensar matéria sem alguma forma, que desse modo não poderia lhe estar à parte. No caso dos objetos matemáticos, precisamente, eles são exemplos de formas que não podem ser separadas de objetos materiais. Desse modo, o que confere inteligibilidade aos particulares não é algo que lhes transcende, mas algo imanente a eles. Essa peculiaridade em relação à forma, dizendo respeito à estrutura racional de uma realidade em oposição à sua matéria, terá reflexos no modo como Aristóteles (2006, p. 5) concebe a natureza política do homem – "o homem é um animal cívico, mais social do que as abelhas e outros animais que vivem juntos". O homem assim entendido não será, pois, uma natureza universal e abstrata, não será como a que se tem no Platão de *A República*, em que a justiça na cidade é pensada em paralelo com a justiça na alma humana. Se a filosofia aristotélica é impregnada de finalismo, se para o estagirita a todo o tempo o homem é regido por fins, isso não implica fixidez. Tanto que esse mesmo homem pende entre o fim contemplativo (na *Ética a Nicômaco*) e o político (em sua *A Política*), que não se excluem, uma vez que o homem que visa à contemplação é o animal cívico, político. Fixidez só haverá mesmo *no horizonte* dessa função normativa. Na realização dessa ou daquela finalidade cabe o funcional e, no escopo da funcionalidade, toda a miríade de particulares de cada povo, que dá origem a leis e instituições próprias, que diferem de um país para outro, de uma época para outra. Embora haja a "*melhor* constituição", a "*melhor* forma de governo", o que é norma é também suficientemente flexível para se adaptar às circunstâncias – e de novo

---

2. As ideias ou formas inteligíveis de Aristóteles – derivadas do verbo *eído*, "ver", e remetendo à intenção de revelar a verdadeira natureza da coisa por trás do visível – de modo algum podem ser confundidas com representações mentais, como se teve na modernidade, a partir de Descartes.

temos aí os casos particulares, que para Aristóteles são inteligíveis em sua particularidade, excluindo-se do que entende por inteligível tão só o que for contrário à natureza. Se *A Política* (2009, p. 283) termina com um apelo ao regrar e à moderação, o meio-termo aí sugerido não é algo previamente dado em um mundo transcendente, mas uma funcionalidade a se ter em vista mediante um exercício de racionalidade, o modelo da qual não é meramente dedutivo. Não o é porque se trata de uma racionalidade imersa na prática, por sua vez ela própria, a prática, detentora de uma racionalidade: afinal, a articulação de razões remete a propensões, não a necessidades, e nessa medida seu fim não é o racional, e sim o razoável. E se se tem propensões e razoabilidades em vez de necessidade e racionalidade, é porque a política de Aristóteles, diferentemente do que se tinha em Platão, admite o circunstancial, o condicionado, o particular. Este, de um teatro de sombras, passa a uma "inteligibilidade intrínseca".

III

Se a política se fez assim instaurada como filosofia política por Platão e Aristóteles, estava longe de se tornar ciência política. Durante a Idade Média, com a filosofia exercida como serva da teologia, as questões políticas em grande parte ficaram reduzidas às argumentações pró e contra a detenção, pelo papa, da plenitude de poder sobre as coisas temporais. A filosofia política ganharia novo fôlego com o Renascimento, sobretudo com Maquiavel (1469-1527), mas ainda não foi com ele que se encetou como ciência política. Seu *O príncipe* é efetivamente uma obra de ruptura – de uma ruptura radical com a tradição que, iniciada com Platão e Aristóteles, atrelava a política à moral. Aristóteles comparava as qualidades dos diferentes tipos de regime; Platão, antes dele, valeu-se do método dialético para chegar a uma ideia de justiça e ao modo como esta deveria fundar a cidade ideal – ou para conceber quais deveriam ser as virtudes do homem político, como em seu diálogo *O político*. Passados daí cerca de 2 mil anos, o próprio Maquiavel se orgulhava de sua obra por ela ter inaugurado um caminho novo, no qual se tem em vista o que em política *efetivamente se faz,* em detrimento do que *deveria ser feito*.

Este não seria o único motivo para se orgulhar: se com Descartes se inaugura todo um modo de pensar que, ao se tornar marca da modernidade, se dá pela via de um sujeito de caráter epistemológico, no terreno da política Maquiavel o antecipa, pela primeira vez, ao pensar a política pelo viés de um sujeito, e o personaliza: o príncipe. Se a percepção de que o ato de conhecer passa por uma lente subjetiva de algum modo já estaria se fazendo sentir no renascentista Maquiavel, isso depreendemos do aspecto que mais nos interessa aqui, ou seja, seu método. A percepção de uma subjetividade atuante na busca de um conhecimento certo, tal como será formulada por Descartes mais de um século depois, prenuncia-se em Maquiavel pela recorrência a um método para o qual a evidência tem de ser não intuída e descrita, como na Antiguidade – e vale lembrar que, em grego, a palavra "teoria" (θεωρία) significava a ação de observar, de contemplar –, mas construída. Pode-se dizer que, de certo modo, Maquiavel precede a revolução científica assentada em observação e experimentação, e o faz precisamente ao se valer da experiência para, com base em comparações, encontrar invariantes. Tanto mais é obrigado a fazê-lo por vislumbrar a possibilidade de, como ressaltado anteriormente, tratar do que efetivamente *se faz* em política. Devemos destacar que se tem aí um contato com o particular que em muito difere da minuciosa análise empírica que Montesquieu empreenderá mais de dois séculos depois: a experiência buscada por Maquiavel é a do conhecimento das ações das grandes personalidades. Diga-se, trata-se de uma experiência haurida do cumprimento de missões diplomáticas e da leitura dos historiadores, sobretudo os antigos, leitura essa a que também se dedicou Montesquieu. Mas o que Maquiavel buscava em suas leituras não eram regularidades, como no caso de Montesquieu, e sim, ao modo platônico, invariantes.

É na busca por invariantes que a observação de Maquiavel procederá ao desvelamento de causas, dos motivos de seus efeitos no passado e no presente. Para chegar aos invariantes, o florentino utiliza um expediente que poderíamos considerar protocientífico, e nos referimos ao expediente da comparação. Para ele, aliás, a tradição se negava a comparar casos e exemplos que poderia ter à mão, preocupada que estava em propor Estados como realizações mais ou menos perfeitas de um homem naturalmente político. Nesse sentido, em Maquiavel inegavelmente se tem um avanço: se na empiria encontra a invariância de exemplos, de seus exemplos de Estados do passado e do presente, tirânicos ou republicanos, as tais regras invariantes não têm em vista qualquer Estado ideal, mas a fundação, por um príncipe, de um Estado sólido, isto é, soberano, de uma soberania mantida não com base na legitimidade ou em preceitos morais, mas na estabilidade.

Que fique bem claro, não obstante a recorrência, por Maquiavel, a uma análise empírica, além de certa ênfase no particular, nem por isso ele viria a fundar uma ciência política, como Montesquieu. Na verdade, governar seria se deparar de forma bem-sucedida com conjunturas sempre particulares. Daí Maquiavel se debruçar sobre eventos particulares, como que para sondar neles alguma renitência. Mas em sua obra, a atenção à empiria ainda tem em vista regularidades que se dão prontas ao observador, como que sob a forma de, justamente, invariantes. O particular não é fruto de laboriosa observação e construção de um olhar subjetivo, mas se dá sob a forma acabada de um exemplo apenas temperado, e, por vezes, de um contraexemplo. O tratamento empírico que viria a se impor como método científico, para fazer com que a ciência natural se descolasse da filosofia, e a ciência política, da filosofia política, demandaria mesmo a revolução iniciada por Galileu e consumada por Isaac Newton.

IV

Para o necessário descolamento da visão de natureza acalentada na Antiguidade, e para que o método proporcionasse tamanha revolução científica, demandaria ainda uma preparação, que veio com Francis Bacon (1561-1626). Bacon (2000, p. 35) insurgia-se contra o silogismo aristotélico ("todo homem é mortal", "Sócrates é homem", logo "Sócrates é mortal"), por não se aplicar "aos princípios das ciências, mas apenas aos axiomas intermediários, que de modo algum equivaleriam às sutilezas da natureza" (BACON, 2000, p. 49), razão pela qual suscitariam "assentimento sem referência às coisas" (BACON, 2000, p. 49). A flagrante insuficiência do silogismo estava em, de pronto, saltar dos fatos, por meio de noções descuidadamente abstraídas das coisas, para pretensos princípios, que então eram considerados verdades. Essas verdades, Bacon as denuncia como antecipações fortuitas e prematuras. Contra tal antecipação, o filósofo inglês propõe uma marcha lenta, gradual, que, para além da imprecisão e da limitação das palavras, interprete a natureza curvando-se aos fatos que nela se dão: sem saltos apressados nem apoio em noções pouco seguras, "a única esperança está na indução" (BACON, 2000, p. 35).

Galileu Galilei (1564-1642), quase ao mesmo tempo, na intenção de justificar pela observação o heliocentrismo copernicano, aponta sua luneta para o céu. Suas observações, ao cabo de algumas semanas no biênio 1609-1610, já lhe vinham prenhes de consequências filosóficas: ao contrário da tese derivada de Aristóteles, segundo a qual o cosmos seria heterogêneo, com o mundo sublunar (a Terra) se contrapondo ao supralunar (o conjunto dos corpos celestes), o mundo se lhe mostrava homogêneo: a observação da Lua, por exemplo, fê-lo constatar que ela possuía uma superfície desigual, tal qual a da Terra. Com isso, a homogeneidade do mundo franqueava ao homem uma possibilidade de intervenção e conhecimento até então insuspeitada: o plano geométrico era passível de ser transportado para o físico, fazendo com que o mundo pudesse ser conhecido por cálculos matemáticos, que assim renderiam leis.

Ante esse legado de unificação entre as físicas celeste e terrestre, Newton conclui o trabalho de Galileu, assim como faz avançar a distinção metodológica baconiana entre a antecipação, praticada pelos antigos, e a interpretação, que Bacon (2000, p. 45) propunha por meio de "exemplos e experimentos adequados e relevantes". Por trás da lendária "maçã de Newton" tem-se a concepção, por ele, de um método descritivo. Em contraposição ao método da síntese, vigente na Antiguidade – pelo qual se assumia que as causas tinham sido descobertas, sendo assentadas como princípios passíveis de explicar os fenômenos –, Newton (1983, p. 56) propõe o método descritivo: "esta análise consiste em fazer experimentos e observações, e deles traçar conclusões gerais por indução, não se admitindo nenhuma objeção às conclusões senão as que são tomadas dos experimentos, ou [de] certas outras verdades".

V

O rigor metodológico, fundado no binômio composto por extração de uma proposição dos fenômenos e sua generalização por indução, viria a lançar raios de influência sobre a filosofia do iluminismo e sobre Montesquieu. Antes disso, porém, sua revolução científica viria a se consumar no campo filosófico no século XVII, encontrando acolhida e expressão entre os racionalistas da Europa continental e os empiristas britânicos, como se verá adiante, mas também com o nominalista[3] Thomas Hobbes[4] (1588-1679).

---

3. Tem-se por "nominalismo" uma designação empregada por filósofos contemporâneos de tradição anglo-saxônica, designação esta que, sem ser desprovida de ambiguidades, remete à rejeição de objetos abstratos, que confeririam validade universal às coisas – de universal haveria, assim, tão somente os nomes. Essa classificação encontra copiosa corroboração na obra do próprio filósofo. Cf. HOBBES (2015, p. 35-43).
4. Sobre Hobbes como empirista, cf. GERT apud SORELL, 1996, p. 158.

Se a descoberta de leis do universo pode fazer o homem se apossar de instrumentos e técnicas, e com isso se assenhorear da natureza, por que na política haveria de imperar o caótico e o arbitrário, devendo o homem a ele se submeter? Hobbes efetivamente é movido pela intenção de fazer com que a política se torne *ciência política*, uma ciência que, tal como a física em um mundo ora reconhecido como homogêneo, teria seu campo de aplicação. Ocorre que a compreensão do que para o filósofo inglês poderia ser uma ciência política já seria algo de bastante peculiar e controverso. A ciência política seria por ele pensada em contraste com a previsão, prudência ou providência, entendida como "presunção do futuro" (HOBBES, 2015, p. 32). A prudência é efetivamente um conhecimento, mas em forma de uma ilação isolada que, suscitada por um caso particular, remete a outro caso particular, que tenha acontecido no passado e guarde semelhança com o atual. É, pois, uma suposição de que de acontecimentos semelhantes devem se seguir ações semelhantes (HOBBES, 2015, p. 33). Trata-se de presunção ou conjectura que o próprio Hobbes tem por falaciosa em razão de não observar o que seria um conjunto de circunstâncias. Por isso mesmo, a prudência ou previsão pode envolver alguma certeza, mesmo muita certeza, que não obstante jamais será suficiente. E não o será por se pautar sempre pela imaginação, que é finita (HOBBES, 2015, p. 33), assim como não há "ideia ou concepção de coisa alguma que possamos chamar infinita" (HOBBES, 1998, p. 19). Desse modo, de uma finitude a outra, a prudência não é capaz de remeter a uma hipotética generalidade.

A remissão a algo hipotético, geral e infalível, por sua vez, ser-lhe-á obra da ciência. A metodologia de análise e síntese para tal é pensada de modo universalmente aplicável, pois a distinção entre ciência natural e ciência política ainda não se instalara, e isso veremos também para o caso de John Locke. E assim como se terá com Descartes, e como fará Espinosa, Hobbes tem na geometria o modelo de ciência – "a única ciência que aprouve a Deus conceder à humanidade" (HOBBES, 1998, p. 23). Nominalista que é, o modelo da geometria diz respeito a um estabelecimento de significações – "definições" – de que se deve partir, tal como o geômetra que as insere no início do cálculo. Desse modo, a aquisição de ciência encontra-se firmemente associada ao primeiro uso da linguagem e, a partir daí, a uma analogia do uso das palavras com o manuseio de um cálculo. Nessa analogia entre significações linguísticas e cálculo geométrico, "verdadeiro e falso são atributos da linguagem" (HOBBES, 1998, p. 23), com ênfase na constatação de erros e críticas à cega crença nos livros e nos "primeiros autores"

(HOBBES, 2015, p. 47), sem o exame de suas definições – em procedimento semelhante ao daquele que acrescenta somas pequenas a uma maior sem se atentar se foram corretamente somadas (HOBBES, 2015, p. 40).

Na interface de tal modelo geométrico de conhecimento com a sua política, a ciência concebida por Hobbes, longe do perscrutar de regularidades inerentes ao que se dá como contingencial, é uma ciência de planejamento prévio e estratégico. De cunho normativo, dispõe mais sobre o que os homens racionalmente devem fazer – como renunciar à violência e à liberdade em favor de um soberano – do que sobre o que efetivamente fazem. Associada a uma segurança de princípios, a cientificidade imaginada pelo filósofo de Malmesbury é capaz de se alçar sobre a densidade de motivações e peculiaridades de agrupamentos e de indivíduos. A ciência assim concebida se julga superior à história, até porque uma análise histórica aprofundada a faria se deparar com tal densidade de motivações. Por isso, as menções de Hobbes a fatos e personagens da história de Roma e de Atenas têm mais a função de confirmação pontual do que propriamente servir como campo de trabalho.

Passando de sua teoria política para o seu legado, de Hobbes herdamos, entre outros aspectos, a concepção de Estado como representatividade. Afinal de contas, num movimento de abstração, o foco em um indivíduo como detentor do poder, tão próprio à modernidade, é agora reconhecido na figura do soberano, em lugar de um príncipe, como se tinha em Maquiavel. Mas para além de sua herança incontornável, já foram devidamente ressaltadas (RAYAN, 1996, p. 208-45) as perguntas que sua obra só faria responder se concebida ao modo de uma ciência tal como viria a se consagrar: a interrogação sobre o motivo de um monarca ser melhor que um parlamento demandaria demonstração científica, e sabemos que a experiência aponta bem para o contrário; uma ciência como a entendemos hoje se esforçaria em dizer o que, afinal, são as leis – no que já se tem a reflexão de Montesquieu –, não se limitando a afirmar como são as leis na especificidade de certo país; uma ciência política também iria além de hipotetizar a implementação de um Estado, muito mais fazendo ver que tudo o que se considera como Estado deve vir a ser constituído como tal – daí a ciência política, que enfim não se sagrou com Hobbes, aliar a análise dos amplos aspectos estruturais do Estado à experiência. Abordá-la por meio de um método que reduza o dado sem suprimi-lo é que proveria a corroboração pelos casos particulares (RAYAN, 1996, p. 215).

VI

Com a particularidade sendo relegada ao domínio da prudência, em oposição ao da ciência, vimos que da revolução científica de seu tempo Hobbes absorve sobretudo a geometria, em sua capacidade de a um só tempo fundar, aplicar-se a seus objetos e possibilitar a visualização de erros de operação. Com efeito, a revolução científica que se tem a partir do século XVI não se baseia apenas na observação e na inferência, que sempre houve desde os filósofos pré-platônicos, mas na aplicação da matemática à observação e à experimentação. Se, ao observar a Lua, Galileu desvelara a homogeneidade entre o céu e a Terra, tal homogeneidade franqueia ao homem, em relação à natureza, o parâmetro neutro e insidioso da quantificação. A física de Aristóteles por certo era logicamente coerente, mas sendo qualitativa, como também era a sua cosmologia. Em contraposição, a nascente física moderna tem, em seu cerne, por um lado, a observação empírica e, por outro, a abstração que dela se faz aplicando-lhe as relações matemáticas. O desvelamento da imensidão do Universo, já não fechado, como pensavam os antigos,[5] promove um ricocheteio, de caráter especular, vindo a incidir no homem que o contempla, e isso quer dizer, evidencia a ação do sujeito que tudo desvela. Se se acede a Copérnico, convindo que a Terra não está no centro do Universo, e se as coisas perdem muito de sua consistência, cobre-se de atenção e densidade a figura humana, que, afinal, promove tal deslocamento e o observa com espanto. Assim, em um movimento coordenado, o foco se desloca das coisas para o sujeito que as pode conhecer. Sobre esse pano de fundo, em que se evidenciavam e se entrelaçavam os fios da possibilidade de abstração e os da possibilidade subjetiva de conhecer, instauravam-se no século XVII duas correntes filosóficas, bifurcadas por uma discordância quanto à primazia e ao peso dos dados sensíveis ou de princípios racionais, independentes do sensível, para se obter conhecimento. Uma delas campeou em solo continental, e virá a ser identificada como racionalismo, personificado sobretudo por Descartes, Espinosa e Leibniz. A outra, em solo britânico, será o empirismo de Locke, Berkeley e Hume.[6]

---

5. A esse respeito, cf. KOYRÉ (2006).
6. Sem intencionar nenhuma exaustividade, entre esses pensadores elegeremos os que conciliam, a exemplo de Thomas Hobbes, uma teoria do conhecimento consistente e uma teoria política incontornável, ainda que não afeita ao que virá a se entender como ciência. Ao referido

Se se isolar da revolução científica os traços essenciais da observação de dados da natureza e a quantificação matemática que submete essa observação, para o racionalista, a preeminência a propiciar e fazer avançar o conhecimento caberia à abstração matemática e às deduções que, à revelia dos dados sensíveis, possam ser realizadas ao modo dos geômetras. Exatamente por isso, o ímpeto de fundação do conhecimento personificado por Descartes passaria longe de se debruçar sobre o particular, e muito longe de poder encontrar entre conexões particulares uma lei universal, como fará Montesquieu. Até por isso, em Descartes, a atitude ante a política será, pode-se dizer, bastante esquiva. Da árvore que concebe para ilustrar a edificação do conhecimento, a metafísica compreende as raízes, a física, o tronco, enquanto a medicina, a mecânica e a moral, os galhos – portanto, não haveria aí espaço para a política. De modo geral, o filósofo francês se diz leigo nos temas desta que alijou de sua árvore, e, por certo, só não o faria se antevisse para ela uma possibilidade de fundamentação metafísica. Mas sua edificação *strictu sensu* não vai mesmo além da moral, que ele considera o último grau de sabedoria, ao pressupor todo um conhecimento das outras ciências. De tal maneira Descartes (2006, p. 33) pretende-se revolucionário nos campos da ciência, assentada em bases metafísicas, que no campo da política ele se permite não vislumbrar vestígio de ciência, mas apenas, confessadamente, a atitude de "obedecer às leis e [aos] costumes de meu país".

Mas o racionalismo do século XVII não deixou de expressa e deliberadamente pensar a política de seu tempo. Espinosa é autor de dois tratados sobre política, um deles relevante, o outro, crucial. Talvez não seja equivocado afirmar que o distanciamento de que Descartes talvez necessitasse para não se limitar a "obedecer às leis e [aos] costumes de seu país", Espinosa o obteve por fortuna e nascimento. Oriundo de um meio judeu ortodoxo, os rigores da educação formal judaica logo receberam o contraponto do estudo do latim, que lhe franqueou o acesso à filosofia escolástica e à filosofia do quase contemporâneo Descartes. Por certo que o relativo atrito entre a cultura bíblica não cristã, de seu berço, e a cristã, prevalecente, veio a lhe conferir uma visão crítica de um contexto social e político que para o filósofo francês se manteve inquestionado: de forma distanciada, saltava

---

critério Descartes faz exceção, mas o trazemos por sua condição de pensamento considerado fundador da modernidade em filosofia, pela clareza de sua matriz subjetiva para se pensar os desdobramentos na filosofia, e mais precisamente na política, e pela eloquência de sua recusa em pensar a política.

aos olhos de Espinosa o arcabouço de uma sociedade monarquista, autoritária, sob uma religião cristã que, envolta em dogmas e superstições, viria a ser severamente questionada apenas no século seguinte, com a filosofia das Luzes. Em Espinosa, o monoteísmo cristão, que como *res divina* tão bem se adaptava ao radical dualismo mente *(mens)* e corpo *(corpus)* cartesiano, é visto em perspectiva, assim como a monarquia e o poder aristocrático, até então intocados.

Se a viga mestra de Descartes estava em fundar um conhecimento seguro para as ciências, e para tal fundação o particular não receberia guarida, a de Espinosa já estaria em lançar luz sobre a relação entre o mundo como sistema totalizante e um ser em sua existência singular. No campo da política, seria então o caso de entender como, na condição de criaturas sociais, os seres humanos devem se comportar como indivíduos. Mas, em um passo anterior, no campo do conhecimento seria o caso de compreender como a razão pode passar da percepção particular, sensível, para o universal. Daí os gêneros de conhecimento que, com uma ou outra variação, são pensados e apresentados de maneira constante nas obras de Espinosa. Em sua formulação mais frequente, têm-se três gêneros: o primeiro é o conhecimento "pelo simples ouvir dizer" (ESPINOSA, 1983b, p. 48) ou por "experiência vaga" (ESPINOSA, 1983a, p. 161), configurando o "conhecimento do primeiro gênero, [entendido como] opinião ou imaginação" (ESPINOSA, 1983a, p. 161). O segundo gênero é o das "noções comuns e ideias adequadas das propriedades das coisas" (ESPINOSA, 1983a, p. 161), que ainda peca por perceber "nas coisas naturais senão os acidentes, sem o anterior conhecimento das essências" (ESPINOSA, 1983b, p. 48) – estas entendidas como natureza de uma coisa, como o que faz com que uma coisa exista (ESPINOSA, 1983b, p. 135). Já o terceiro gênero é referido como "ciência intuitiva" (ESPINOSA, 1983a, p. 161), e por ele se procede "da ideia adequada da essência formal de certos atributos de Deus para o conhecimento adequado da essência das coisas" (ESPINOSA, 1983a, p. 161). Para caracterizá-lo, Espinosa não raro lança mão de exemplos de evidências de séries aritméticas (ESPINOSA, 1983a, p. 162), comparando suas demonstrações às que se dão com "os olhos da alma, com os quais ela vê e observa" (ESPINOSA, 1983a, p. 290). Desse quadro, o que mais nos interessa é que nos três casos é possível constatar modalidades de passagem do particular para o geral: no primeiro deles, por indução, experiências singulares tenderiam a se configurar noções universais, com o problema, segundo o próprio Espinosa, de se partir de experiências mutiladas pelos sentidos, sem submetê-las à ordenação do intelecto. No segundo, o pensamento traz universalidade ao particular à medida que, de maneira dedutiva, tal como os matemáticos, de pronto o situam na generalidade. No terceiro modo, a razão não conhece por nenhuma operação, mas intui, e nesse caso o universal e o particular vão se interseccionar de forma plena e imediata. Assim, se na passagem da primeira modalidade para a segunda haveria uma superação do dado particular e sensível, na da segunda para a terceira o universal seria superado no tocante à sua incapacidade de dar conta do caso particular. E se na segunda modalidade o conhecimento é obtido por explicação causal, na terceira se vê a própria coisa não por meio de outra, mas nela mesma, à medida que se vê a essência das coisas ao se compreender a essência formal de certos atributos de Deus, identificado à natureza. Por essa visão, a distância entre o particular e o universal, assim como entre essência e existência, conhecimento e realidade, possibilidade e necessidade, é puramente suprimida.

Em Espinosa, se operarmos uma passagem de suas preocupações epistêmicas para as políticas, o seu *Tratado teológico político* tem como escopo amplo e imediato a liberdade, que pela primeira vez em filosofia política assume tal magnitude. E porque estamos no período moderno, em que o homem já não é um "animal político", como em Aristóteles, mas um sujeito, com sua perspectiva evidenciada como ponto de partida para qualquer reflexão filosófica, a liberdade em questão será eminentemente individual. Entendida como ação realizada sem obediência à determinação exterior – somente a Deus, ou à natureza, ao qual nada é exterior –, a liberdade individual e política pressupõe a liberdade de pensamento. Para fazê-la valer, cumpria relativizar a autoridade eclesiástica, e, para tanto, por fim, atribuir à teologia, ainda em grande parte prevalecente, um lugar mais restrito e, por isso mesmo, mais modesto. Assim, se o objetivo maior do pacto social em Espinosa evidencia-se como a liberdade, a democracia seria o regime a ser proposto, ao modo de um republicanismo igualitário e afinado à expressão da liberdade. Mesmo quando propõe uma monarquia, em seu inacabado *Tratado político*, trata-se ali de uma monarquia constitucional e parlamentar, de feição e funcionamento democráticos. Por isso se pode dizer que, para Espinosa, a autoridade eclesiástica, tal como se constituía à época, seria um obstáculo ao exercício da liberdade e da democracia – daí a originalidade de concepção de uma obra ao ligar, já em seu título, o teológico ao político.

Para fazer ver como certa concepção do teológico e do religioso contrapunha-se a um regime democrático e republicano, a estratégia do filósofo judeu seria expor as causas do preconceito teológico e religioso, da rivalidade e da intolerância interreligiosa – intolerância que, obviamente, lançava mão da censura à liberdade de expressão. Para introduzir tal teoria política, em que o republicanismo passa por uma desobstrução de caráter teológico, a metodologia de Espinosa é hermenêutica, de instrumental exegético, filológico e histórico. E é no uso desse instrumental que se manifesta a peculiar cepa de seu empirismo.[7] Ocorre que o empirismo de Espinosa seria como um empirismo exegético, com a experiência e o "trabalho de campo" voltados a detectar as distorções e os preconceitos imputados ao texto das Escrituras.[8] Trata-se de um empirismo que se encontra subsumido a um ponto de partida incontornável em premissas metafísicas e fundacionistas, mais precisamente na teoria da substância única, de modo que a razão por ele exercida estaria ocupada mais em propriamente fundar e unificar do que em aplicar modelos – a exemplo do modelo matemático aplicado à natureza, no caso de Newton – a uma realidade que, sendo política, era uma realidade de desejos e anseios humanos.

Espinosa, com segurança se pode dizer, era um homem de ciência. Não apenas por pretender um tratamento das relações humanas tal e qual o das coisas da natureza à maneira de Newton, mas também por sua atuação no campo da óptica, que transcendia o ofício prático de limpador de lentes – a excelência dos instrumentos por ele criados foi reconhecida pelo célebre astrônomo e matemático Christian Huygens. Pode-se dizer, contudo, que tal pretensão e tal exercício não se estendeu ao campo da política. O âmago de seu projeto político, que está no exercício da liberdade, dá-se no campo estrito de uma *subjetividade* – dela devidamente consideradas as paixões e inclinações –, e não de sociedades. Tivesse como objeto não uma sociedade ideal, afinada à expressão das liberdades individuais, e sim sociedades de fato, vistas com distanciamento e comparadas mediante um método empírico não hermenêutico, Espinosa teria sido menos Espinosa, se é que o teria sido. Mas, sem méritos nem deméritos, apenas a título de constatação, sua filosofia política estaria mais próxima de suscitar uma ciência política.

---

7. E de empirismo se pode falar, até porque o filósofo tinha conhecimento aprofundado da obra de Francis Bacon, que aqui já vimos idealizar a nova ciência em método indutivo e empírico.
8. "Sustento que o método de interpretar as Escrituras pouco difere do método [correto] de interpretar a natureza, na verdade lhe estando bastante afinado. O [correto] método de interpretar a natureza consiste acima de tudo em construir uma história natural, da qual derivamos as definições de coisas naturais, como de certos dados." (ESPINOSA, 2007, p. 98.)

VII

Causaria espécie a quem acompanhasse a revolução científica dos séculos XVI e XVII, e mesmo, de modo mais restrito, ao leitor que está a nos seguir, um filósofo do período vir a entender que o nascimento da física com Newton – à época era ainda matemática e filosofia natural – não poderia ser considerado ciência. É esse bem o caso do inglês John Locke (1632-1704), e tal restrição se relaciona à divisa principal do projeto lockeano, a saber, especificar os limites do entendimento humano. Ele não foi o primeiro filósofo a acenar nessa direção, mas por certo o primeiro a adentrá-la em pormenor, compreendendo-a em amplitude e em seus meandros. Não à toa, inicia seu *Ensaio sobre o entendimento humano* propondo-se a investigar a origem, a questão da certeza e a extensão possível ao conhecimento humano. Encarnando a tradição empirista, propõe que não temos conhecimento inato, sendo o entendimento uma *tabula rasa*, ou também uma câmara escura, com sua abertura para a luz se dando por meio das sensações. Como *tabula rasa*, não traz princípios inatos, mas vai sendo paulatinamente engendrado pelas ideias; para tanto, Locke concebe "ideia" não assinalando uma semelhança entre o pensamento e as coisas, como em Aristóteles, mas de modo mais amplo, como Descartes, entendendo "ideias" tanto como o objeto do pensamento quanto como a operação mental. E é por isso que o filósofo inglês poderá conceber uma distinção entre ideias simples e ideias complexas. Ideias serão simples se não forem passíveis de alguma divisão, "não contendo em si nada além de uma aparência ou concepção uniforme" (LOCKE, II.II.1, p. 128). Podem provir da sensação, sendo produzidas pelas coisas, e nesse caso serão necessariamente verdadeiras – tome-se como exemplo a ideia da solidez produzida pelo tato, como também podem provir da reflexão, uma vez que, para Locke, a mente detém acesso direto a suas operações mentais. Exemplos das ideias simples de reflexão são a ideia de percepção, a do próprio pensar e a de volição (LOCKE, II.VI.II, p. 131). As ideias complexas, ao contrário, sinalizam uma intervenção da mente: se o entendimento é de todo passivo ao perceber a brancura, a redondez e o frio que lhe são impressos pela percepção de uma bola de neve, a própria ideia de uma bola de neve, complexa e composta pelas outras três, advém de uma operação da mente que engendra uma ideia única, e não a justaposição pura e discreta das ideias simples de brancura, de redondez e de frio. Outros exemplos de ideias complexas, ou seja, combinadas, são a da beleza e a do homem, e é "por essa faculdade de repetir e juntar suas ideias, [...] variar e multiplicar os objetos de seu pensamento" (LOCKE, II.XII.II, p. 147), que o entendimento pode ir muito além do que lhe dão a sensação ou a reflexão sobre si mesmo, advindo daí seu poder de realizar infinitas composições.

Do entendimento ao conhecimento, segundo Locke (IV.I.II, p. 307), este lhe "parece nada mais ser do que a percepção da conexão e do acordo e desacordo [...] entre quaisquer de nossas ideias". Por mais que para o empirista Locke o conhecimento se origine tão somente com as sensações, e que estas se imprimam no entendimento sem prévia estruturação deste – ao contrário do que se terá com Kant –, a partir da admissão das sensações por meio de ideias simples, e logo a seguir pela ação das complexas, o conhecimento vai se basear unicamente na ligação ou na relação entre as ideias. Ora, tal concepção está em plena afinidade com o que anunciamos ser o projeto lockeano de investigar a natureza e os limites do conhecimento humano. Justamente porque lhe perscruta a natureza e lhe reconhece limites, Locke vai discernir três tipos de conhecimento e, nos confins do que para ele pode ser chamado de conhecimento (LOCKE, IV.II, p. 309-13), o que será apenas crença. O filósofo inglês concebe graus de conhecimento, dados pelos tipos de acordo entre as ideias: conhecimento *intuitivo* haverá mediante acordo imediato entre duas ideias percebidas; conhecimento *demonstrativo*, quando o acordo entre duas ideias se der por meio de uma terceira ideia, ao modo de um encadeamento; por fim, o conhecimento *sensível*, de natureza mais "semântica", já se direciona à existência de objetos do mundo exterior, exigindo-se deles uma percepção adequada e minuciosa. Entretanto, o conhecimento *sensível* que Locke assim admite não é o que se pode auferir do que à época se chamava de "filosofia experimental" (LOCKE, IV.III.26, p. 321) ou de "conhecimento experimental" (LOCKE, IV.III.29, p. 322) – como os experimentos da nascente física de Newton. Tampouco ter-se-á ali a "prova claramente percebida" (LOCKE, IV.II.3, p. 310), exigida pelo conhecimento demonstrativo. A experiência no mundo exterior, Locke a associa a uma conveniência, e os experimentos regulares – como os de Newton –, à mera crença e opinião, em vez de propriamente a conhecimento e ciência (LOCKE, IV.XII.10, p. 361). Ora, não é possível entender essa visão crítica, e mesmo cética, quanto às capacidades do entendimento e os limites do conhecimento humano, sem atentar para o fundamento científico da filosofia de Locke, que é o corpuscularismo de Boyle. A teoria do entendimento humano de Locke seria como uma interrogação baseada nessa concepção científica, segundo a qual o mundo e os corpos são constituídos de partículas ínfimas, mesmo invisíveis, mas sua dimensão, sua forma e seus movimentos explicam, ao modo de uma hipótese mecanicista, todos os fenômenos da matéria. Para dar conta da teoria corpuscular, o filósofo inglês concebe uma distinção entre qualidades primárias e secundárias: as primárias são inseparáveis dos corpúsculos, enquanto as secundárias estariam nos corpos como poderes passíveis de suscitar em nós ideias a partir desses corpúsculos (LOCKE, IV.III.IX-XIV, p. 315-6).

A teoria corpuscular, não necessariamente isenta de fissuras, tem o dom de explicar fenômenos da experiência, como calor, frio, percepção das cores e do movimento, sem ser uma explicação oculta, de atribuição de virtudes *ad hoc*, como se tinha na escolástica.[9] Mas ela apresenta limites, como o de não se poder mostrar o cimento que liga os corpúsculos (LOCKE, II.XXIII.26, p. 211), e, afinal, a própria solução de Locke, da distinção entre qualidades primárias e secundárias, é problemática ao não permitir uma plena compreensão de como as qualidades primárias produzem as secundárias (LOCKE, II.XXIII.13, p. 208). Mas para nosso propósito aqui, o que há de mais relevante é tal hipótese ter mantido Locke descrente em relação à capacidade de conhecimento por parte de uma ciência que, afinal, estava se constituindo. O modo como engendra o seu conceito de substância para tomá-la por um princípio incognoscível, e como adota também a tradicional noção de "essência", para tomá-la por "constituição real, interior e desconhecida das coisas" (LOCKE, III, 19, p. 117), revela um fundo cético, mas de um ceticismo em grande parte restrito ao mundo exterior.[10] Algo bem diferente se terá com o conhecimento, por exemplo, de um triângulo, que não depende de nossos sentidos (LOCKE, IV.VIII.8, p. 347); em uma epistemologia de viés e legado mais morais que epistemológicos, até mesmo a moralidade e a religião terão para ele o conhecimento seguro de uma ciência (LOCKE, IV.III.6, p. 314), já que o ser de Deus em nós é apreendido por nosso conhecimento de nós mesmos, na imaterialidade de nossa alma, esta que não lhe é uma crença em um provável, mas conhecimento (LOCKE, IV.III.6, p. 314).

De todo esse quadro devemos reter que, pelo arcabouço corpuscularista de Boyle, Locke parte de uma noção de conhecimento como concatenação

---

9. A esse respeito, cf. McCANN (1994, p. 242-60).
10. "Com isso fica claro que os homens não seguem exatamente os padrões estabelecidos pela natureza quando formam suas ideias gerais de substância" (LOCKE, III.VI.32, p. 277). Além disso: "[...] sem ter ideias das qualidades primárias particulares das mínimas partes de cada uma dessas instalações, nem de outros a que se aplicariam, não podemos nada afirmar sobre os efeitos que elas produzem"; e "sem ter ideias das afecções mecânicas particulares das mínimas partes dos corpos que estão sob nossa vista e alcance, somos ignorantes de suas constituições, capacidades e operações" (LOCKE, III.III.25, p. 321).

de ideias, com severas restrições aos objetos do mundo exterior; nesse sentido, associa a experiência a uma conveniência e os experimentos regulares à mera crença e opinião, em vez de propriamente associá-los a um possível conhecimento seguro e a uma ciência (LOCKE, XII.10, p. 361). Obviamente isso traz consequências para a sua teoria política: ao concentrar seus dois tratados sobre o governo na preocupação de persuadir seu leitor a resistir a um rei quando este se torna tirano, Locke de fato traz soluções a problemas intelectuais oriundos de juristas-filósofos da época, como Hugo Grotius e Pufendorf, como a conceituação da propriedade e a questão da insubmissão a um governo tirano (ASHCRAFT, 1994, p. 226-51). Se a questão da insubmissão à primeira vista parece pontual, os questionamentos que suscita são dos mais abrangentes, e podemos aqui destacar o problema da origem da autoridade política. Ao propor que sua origem advém do povo, e não de Deus, Locke concebe um início da sociedade política mediante a união voluntária e o acordo mútuo entre todos. Ocorre que, para tanto, seu argumento se assenta em postulados hauridos não de meticulosa e empírica observação de um sem-número de sociedades e civilizações, mas de suas crenças, condicionadas por suas convicções religiosas. Nada mais distante de uma prospecção do particular e do contingencial segundo um método que, por abstrato e por isso mesmo aplicável, determinaria a estrutura da experiência que se está a salientar. Com isso queremos dizer: nada mais distante de uma filosofia política que, por força de sua metodologia, pudesse gerar, em seu seio, uma ciência política.

VIII

John Locke, bem como Hobbes, Descartes e Espinosa, é em grande parte filho do intento de transplantar o robusto vicejar da física matemática de Galileu e Newton, em substituição à física de atualização de potencialidades, de Aristóteles, para uma ciência das relações entre os homens – a abranger a moral e, o que nos interessa aqui, a política. Esse ímpeto de transplantar sem mais o feito e o rigor das ciências da natureza para as ciências humanas se fazia possível por ainda não existir, à época, uma estrita separação entre tão diferentes campos das ciências. É muito possível que a não compreensão do caráter heterogêneo de um e outro campo se traduzisse em uma exigência de rigor que não se convertia em exame e comprovação de caráter empírico. Examinar essa relação demandaria ainda outro estudo. De certo o que se tem é que as investidas racionalistas e empiristas do século XVII estiveram mesmo atreladas à rigorosa dedução com base numa única sociedade. A exemplo dos demais filósofos do século XVII, a pretensão de rigor não se traduziu no exame das implicações empíricas desse mesmo rigor. Tal já é o legado de Montesquieu, do qual *Grandeza e decadência dos romanos* assoma como momento decisivo, encarnando a necessidade de comprovação empírica para a satisfação dos referidos cânones de rigor, se não postos ao menos idealizados desde a filosofia antiga.

Nesse sentido, as *Considerações* são muito mais que um relato histórico. Como observa Goyard-Fabre (1979, p. 51), "se [Montesquieu] busca as causas da grandeza dos romanos e de sua decadência, é porque não basta relatá-las". Desvelando na história uma dimensão racional e normativa, o filósofo "faz com que causas aparentemente isoladas, aparentemente ocasionais, expressem uma realidade profunda, pela qual a decadência se fez consequência inevitável de sua própria grandeza" (GOYARD-FABRE, 1993, p. 31). Nesse sentido, o pormenor do texto revela como as conquistas romanas estavam atreladas ao treinamento dos soldados, obrigados a, por exemplo, correr e saltar completamente armados, com peso equivalente ao de 60 libras (cap. II). Sua grandeza não foi algo de fortuito, e se deu não pela concentração de terras, mas pela partilha delas, vinculada à expansão da cidadania (cap. III, discurso de Tibério Graco). A extração da dimensão científica de atitudes aparentemente isoladas fez Montesquieu associar o crescimento de Roma à medida de não permitir a livre associação ou o mútuo auxílio entre as cidades gregas sob seu domínio (cap. V). Da mesma forma, assume dimensão normativa a conduta adotada pelos romanos de procurar a colaboração de aliados nas proximidades de um inimigo distante (cap. V). A normatividade apreendida faz-se notar na onipresente referência a uma regularidade, como denuncia a recorrência ao pretérito imperfeito: os romanos "*podiam*, até mesmo, dar uma interpretação arbitrária a um tratado" (cap. VI); os romanos "*tratavam* a paz com um príncipe sob condições razoáveis"; os romanos "*faziam* com que fosse necessário, ou conveniente, agradar Roma com presentes e dinheiro" (cap. VI), assim como "mil crimes *eram* cometidos [pelos povos subjugados] [...] em troca sempre de proteção ou de mais proteção" (cap. VI). E a relação intrínseca entre a grandeza de Roma e sua decadência é desvelada em sua cientificidade quando bem se associa a queda do Império Romano do Ocidente – pois o do Oriente veio a se converter em Império Bizantino – ao fato de lhe ter sido recusada uma arma naval com os bárbaros vândalos. Ora, tal aliança fora necessária em razão do próprio gigantismo a que chegou o Império (cap. XIX). E se a grandeza dos romanos se assentou na regularidade de condutas como travar tão somente guerras sucessivas, a quebra dessa regularidade, pela necessidade de guerras simultâneas – justamente em razão do gigantismo que veio a assumir – acabou por selar a sua queda (cap. XIX).

Assim, se no próprio texto de Montesquieu encontramos elementos que corroboram a afirmação de que, tal como Newton na física, Montesquieu buscou "nos produtos da arte humana regularidade análoga à da natureza" (DAVY, 1939, p. 572), trazendo à historiografia uma dimensão racional e científica, podemos concluir que *Grandeza e decadência* lhe foi um experimento. Assentado em relatos históricos, um experimento com ações e condutas, a dar prova de que a vontade humana, longe de ser um capricho imponderável, dá-se sob um conjunto de condições. Nesse sentido, o conhecimento dessas condições, em sua variabilidade e gradação, é elemento crucial para o projeto de Montesquieu, visando a uma esclarecida reforma do soberano e de seu súdito. É desse modo que *Grandeza e decadência dos romanos* contribui para a instauração de uma ciência política de modo mais direto e imediato do que tão eminentes tratados em filosofia política. A totalidade de fatos que a obra em questão nos auxilia a abarcar nos deixa à porta da obra capital de Montesquieu, *Do espírito das leis*. No limite, também atende a um otimismo. Não um otimismo pontual nem pessoal, mas o otimismo de um tempo. De um tempo esperançoso quanto à razão, ao ser humano e à política, e o filósofo assim o expressa:

> Se eu pudesse fazer com que aqueles que comandam aumentassem seus conhecimentos sobre o que devem prescrever, e se aqueles que obedecem encontrassem um novo prazer em obedecer, considerar-me-ia o mais feliz dos mortais. (MONTESQUIEU, 1973, p. 28.)

Saulo Krieger
Graduado em Filosofia (USP),
é doutorando em Filosofia (UNIFESP,
bolsista na Université de Reims)
com uma pesquisa sobre Dioniso
e consciência na obra de Nietzsche.
Como tradutor, tem diversos títulos publicados
em filosofia e literatura.

Referências

ALTHUSSER, Louis. *Montesquieu, a política e a história*. Trad. Luz Cary e Luisa Costa. Lisboa: Editorial Presença, 1972.

ARISTÓTELES. *A Política*. Trad. Nestor Silveira Chaves. Bauru: Edipro, 2009.

_____. *A Política*. Trad. Roberto Leal Ferreira. São Paulo: Martins Fontes, 2006.

ASHCRAFT, Richard. Locke's political philosophy. In: CHAPPELL, Vere (Org.). *The Cambridge Companion to Locke*. Cambridge: Cambridge University Press, 1994.

BACON, Francis. *The New Organon*. Cambridge: Cambridge University Press, 2000.

DAVY, G. Sur la méthode de Montesquieu. In: *Revue de Métphysique et de morale*, v. LI, n. 4, 1939.

DESCARTES, René. *Discurso sobre o Método*. Trad. Paulo M. de Oliveira. 2. ed. São Paulo: Edipro, 2006.

ESPINOSA, Baruch. *Ética* (IV, XL, escólio II). Trad. Joaquim Ferreira Gomes. São Paulo: Abril Cultural, 1983a.

_____. *Tractatus Teologico Politicus*, VII, II. Versão inglesa: SPINOZA, B. *Theological-Political Treatise*. Cambridge: Cambridge University Press, 2007.

_____. *Tratado da Correção do Intelecto*. Trad. Carlos Lopes de Mattos. São Paulo: Abril Cultural, 1983b.

GERT, Bernard. Hobbes Psychology. In: SORELL, Tom (Org.). *The Cambridge Companion to Thomas Hobbes*. Cambridge: Cambridge University Press, 1996.

GOYARD-FABRE, Simone. *La philosophie du droit de Montesquieu*. Paris: Librairie G. Klicksieck, 1979.

_____. *Montesquieu, la Nature, les Lois, la Liberté*. Paris: Presses Universitaire de France, 1993.

HOBBES, Thomas. *Leviatã*. Trad. Daniel Moreira Miranda. São Paulo: Edipro, 2015.

_____. *Leviathan*. Oxford/New York: Oxford University Press, 1998.

KOYRÉ, Alexandre. *Do mundo fechado ao universo finito*. Trad. Donald M. Garschagen. Rio de Janeiro: Forense Universitária, 2006.

LOCKE, John. *Essay Concerning Human Understanding*. Chicago/London/Toronto: Encyclopædia Britannica, [s.d.].

MARTINS, Renato de Andrade. "A maçã de Newton: histórias, lendas e tolices". In: SILVA, C. C. *Estudos de história e filosofia das ciências*. São Paulo: Livraria da Física, 2006.

McCANN, Edwin. Lockean Mechanism. In: CHAPPELL, Vere (Org.). *The Cambridge Companion to Locke*. Cambridge: Cambridge University Press, 1994.

MONTESQUIEU. *Do Espírito das Leis*. Prefácio Fernando Henrique Cardoso. Trad. Leôncio Martins Rodrigues. São Paulo: Abril Cultural, 1973.

_____. *Pensées et fragments inédits de Montesquieu*. Bordeaux: Imprimerie G. Gounouilhou, 1899. p. 105-106 (n. 1859).

NEWTON, Isaac. *Óptica*. Trad. Pablo Rubem Mariconda. São Paulo: Abril Cultural, 1983. (Os Pensadores)

RAYAN, Alan. Hobbes Political Philosophy. In: SORELL, Tom (Org.). *The Cambridge Companion to Thomas Hobbes*. Cambridge: Cambridge University Press, 1996.

CONSIDERAÇÕES SOBRE AS CAUSAS DA GRANDEZA DOS ROMANOS E DE SUA DECADÊNCIA[*]

---

[*]. A presente tradução foi realizada a partir da última versão da obra publicada por Montesquieu em 1748. Na ocasião, o filósofo fez diversas alterações no texto de 1734, e, por tradição na edição, julgamos pertinente trazer as notas e passagens suprimidas indicadas, aqui, em notas de rodapé. (N.T.)

CAPÍTULO I

1. OS COMEÇOS DE ROMA.
2. SUAS GUERRAS.

Não é o caso de fazer da cidade de Roma, em seus primórdios, a ideia que nos dão as cidades que temos hoje em dia, a menos que sejam as da Crimeia, feitas para esconder o butim, o gado e os frutos que produz o campo.

Os nomes antigos dos principais lugares de Roma se encontram todos relacionados a esse uso. A cidade nem ao menos tinha ruas, se se chama por esse nome a continuação dos caminhos que davam nela. As casas eram dispostas sem qualquer ordem e eram muito pequenas: isso porque os homens, sempre no trabalho ou na praça pública, pouco ficavam ali.

Mas a grandeza de Roma logo se fez aparecer nos edifícios públicos. As obras que deram e ainda hoje dão a mais alta ideia de seu poderio foram feitas sob os Reis.[1] Começava-se a erigir aí a cidade eterna.

Rômulo[2] e seus sucessores quase sempre estiveram em guerra com seus vizinhos para se apoderar dos cidadãos, das mulheres ou das terras. Retornavam à cidade com os despojos dos povos vencidos: eram os feixes de trigo e os rebanhos; isso causava grande alegria. Eis aí a origem dos triunfos, que na sequência foram a causa principal da grandiosidade a que essa cidade chegou.

Roma aumentou sobremaneira suas forças mediante sua união com os sabinos[3], povos duros e belicosos como os lacedemônios, dos quais des-

---

1. Ver o espanto de Dionísio de Halicarnasso ante os esgotos feitos por Tarquínio (*Ant. Rom.*, livro III). Eles ainda existem.
2. Segundo a tradição, Rômulo, juntamente com seu irmão gêmeo Remo, teria fundado a cidade de Roma em 753 a.C. Foi também seu primeiro rei, governando-a de 753 a 717 a.C. (N.T.)
3. Os sabinos constituíam uma tribo da região central da península itálica e habitavam as colinas próximas a Roma, no Lácio. Há duas hipóteses para sua origem: a primeira, de que eram originários da própria península; a segunda, a de que seriam oriundos da Lacedemônia, na Grécia, onde ficava Esparta. Montesquieu mostra ser partidário da segunda hipótese. (N.T.)

cendiam. Rômulo tomou seu escudo, que era grande,[4] em vez do pequeno escudo dos argos,[5] do qual se servira até então e, como se deve observar, o que mais contribuiu para que os romanos se tornassem os senhores do mundo foi que, tendo sucessivamente combatido contra todos os povos, sempre renunciaram a usá-los tão logo encontraram melhores.

Nas repúblicas da Itália pensava-se então que os tratados celebrados com um rei de modo algum lhes obrigava para com seu sucessor; para eles, era uma espécie de direito das gentes.[6] Assim, todo aquele que fora submetido por um rei de Roma se pretendia livre sob outro, e as guerras nasciam sempre das guerras.

O reinado de Numa,[7] longo e pacífico, revelou-se bastante apropriado a deixar Roma em sua mediocridade. Se nessa época ela tivesse território menos limitado e um poderio maior, ao que tudo indica sua sorte estaria traçada para sempre.

Uma das causas de sua prosperidade é a de que seus reis foram todos grandes personagens. Nas histórias, em parte alguma se tem uma série ininterrupta de tais homens de Estado e de tais generais.

No nascimento das sociedades, são os chefes das repúblicas que fazem a instituição, e em seguida é a instituição que forma os chefes das repúblicas.

Tarquínio[8] assumiu a coroa sem ser eleito pelo Senado nem pelo povo.[9] O poder se tornava hereditário; ele o fez absoluto. Essas duas revoluções logo se fizeram seguir de uma terceira.

Seu filho Sexto, ao violar Lucrécia,[10] cometeu algo que quase sempre faz expulsar os tiranos das cidades onde antes eles mandavam: isso porque o povo, a quem ação semelhante tão bem faz perceber sua servidão, tomou de pronto uma resolução extrema.[11]

---

4. Plutarco, *Vida de Rômulo*.
5. O qualificativo do referido argo diz respeito à cidade de Argos, na península do Peloponeso. (N.T.)
6. Isso aparece em toda a história dos reis de Roma.
7. De acordo com a tradição, Numa Pompílio teria sido o segundo rei de Roma, governando-a de 717 a 673 a.C., em sucessão a Rômulo. De origem sabina, era considerado virtuoso, religioso e pacífico, como aliás foi seu reinado. (N.T.)
8. Tarquínio, o Soberbo, de origem etrusca, foi o terceiro dos reis Tarquínios e o último rei de Roma. Reinou de 534 a 510 a.C. (N.T.)
9. O Senado nomeava um magistrado do interregno, que elegia o Rei. Essa eleição devia ser confirmada pelo povo. Ver Dionísio de Halicarnasso, *Antiguidades romanas*, II, III e IV.
10. Sexto Tarquínio, filho do último rei de Roma, teria violado Lucrécia, esposa de um parente. Após relatar o acontecido ao pai e ao marido, Lucrécia suicidara-se, pedindo vingança. O fato provocou uma convulsão contra a monarquia. (N.T.)
11. *Sic enim effectum est ut agitatus injuriis populus, cupiditate libertatis incenderetur* (Florus, I, 8).

Um povo pode facilmente tolerar que dele se exijam novos tributos: ele não sabe se vai auferir alguma vantagem do uso que se fará do dinheiro que lhe é solicitado; mas quando se lhe faz uma afronta, ele sente aí tão somente a sua desgraça, e a ela acrescenta a ideia de todos os males que são possíveis.

Portanto, é verdade que a morte de Lucrécia mais não foi do que a oportunidade para a revolução que se aproximava; pois um povo orgulhoso, empreendedor, audaz e cerrado em suas muralhas deve necessariamente sacudir o jugo ou abrandar seus costumes.

De duas coisas, uma: ou Roma mudaria seu governo, ou se manteria uma pequena e pobre monarquia.

A história moderna nos dá um bom exemplo do que estava para acontecer em Roma, o que é algo bastante notável: assim como os homens tiveram em todos os tempos as mesmas paixões, as circunstâncias que produziram as grandes mudanças são diferentes, com as causas, não obstante, sendo sempre as mesmas.

Tal como Henrique VII[12], rei da Inglaterra, aumentou o poder das Comunas para aviltar os nobres, Sérvio Túlio,[13] antes dele, ampliara os privilégios do povo para diminuir o poder do Senado;[14] mas o povo, tendo logo se tornado mais corajoso, derrubou uma e outra monarquia.

O retrato de Tarquínio de modo algum foi lisonjeiro; seu nome não escapou a nenhum dos oradores que tiveram de falar contra a tirania. Mas sua conduta ante seu infortúnio, o qual se vê que ele previra, sua doçura para com os povos vencidos, sua liberalidade para com os soldados, a sua arte de a tantos interessar por sua conservação, suas obras públicas, sua coragem na guerra, a constância em sua desgraça, uma guerra de vinte anos que ele travou ou fez travar o povo romano, sem reino e sem bens, tudo isso faz ver que ele não era homem nada desprezível.

Os lugares que a posteridade confere se encontram sujeitos, tal como os outros, aos caprichos da Sorte. Infeliz da reputação de todo príncipe que é

---

12. Henrique VII (1457-1509) foi o primeiro rei da Inglaterra pertencente à dinastia Tudor. Sua ascensão ao trono marcou o fim da Guerra das duas Rosas (1453-1485), entre as famílias York e Lancaster. No âmbito da economia, reestruturou a cobrança de impostos, aumentando a carga fiscal da nobreza; no campo da política, procurou reduzir o poder da nobreza em relação à realeza e à plebe. De modo geral, manteve os nobres sob estrita vigilância. (N.T.)
13. Sérvio Túlio, de origem etrusca, foi o sexto rei de Roma, tendo governado de 578 a 535 a.C. Dividiu a população romana em cinco classes, de acordo com a renda de cada indivíduo. (N.T.)
14. Ver Zonaras e Dionísio de Halicarnasso, *Antiguidades romanas*, IV.

oprimido por um partido que se torna dominante, ou que tentou destruir um preconceito que lhe sobrevive!

Tendo expulsado os reis, Roma estabeleceu os cônsules anuais; foi também isso que a conduziu ao seu elevado poderio. Em suas vidas, os príncipes têm períodos de ambição; depois disso, outras paixões e a própria ociosidade se sucedem. Mas, tendo a República chefes que mudavam todos os anos e que buscavam distinguir sua Magistratura para obter outras, nela não havia para a ambição momento algum que fosse perdido: faziam o Senado propor ao povo a guerra, e todos os dias mostravam a eles novos inimigos.

Aquela assembleia em si já era bastante propensa a isso, pois, fatigando-se sem cessar com as queixas e demandas do povo, buscava lhe distrair de suas inquietudes e ocupá-lo no exterior.[15]

Ora, a guerra era quase sempre agradável ao povo, e isso porque, pela sábia distribuição do butim, encontrou-se o meio para torná-la útil a ele. Sendo Roma uma cidade sem comércio e quase sem artes, a pilhagem era o único meio de que os particulares dispunham para enriquecer.

Por isso, havia se estabelecido a disciplina na maneira de pilhar, e observava-se então a mesma ordem que hoje se pratica na Tartária Menor[16].

O butim era posto em comunhão[17] e distribuído aos soldados. Nada era perdido, porque, antes de partir, cada qual tinha jurado que não desviaria nada em proveito próprio. Ora, em seus juramentos, os romanos eram o povo mais religioso do mundo, e esse sempre foi o nervo de sua disciplina militar.

De resto, os cidadãos que permaneciam na cidade também gozavam dos frutos da vitória. Confiscava-se parte das terras do povo vencido, das quais eram feitas duas partes: uma era vendida a proveito do erário; a outra era distribuída aos cidadãos pobres, mediante a cobrança de uma renda em favor da República.

Os cônsules, só podendo obter a honra do triunfo[18] por meio de uma conquista ou de uma vitória, faziam a guerra com impetuosidade extrema: iam direto ao inimigo, e a força decidia.

---

15. Diga-se, aliás, que a autoridade do Senado era menos limitada nas questões externas do que nas da cidade.
16. Tartária Menor é o nome que se dava a algumas regiões ao norte do mar Negro, correspondendo a partes da região sul da Rússia e da Ucrânia, entre a Crimeia e o Cáucaso. (N.T.)
17. Ver Políbio, livro X.
18. O triunfo romano era uma cerimônia grandiosa, celebrada em homenagem aos comandantes militares que retornavam exitosos de suas campanhas. Consistia em um desfile militar que

Roma se encontrava, portanto, em uma guerra eterna e sempre violenta. Ora, uma nação sempre em guerra,[19] e isso por princípio de governo, devia necessariamente perecer ou triunfar sobre todas as outras, que, vivendo ora em guerra ora na paz, jamais estavam tão prontas a atacar nem tão preparadas a defender.

Desse modo, os romanos adquiriram um profundo conhecimento da arte militar. Nas guerras passageiras, a maior parte dos exemplos se perde: a paz leva a outras ideias, e se chega a esquecer seus defeitos e mesmo suas virtudes.

Outra consequência do princípio da guerra contínua foi o de que os romanos só fizeram a paz na condição de vencedores. Afinal, de que valeria uma paz vergonhosa com um povo para então se atacar outro?

Com essa ideia, estavam sempre aumentando suas pretensões na medida mesma de suas derrotas; com isso, consternavam os vencedores e a si próprios impunham uma grande necessidade de vencer.

Sempre expostos às mais terríveis vinganças, a constância e o valor se lhes tornavam necessários, e neles essas virtudes só podiam ser distintas do amor a si mesmo, à sua família, à sua pátria e a tudo o que há de mais caro entre os homens.

[...]20

---

se iniciava no Campo de Marte e, para entrar na cidade, passava por uma porta especial das muralhas, a chamada *Porta Triumphalis*. Entre os critérios para a sua realização estavam a importância da vitória, que deveria contar com a baixa de no mínimo 5 mil inimigos estrangeiros; a vitória deveria cumular toda uma guerra, e não apenas uma batalha; as tropas deveriam estar de volta ou já ter voltado para casa, o que simbolizava o fim da guerra e da necessidade do Exército. Além disso, também eram trazidos prisioneiros e despojos de guerra. Portanto, o triunfo romano não era um acontecimento fortuito, mas uma criteriosa e regrada instituição. (N.T.)

19. *Nota suprimida:* Os romanos viam os estrangeiros como inimigos. *Hostis*, segundo Varrão, *Sobre a língua latina*, livro IV, inicialmente significava um estrangeiro vivendo sob suas próprias leis. (Edição de 1734.)

20. *Passagem suprimida:* "Acontecera na Itália o que a América tem vivenciado em nossos dias: os nativos do país, fracos e dispersos, cederam suas terras aos novos habitantes. A Itália era povoada por três nações diferentes: os toscanos, os gauleses e os gregos. Os gauleses não tinham relação alguma com os gregos, e tampouco as tinham com os toscanos; estes constituíam uma associação dotada de língua, modos e costumes particulares; e as colônias gregas, que extraíam sua origem de diferentes povos, não raro inimigos, tinham interesses bastante distintos.

O mundo daquele tempo não era como nosso mundo de hoje: as viagens, as conquistas, o comércio, o estabelecimento dos grandes Estados, as invenções dos correios, da bússola e da imprensa, além de certa civilidade geral, facilitaram as comunicações e estabeleceram entre

Os povos da Itália não tinham qualquer experiência com máquinas próprias para fazer um cerco;[21] além disso, como os soldados não recebiam pagamento, não se podia retê-los muito tempo em um só lugar; desse modo, poucas de suas guerras foram decisivas. Combatia-se para obter a pilhagem do campo inimigo ou de suas terras; depois disso, vencedor e vencido se retiravam cada qual para sua cidade. Foi isso que fez a resistência dos povos da Itália e, ao mesmo tempo, a obstinação dos romanos em subjugá-los; foi isso que deu a estes últimos vitórias que não os corromperam, deixando aqueles relegados à sua pobreza.

Se tivessem rapidamente conquistado todas as cidades vizinhas, eles teriam se achado em decadência por ocasião da chegada de Pirro, dos gauleses e de Aníbal. Pelo destino de quase todos os Estados do mundo, teriam passado com demasiada rapidez da pobreza às riquezas e das riquezas à corrupção. Porém Roma, sempre empenhando esforços e sempre encontrando obstáculos, fazia sentir seu poderio sem o poder estender e, em um perímetro bastante reduzido, ela se exercia nas virtudes que seriam depois tão fatais ao universo.

Os povos da Itália não eram igualmente belicosos: os toscanos[22] estavam amolecidos pelas riquezas e pelo luxo; os tarentinos[23], os capuanos[24], quase todas as cidades da Campânia e da Magna Grécia[25], enlanguesciam-se na ociosidade e nos prazeres. Mas os latinos, os hérnicos, os sabinos, os équos e os volscos amavam apaixonadamente a guerra; estavam em torno de Roma; faziam a ela uma resistência inconcebível e foram os mestres em matéria de obstinação.

---

nós uma arte a que chamamos *política*; com um olhar de relance, cada qual percebe o que se passa no universo; e por pouco que um povo revele de ambição, ele logo assusta todos os outros." (Edição de 1734.)

21. No livro X, Dionísio de Halicarnasso o diz formalmente, e isso transparece pela história. Eles não sabiam fazer galerias para se pôr a salvo dos sitiados; procuravam tomar as cidades por escalada. Éforo escreveu que Artemon, que foi um engenheiro, inventou máquinas pesadas para derrubar as mais fortes muralhas. Péricles foi o primeiro a delas se servir no cerco de Samos, diz Plutarco, *Vida de Péricles*.

22. O nome "toscanos" provém de *tusci, etruschi* ou *tuscos*, pelo qual os latinos chamavam os etruscos. A Toscana se ligou definitivamente a Roma em fins do século IV a.C. (N.T.)

23. Os tarentinos eram originários de Tarento – chamada de Taras pelos gregos –, uma das principais cidades da Magna Grécia, nome que se dava à região sul da península itálica. Seu apogeu foi no século IV a.C., tendo sido conquistada pelos romanos em 272 a.C. (N.T.)

24. Os capuanos eram os originários da Campânia, região localizada no sul da península itálica, limitada a sudoeste pelo mar Tirreno e a noroeste pela região do Lácio. (N.T.)

25. Magna Grécia era o nome dado à região sul da península itálica. (N.T.)

As cidades latinas eram colônias da Alba que foram fundadas por Latino Sílvio.[26] Além de uma origem comum com os romanos, tinham ainda rituais comuns, e Sérvio Túlio[27] as empenhou a erigir um templo em Roma, para ser o centro da união dos dois povos. Tendo perdido uma grande batalha junto do lago Régilo,[28] elas foram forçadas a uma aliança e a um pacto bélico com os romanos.[29]

De modo manifesto se viu, no pouco tempo que durou a tirania dos decênviros, até que ponto o engrandecimento de Roma dependia de sua liberdade: o Estado parecia ter perdido a alma que o vivificava.[30] Havia na cidade apenas dois tipos de pessoas: aquelas que sofriam da servidão e aquelas que, por seus interesses particulares, buscavam fazer sofrer. Os senadores se retiraram de Roma como de uma cidade estrangeira, e os povos vizinhos não encontraram resistência em parte alguma.

Com o Senado tendo obtido meios de conferir uma paga aos soldados, foi empreendido o cerco de Veios, que durou dez anos. Viu-se uma nova arte entre os romanos e outra maneira de fazer a guerra: seus êxitos foram mais retumbantes; tiraram mais proveito de suas vitórias; empreenderam conquistas maiores; enviaram missões a mais colônias; enfim, a tomada de Veios[31] foi uma espécie de revolução.

Mas as dificuldades não foram menores. Se resultaram em golpes mais duros aos toscanos, aos équos e aos volscos, foi bem isso que fez com que os latinos e os hérnicos, seus aliados, que tinham as mesmas armas e a mesma disciplina que eles, os abandonassem; que ligas se formassem entre os toscanos; e que os samnitas, os mais belicosos entre todos os povos da Itália, fizessem-lhes a guerra com furor.

---

26. Como se vê no tratado intitulado: *Origo gentis romanae*, que se acredita ser de Aurélio Victor.
27. Dionísio e Halicarnasso, livro IV.
28. A batalha do Lago Regilo foi uma das primeiras lendárias vitórias romanas, encerrando temporariamente a rivalidade entre a República Romana, recém-estabelecida, e a Liga Latina. Segundo a mitologia, Castor e Pólux teriam vindo do Olimpo lutar ao lado dos romanos. Sua data é controversa: Tito Lívio a situa no ano 499 a.C., Dionísio de Halicarnasso, em 496 a.C., enquanto os autores modernos sugerem 493 a.C. ou 489 a.C. (N.T.)
29. Ver em Dionísio de Halicarnasso, livro VI, um dos tratados estabelecidos com eles.
30. Sob o pretexto de dar ao povo leis escritas, apoderaram-se do governo. Ver Dionísio de Halicarnasso, livro XI.
31. Veios foi uma das mais brilhantes e opulentas cidades da Etrúria, hoje Toscana, tendo sido tomada por Roma em 396 a.C., após um cerco e uma guerra que, com tréguas, durou quase um século. A partir dessa guerra, deixou-se de distribuir terras como pagamento aos soldados veteranos, sendo introduzido um *stipendium*, ou seja, o soldo que passou a ser pago ao soldado. (N.T.)

Com o estabelecimento da paga, o Senado já não distribuía aos soldados as terras dos povos vencidos, mas impunha outras condições: obrigava-os, por exemplo, a fornecer ao Exército um soldo durante certo tempo, a lhe dar trigo e vestuário.[32]

A tomada de Roma pelos gauleses[33] não lhe reduziu as forças: o Exército, mais dissipado do que vencido, retirou-se quase inteiro para Veios; nas cidades vizinhas, o povo se salvou; e o incêndio da Cidade mais não foi que um incêndio de algumas cabanas de pastores.

---

32. Ver os tratados que foram celebrados.
33. Montesquieu se refere à invasão de Roma pelos gauleses, liderados por Breno. Ocorreu logo após a vitória gaulesa sobre os romanos na batalha do Ália, em 390 a.C. Entretanto, depois de um cerco que durou sete meses, Marco Fúrio Camilo derrotou Breno e recebeu o título de "Segundo Fundador de Roma". (N.T.)

CAPÍTULO II

DA ARTE DA GUERRA ENTRE OS ROMANOS

Destinando-se à guerra e vendo-a como única arte, os romanos empenharam todo o seu espírito e todo o seu entendimento em aperfeiçoá-la. Foi, sem dúvida, um Deus, disse Vegécio,[34] que lhes inspirou a legião.

Aos soldados da legião, julgavam que era necessário conferir armas e ataque e defesa mais fortes e pesadas que as de qualquer outro povo.[35]

Mas como na guerra tem-se de fazer coisas das quais um corpo militar não é capaz, queriam que a legião contivesse em seu seio uma tropa ligeira, que pudesse dali sair para travar combate e, se a necessidade o exigisse, bater em retirada; que ela dispusesse também de cavalaria, atiradores e fundeiro para perseguir os fugitivos e completar a vitória; que fosse defendida por toda a sorte de máquinas de guerra que trouxesse consigo; que, a cada vez,[36] ela se entricheirasse e fosse, como diz Vegécio, uma espécie de praça de guerra.

Para que pudessem ter armas mais pesadas que as dos outros homens, fazia-se necessário que se tornassem mais do que homens; foi o que fizeram, por meio de um trabalho contínuo que lhes aumentava a força, e de exercícios que lhes conferiam destreza, esta que mais não é do que uma justa aplicação das forças que se têm.

---

34. Livro II, capítulo I. [Públio Flávio Vegécio Renato, ou simplesmente Vegécio, foi um escritor do Império Romano do século IV, estudioso dos métodos de organização e treinamento militar usado pelos romanos, autor da obra *Epitoma rei militaris* (*Compêndio militar*). (N.T.)]
35. Ver em Políbio e em Josefo, *De bello judaico*, livro III, capítulo VI, quais eram as armas do soldado romano. Há pouca diferença, diz este último, entre os cavalos carregados e os soldados romanos. Cícero diz que "eles levam seus alimentos para mais de quinze dias, além de tudo o que é para o seu uso, tudo o que é preciso para se fortificarem; e, com relação às suas armas, não são mais embaraçados por elas do que o são por suas mãos". *Tusculanos*, livro II.
36. Livro II, capítulo XXV.

Observa-se hoje que nossos exércitos perecem em grande parte pelo trabalho desmedido dos soldados;[37] no entanto, era por um trabalho imenso que os romanos se conservavam. A razão para isso é que, assim o creio, suas fadigas eram contínuas, enquanto nossos soldados a todo tempo passam de um trabalho extremo a uma extrema ociosidade, o que é a via mais apropriada para lhes fazer perecer.

Faz-se necessário relatar aqui o que os autores nos dizem sobre a educação dos soldados romanos.[38] Eram acostumados a caminhar em passo militar, isto é, a percorrer 20 milhas[39], às vezes 24 milhas, em 5 horas. Durante essas marchas, fazia-se com que portassem o peso de 60 libras[40]. Era-lhes inculcado o hábito de correr e saltar estando completamente armados; em seus exercícios, portavam espadas, dardos e flechas com o dobro do peso das armas comuns, e seus exercícios eram contínuos.[41]

Esse treinamento acontecia não apenas no acampamento que constituía a escola militar; havia na cidade um local onde todos os cidadãos se exercitavam (era o Campo de Marte). Após o trabalho, lançavam-se no Tibre,[42] para se entreter com o hábito de nadar e limpar a poeira e o suor.[43]

Não se faz uma ideia precisa dos exercícios do corpo: um homem que a eles se aplique demais nos pareceria desprezível, em razão de que a maior parte desses exercícios não tem outro objetivo que não os prazeres, enquanto, já entre os antigos, tudo, até mesmo a dança, fazia parte da arte militar.

Entre nós, aconteceu até mesmo de uma destreza por demais apurada no uso das armas de que nos servimos na guerra se tornar ridícula, e isso porque, desde a introdução do costume dos combates individuais, a esgrima foi vista como a ciência dos querelantes ou dos poltrões.

Os que criticam Homero por ele comumente ressaltar em seus heróis a força, a destreza ou a agilidade do corpo, bem ridículo deveriam achar

---

37. Sobretudo pela escavação da terra.
38. Ver Vegécio, livro I. Ver em Tito Lívio, livro XXVI, os exercícios que Cipião, o Africano, mandava seus soldados fazerem após a tomada de Cartago, a Nova. Mário, apesar de sua velhice, ia todos os dias ao Campo de Marte. Pompeu, com a idade de 58 anos, saía a combater completamente armado, ao lado dos jovens; ele montava a cavalo, corria à rédea solta e atirava lanças. (Plutarco, *Via de Mário e de Pompeu*).
39. A milha romana correspondia a 1.478 metros. (N.T.)
40. A libra romana correspondia a aproximadamente 327 gramas. (N.T.)
41. Vegécio, livro I.
42. Roma se situa às margens do Tibre (latim: *Tiberis*), que era considerado a alma da cidade. O rio delimitava Roma, ao sul, e a Etrúria, ao norte, com a cidade vindo depois a avançar por ambas as margens. (N.T.)
43. Vegécio, livro I.

Salústio,[44] que louva Pompeu pelo tanto que este corria, saltava e carregava fardos melhor do que qualquer um em seu tempo.[45] Todas as vezes em que os romanos acreditavam estar em perigo, ou quando queriam reparar alguma perda, prática constante entre eles foi a de endurecer a disciplina militar. Era o caso de fazer guerra aos latinos, povo tão aguerrido quanto eles próprios? Mânlio[46] pensou aumentar a força do comando e mandou matar ao filho, que vencera sem sua ordem. Foram derrotados na Numância[47]? Cipião Emiliano[48] de pronto lhes privou de tudo o que os tinha amolecido.[49] As legiões romanas foram subjugadas na Numídia?[50] Metelo reparou essa vergonha a partir do momento em que retomou as instituições antigas. Para bater os cimbros e os teutões, Mário[51] começou por desviar o curso dos rios, e Sila,[52] aterrorizado pela guerra contra

44. Caio Salústio Crispo (86-34 a.C.) foi um político e historiador romano de origem sabina. (N.T.)
45. Cum alacribus saltu, cum velocibus cursu, cum validis vecte certabat. Fragmento de Salústio relatado por Vegécio, livro I, capítulo IX.
46. Houve três cônsules chamados Mânlio em Roma: Tito Mânlio Torquato, filho de Lúcio; Tito Mânlio Torquato, filho de Tito; e Tito Mânlio Torquato, filho do segundo e neto do primeiro. (N.T.)
47. Numância foi uma cidade situada na península Ibérica. Submetida ao bloqueio total por Cipião Emiliano, sua resistência foi minada pela fome e por epidemias. Por ocasião da tomada, em 134 a.C., a maioria dos numantinos matou os familiares e suicidou-se em seguida. (N.T.)
48. Públio Cornélio Cipião Emiliano, dito o Jovem, ou simplesmente Cipião Emiliano (185-129 a.C.), general e cônsul romano, conduziu a campanha que destruiu a cidade de Numância, bloqueou e acabou por vencer este grande núcleo da resistência ibérica. A privação a que se refere o texto diz respeito ao treinamento que impôs aos soldados. (N.T.)
49. Ele vendeu todos os animais de carga do Exército e fez com que todos os soldados carregassem seu trigo por trinta dias, além de sete estacas. Sumário de Floro, livro LVII.
50. A Numídia era uma região situada no norte da África, onde hoje se localiza a Argélia e, em menor medida, a Tunísia. O texto faz referência ao fato de Jugurta, que, estando à frente da cidade, subornou o general romano designado para derrubá-lo e tomar a cidade. Na verdade, conhecendo os hábitos corrompidos dos senadores e da nobreza de Roma, Jugurta lançou mão do suborno sucessivas vezes, isso até ser derrotado pelo cônsul romano Quinto Cecílio Metelo, em 109 a.C. (N.T.)
51. Caio Mário (157-86 a.C.), de origem volsca, não pertencia à tradicional aristocracia romana. Ainda que, por esse motivo, sua carreira política a princípio fosse limitada, galgou diversos cargos políticos, tendo uma atuação militar destacada, sobretudo ao vencer a Numância – no contexto da Terceira Guerra Púnica –, e liderar a expedição final contra o rei Jugurta, na Numídia. (N.T.)
52. Lúcio Cornélio Sila (138-78 a.C.), Sula ou Sila, militar e estadista romano, era oriundo de uma família aristocrática empobrecida. Comandou o Exército romano na Primeira Guerra Mitridática, contra Mitrídates VI do Ponto. Liderou uma guerra entre facções romanas contra seu antigo aliado Caio Mário. O conflito se originara de uma disputa pelo comando das tropas de Roma contra Mitrídates. (N.T.)

Mitrídates, a tal ponto fez trabalhar os soldados de seu exército, que os homens lhe rogaram para combater, como modo de pôr fim a seus castigos.[53] Públio Nasica,[54] sem necessidade, fez com que construíssem uma armada naval: temia-se mais a ociosidade que os inimigos.

Aulo Gélio[55] deu razões bastante frágeis para o costume dos romanos de sangrar os soldados que tivessem cometido alguma falta: a verdade é que, sendo a força a principal qualidade do soldado, enfraquecê-lo equivalia a degradá-lo.

Homens assim tão endurecidos eram via de regra sadios; nos autores mais não se observa que os exércitos romanos, que guerreavam em tão diversos climas, pereciam muito mais pelas doenças; já hoje, sucede quase continuamente que os exércitos se desfazem, por assim dizer, em uma campanha sem ter combatido.

Entre nós, as deserções são frequentes porque os soldados formam a parte mais vil de toda nação, não havendo um que tenha ou creia ter alguma vantagem sobre os demais. Entre os romanos, essas vantagens eram mais raras: os soldados, extraídos de um povo tão altivo, tão orgulhoso, tão seguro de comandar os demais de modo algum podiam pensar em se aviltar a ponto de deixar de ser romanos.

Como seus exércitos não fossem numerosos, era fácil prover sua subsistência; o comandante podia melhor conhecê-los e mais facilmente ver as faltas e as violações da disciplina.

A força de seus exercícios, os caminhos admiráveis que haviam construído punham-nos em condições de fazer marchas longas e rápidas.[56] Sua aparição inopinada enregelava os espíritos: sobretudo após um insucesso, eles apareciam no momento em que seus inimigos se encontravam naquele estado de negligência conferida pela vitória.

Nos combates de nossos dias, um indivíduo particular quase só tem confiança na multidão; mas o romano, mais robusto e mais aguerrido que seu inimigo, contava sempre consigo próprio; era naturalmente dotado de coragem, esta virtude que é o sentimento de suas próprias forças.

Suas tropas eram sempre as mais bem disciplinadas, e, em meio ao mais desventurado combate, era difícil os homens não se concentrarem em algum

---

53. Frontino, *Estratagemas*, livro I, capítulo XI.
54. Foram vários os cônsules romanos que, em sucessão pai e filho, tiveram o nome "Públio Nasica" durante o século II a.C. Montesquieu não indica a qual deles se referiria o evento citado. (N.T.)
55. Livro X, capítulo VIII. [Aulo Gélio (125-180 d.C.) foi um escritor, gramático e jurista romano. Sua única obra conhecida é *Noites áticas*, em 20 volumes. (N.T.)]
56. Ver sobretudo a derrota de Asdrúbal e a diligência dos soldados contra Viriato.

lugar, ou a desordem não se instalar em algum ponto entre os inimigos. E nos relatos históricos também os vemos continuamente, ainda que de início sobrepujados pelo número ou pelo ardor dos inimigos, arrancar-lhes, por fim, a vitória das mãos.

O máximo de sua atenção estava em examinar em que o inimigo podia deter a superioridade em relação a eles, e era bem aí que, antes de tudo, eles introduziam a ordem. Habituavam-se a ver o sangue e as feridas nos espetáculos dos gladiadores, estes que eles copiaram dos etruscos.[57]

As espadas cortantes dos gauleses[58] e os elefantes de Pirro os surpreenderam uma única vez. E eles compensavam a fraqueza de sua cavalaria[59] de início retirando os freios dos cavalos, para que seu ímpeto não pudesse ser contido; em seguida os misturaram com os vélites[60]. Quando conheceram a espada espanhola, abandonaram a sua própria.[61] Eludiram a maestria dos pilotos com a invenção de uma máquina que nos foi descrita por Políbio.[62] Enfim, como diz Josefo,[63] a guerra lhes era uma meditação; a paz, um exercício.

Se outra nação tinha por natureza ou por sua instituição alguma vantagem particular, eram os primeiros a usá-la; não mediam esforços para ter cavalos númidas, arqueiros cretenses, fundeiro baleares e embarcações ródias.

Enfim, jamais uma nação se preparou para a guerra com tanta prudência e jamais o fez com tamanha audácia.

---

57. Fragmento de Nicolau de Damasco, livro X, extraído de Ateneu, livro IV. Antes que os soldados partissem para o Exército, a eles era apresentado um combate de gladiadores. Júlio Capitolino, *Vida de Máximo e de Balbino*.
58. Os romanos apresentavam suas lanças, que recebiam os golpes das espadas gaulesas e as aluíam.
59. Ela era ainda melhor que a dos pequenos povos da Itália. Era formada pelos principais cidadãos, para os quais o público sustentava um cavalo. Quando apeava, não havia infantaria mais temível, e com muita frequência ela determinava a vitória.
60. Nas legiões romanas, os vélites constituíam uma infantaria ligeira que compreendia os cidadãos pobres e que ainda não fossem considerados adultos para compor a infantaria pesada. Geralmente eram utilizados na primeira linha das tropas, sendo destinados a fustigar o inimigo por meio de escaramuças. (N.T.)
61. Eram jovens com armamentos leves, e os mais ágeis da legião, que ao menor sinal saltavam na garupa dos cavalos, ou combatiam a pé. (Valério Máximo, livro II; Tito Lívio, livro XXVI).
62. A máquina de guerra descrita por Políbio foi o *corvus*, um dispositivo militar usado na Primeira Guerra Púnica. O dispositivo era semelhante a uma ponte móvel que ficava armazenada provavelmente na proa do navio. Um sistema de polias permitia que fosse levantada e abaixada, e com isso acoplada a um navio inimigo de que se aproximasse. Na parte inferior do dispositivo, havia uma pesada ponta de ferro que, destinada à acoplagem, tinha a forma de um bico de pássaro – daí o nome *corvus*. (N.T.)
63. *De bello judaico*, livro III. [Flávio Josefo (37-95 d.C.) foi um historiador judeu, autor do *De bello judaico* (*A guerra judaica*). (N.T.)]

CAPÍTULO III

COMO OS ROMANOS PUDERAM SE ENGRANDECER

Uma vez que, nessa época, os povos da Europa tinham mais ou menos as mesmas artes, as mesmas armas, a mesma disciplina e a mesma forma de fazer a guerra, a prodigiosa sorte dos romanos nos parece inconcebível. Além disso, existe hoje tamanha desproporção de poder que já não é possível que, por suas próprias forças, um pequeno Estado saia da inferioridade em que foi posto pela Providência.

Isso é algo que requer reflexão; sem ela, veríamos acontecimentos sem os compreender e, sem bem sentir a diferença das situações, ao ler a história antiga acreditaríamos ver outros homens, e não a nós mesmos.

Uma experiência contínua pôde dar a conhecer, na Europa, que um príncipe que tenha 1 milhão de súditos não pode, sem destruir a si próprio, manter mais de 10 mil soldados; portanto, somente as grandes nações podem ter exércitos.

Não era o que acontecia nas antigas repúblicas: pois essa proporção de soldados em relação ao resto do povo, que é hoje como a de um para cem, nesse caso podia facilmente ser de um para oito.

Os fundadores das antigas repúblicas haviam partilhado as terras com igualdade. Por si só, isso tornava um povo poderoso, isto é, uma sociedade bem organizada. Ademais, também fazia um bom exército, com cada qual tendo interesse igual, e bastante grande, em defender sua pátria.

Quando as leis não eram rigidamente observadas, as coisas chegavam ao ponto em que hoje estão entre nós: a avareza de alguns particulares e a prodigalidade dos outros faziam passar as propriedades fundiárias a poucas mãos, e logo se introduziram as artes, para necessidades mútuas dos ricos e dos pobres. Tal fazia com que quase não houvesse mais cidadãos nem soldados: afinal, as propriedades fundiárias, até então destinadas ao sustento desses últimos, passavam a ser empregadas no sustento dos escravos e dos artesãos, instrumentos de luxo dos novos possuidores; sem isso o Estado, que não obstante a sua desorganização deveria subsistir, teria perecido. Antes da corrupção, as receitas primitivas do Estado eram partilhadas entre os soldados, isto é, os lavradores; quando a República esteve corrompida, passavam de início aos homens ricos, que os repassavam aos escravos e aos artesãos, e então, por meio de tributos, era retirada uma parte para o sustento dos soldados.

Ora, esse tipo de pessoas de modo algum era afeito à guerra: eram indolentes e já corrompidos pelo luxo das cidades, quando não por sua própria arte. Além disso, como propriamente não tinham pátria e desfrutavam de sua habilidade por toda a parte, tinham pouco a perder ou a conservar.

Em um recenseamento de Roma feito algum tempo após a expulsão dos Reis,[64] e no censo feito por Demétrio de Falera em Atenas,[65] contou-se quase o mesmo número de habitantes: Roma tinha 400 mil habitantes; Atenas, 431 mil habitantes. Mas esse recenseamento de Roma se deu em um tempo em que ela vivia seu apogeu como instituição, e o de Atenas, em um período em que estava completamente corrompida. Constatou-se que o número de cidadãos púberes correspondia em Roma à quarta parte de seus habitantes, enquanto em Atenas compunha pouco menos da vigésima parte. Nessas diversas épocas, portanto, o poder de Roma, comparado ao de Atenas, era um pouco como de um quarto para a vigésima parte, ou seja, cinco vezes maior.

Os reis Ágis e Cleômenes,[66] vendo que em vez dos 9 mil cidadãos que havia em Esparta no tempo de Licurgo,[67] não restavam mais do que 700 ci-

---

64. É o recenseamento de que fala Dionísio de Halicarnasso no livro IX, artigo 25, e que me parece ser o mesmo a que ele se refere no final de seu sexto livro, e que foi realizado dezesseis anos após a expulsão dos reis.
65. Ctésiclès, em *Ateneu*, livro VI.
66. Ágis IV foi rei da cidade-Estado de Esparta de 245 a 241 a.C., Cleômenes III governou-a de 235 a 222 a.C. As leis a que se refere Montesquieu dizem respeito à restauração das antigas instituições espartanas, atribuídas ao legislador Licurgo, restauração a que se procedeu em vista da constatação da decadência da sociedade espartana: os ricos passaram a ignorar o interesse público, afeitos tão somente aos prazeres e aos ganhos pessoais; os pobres tinham se tornado lassos, deixando de lado, em nome do prazer, a disciplina e a prontidão para a guerra. (N.T.)
67. Eram os cidadãos da cidade chamados propriamente *espartanos*. Licurgo reservou para eles 9 mil parcelas; em seguida ele deu 30 mil parcelas aos outros habitantes. Ver Plutarco, *Vida de Licurgo*. [Licurgo foi o lendário legislador de Esparta. Se sua vida é envolta numa nebulosa de lendas, o que se sabe com certeza é que suas leis determinavam que os jovens da cidade fossem educados a partir dos 7 anos de idade, passassem por uma educação rígida até os 18 anos, quando serviriam ao Exército da cidade por mais 10 anos. Com essas leis, Esparta pôde se tornar uma potência econômica, política e sobretudo bélica. (N.T.)]

dadãos, dos quais apenas cem possuíam terras,[68] e ao ver que o restante não passava de um populacho desprovido de coragem, trataram de restabelecer as leis quanto a isso,[69] e a Lacedemônia recuperou o poderio de outros tempos, tornando-se novamente portentosa para todos os gregos. Foi a divisão equitativa das terras que tornou Roma capaz de prontamente sair de seu declínio, e isso se fez sentir com clareza quando ela esteve corrompida.

Ela era uma pequena república quando, tendo os latinos recusado o socorro das tropas que eram obrigados a dar, foram de pronto reunidas dez legiões na cidade.[70] "Dificilmente nos dias de hoje", diz Tito Lívio,[71] "Roma, que o mundo inteiro não consegue conter, poderia fazer o mesmo caso um inimigo aparecesse de repente ante suas muralhas: sinal certeiro de que não nos engrandecemos, e que só fizemos aumentar o luxo e as riquezas que nos atormentam."

"Dizei-me", falava Tibério Graco[72] aos nobres,[73] "quem vale mais, um cidadão ou um escravo perpétuo, um soldado ou um homem inútil à guerra? Quereis vós, para ter algumas jeiras de terras a mais que os demais cidadãos, renunciar à esperança de conquista do resto do mundo ou vos pôr em perigo de ver de ver roubadas pelos inimigos essas terras que nos recusais?"

---

68. Ver Plutarco, *Vida de Ágis e de Cleômenes*.
69. Ibid.
70. Tito Lívio, primeira década, livro VII. Foi algum tempo depois da tomada de Roma, sob o consulado de L. Fúrio Camilo e Ápio Cláudio Crasso.
71. Tito Lívio (59-19 a.C.), historiador romano, autor da obra *Ad urbe condita libre* (*Desde a fundação cidade*), onde narra a história de Roma desde o momento de sua fundação, em 753 a.C. segundo a tradição, até as guerras samnitas, no início do século I d.C. (N.T.)
72. Tibério Semprônio Graco (163-132 a.C.) foi eleito tribuno da plebe em 133 a.C., e nessa condição conseguiu com que fosse aprovada uma lei que limitasse a dimensão das terras dos cidadãos; pela sua lei, aquele que detivesse um latifúndio que excedesse o limite permitido (125 hectares ou 62,5 hectares por filho) teria sua terra retomada pelo Estado e distribuída entre os cidadãos mais pobres. Como era de se esperar, a medida encontrou forte oposição dos senadores mais conservadores; sua resistência semeou o caso político e sucessivos tumultos, que terminaram por vitimar cerca de 500 apoiadores da lei agrária, além do próprio Tibério Graco. (N.T.)
73. Apiano, *Da guerra civil*, livro I.

CAPÍTULO IV

1. DOS GAULESES. 2. DE PIRRO.
3. PARALELO ENTRE CARTAGO E ROMA.
4. A GUERRA DE ANÍBAL.

Os romanos travaram muitas guerras com os gauleses. O amor à glória, o desprezo pela morte, a obstinação por vencer eram os mesmos em ambos os povos; mas os exércitos eram diferentes; o escudo dos gauleses era pequeno, e sua espada, ruim: por isso foram tratados um tanto como têm sido, nos últimos séculos, os mexicanos pelos espanhóis. E o que há de surpreendente aí é que esses povos, que os romanos encontraram em quase todos os tempos e lugares, deixaram-se destruir uns após os outros, sem jamais conhecer, investigar ou prever a causa de seus infortúnios.

Pirro[74] veio fazer a guerra contra os romanos no tempo em que estes se encontravam em condições de lhes opor resistência e de aprender com suas vitórias; ele lhes ensinou a se entrincheirar, a escolher e a dispor um acampamento; acostumou-os aos elefantes e os preparou para as maiores guerras.

A grandeza de Pirro consistia tão somente em suas qualidades pessoais.[75] Plutarco nos diz que ele foi obrigado a fazer a guerra da Macedônia

---

74. Pirro (318-272 a.C.) foi rei do Épiro e da Macedônia – aliás, era parente de Alexandre, o Grande. Celebrizou-se como um dos principais opositores de Roma. No século III a.C., a expansão militar de Roma chegava às antigas colônias gregas na porção sul da península itálica, mas a cidade de Tarento oferecia valente resistência. O povo de Tarento recorreu a Pirro, que, além de encorajado a ajudar os tarentinos pelo oráculo de Delfos, tinha suas próprias ambições em formar um império na península. Sem ser propriamente um rei sábio, mas homem impressionantemente belicoso e líder infatigável, Pirro foi considerado um dos melhores generais militares de seu tempo. Seu nome chega até nós sobretudo pela expressão "vitória de Pirro", ensejada por sua vitória na batalha de Ásculo. Quando lhe felicitaram pela vitória arduamente conseguida, diz a lenda que respondeu com as palavras: "Mais uma vitória como esta, e estou perdido.". (N.T.)
75. Ver um fragmento do livro I de Dion Cássio, no *Excerto das virtudes e dos vícios*.

porque não podia sustentar os mil homens de infantaria e os 500 cavalos de que dispunha.[76] Esse príncipe, senhor de um pequeno Estado do qual não mais se ouviu falar depois dele, era um aventureiro que fazia empreitadas contínuas, já que só podia subsistir por meio delas.

Tarento, seu aliado, havia sobremaneira degenerado em relação à instituição dos lacedemônios, seus ancestrais.[77] E com os sanitas Pirro poderia ter realizado grandes feitos, mas os romanos quase os haviam destruído.

Cartago,[78] que enriquecera antes de Roma, também antes desta fora corrompida: assim, enquanto em Roma os empregos públicos eram obtidos tão somente pela virtude, e outro uso não tinham que não a honra e uma preferência para as atividades cansativas, em Cartago se vendia tudo o que o poder público pode dar aos particulares, e todo serviço prestado pelos particulares era pago pelo poder público.

A tirania de um príncipe não arruína mais um Estado que a indiferença em relação ao bem comum em uma República. A vantagem de um Estado livre é que nele as receitas são mais bem administradas. Mas e quando não o são? A vantagem de um Estado livre está em não haver favoritos. Porém, quando isso não acontece, e quando, em lugar dos amigos e dos parentes do príncipe, é preciso fazer a fortuna dos amigos e dos parentes de todos os que tomam parte no governo, tudo está perdido: as leis são transgredidas mais perigosamente do que são violadas por um príncipe que, sendo sempre o maior cidadão do Estado, tem o maior interesse em sua conservação.

Em Roma, costumes antigos e certa prática da pobreza faziam com que as fortunas mais ou menos iguais; mas em Cartago, os particulares tinham a mesma riqueza dos reis.

Das duas facções que reinavam em Cartago, uma delas queria sempre a paz, e a outra sempre a guerra: de modo que era impossível desfrutar de uma ou exercer bem a outra.

Enquanto em Roma de início a guerra reunia todos os interesses, em Cartago ela os separava ainda mais.[79]

---

76. *Vida de Pirro*.
77. Justino, livro XX.
78. A cidade de Cartago, em torno da qual se expandiu o Império Cartaginês, situava-se na costa mediterrânea da África, em região que hoje corresponde à Tunísia. De seus fundadores fenícios, os cartagineses herdaram sua vocação para a navegação e para o comércio. Considerada por muitos historiadores a cidade mais rica da Antiguidade. Na condição de maior potência do Mediterrâneo, com colônias na Sicília, na Sardenha e na península Ibérica, no século III a.C. passou a rivalizar com os interesses de Roma, rivalidade essa que veio a conflagrar as Guerras Púnicas. (N.T.)
79. A presença de Aníbal fez cessar entre os romanos todas as divisões: mas a presença de Cipião acirrou as que já existiam entre os cartagineses; ela tirou do governo tudo o que lhe restava de

Nos Estados governados por um príncipe, as divisões são facilmente apaziguadas, porque em suas mãos há um poder coercitivo a reunir os dois partidos; em uma república, no entanto, elas são mais duradouras, porque o mal via de regra ataca o poder mesmo que o poderia curar.

Em Roma, governada pelas leis, o povo tolerava que o Senado detivesse a condução dos negócios. Em Cartago, governada por abusos, o povo tudo queria fazer sozinho.

Cartago, que fazia a guerra com sua opulência contra a pobreza romana, por isso mesmo se punha em desvantagem; ouro e prata se esgotam; mas a virtude, a constância, a força e a pobreza não se esgotam jamais.

Os romanos eram ambiciosos por orgulho, e os cartagineses, por avareza; uns queriam comandar, os outros queriam adquirir; e estes últimos, calculando sem cessar a receita e a despesa, sempre fizeram a guerra sem a amar.

Batalhas perdidas, encolhimento da população, enfraquecimento do comércio, esgotamento do tesouro público e a sublevação das nações vizinhas podiam fazer com que Cartago aceitasse as mais duras condições de paz. Porém, Roma não se deixava conduzir pelo sentimento dos bens e dos males: ela se determinava tão somente por sua glória e, como não imaginava que pudesse existir sem comandar, não havia esperança nem medo algum que pudesse obrigá-la a fazer uma paz que ela não tivesse imposto.

Não há nada mais poderoso que uma república em que se observem as leis, não por medo, não por razão, mas por paixão, como foi o caso em Roma e na Lacedemônia: pois, nesse caso, à sabedoria de um bom governo se junta toda a força que uma facção poderia ter.

Os cartagineses serviam-se de tropas estrangeiras, e os romanos usavam as suas. Como estes jamais só conseguiam os vencidos como instrumentos para triunfos futuros, tornavam soldados todos os povos por eles subjugados, e, quanto maior a dificuldade para vencê-los, mais eles os julgavam adequados para ser incorporados em sua república. Assim, vemos os samnitas[80], que só foram subjugados após 24 triunfos,[81] tornarem-se auxiliares dos romanos; algum tempo antes da Segunda Guerra Púnica,[82] obtiveram de-

---

força: os generais, o Senado, os grandes se tornaram suspeitos para o povo, e o povo se tornou mais furioso. Ver em Apiano toda essa guerra do primeiro Cipião.

80. Os samnitas eram um povo de origem indo-europeia, natureza seminômade, que vivia em confederações tribais no centro-sul da península itálica. (N.T.)
81. Floro, livro I.
82. As Guerras Púnicas foram uma série de três guerras entre Roma e Cartago, que se deram entre 264 e 146 a.C. À época, foram provavelmente as maiores guerras que o mundo até então conhecera. O termo "púnica" vem do termo latino *punicus*, ou *poenicus*, remetendo à origem fenícia dos cartagineses. Sua principal causa foram os conflitos de interesse expansionista entre o Império Cartaginês e a República Romana em expansão. Ao final da terceira guerra, mais de

les e de seus aliados, isto é, de um país pouco maior que os Estados do Papa[83] e de Nápoles, 700 mil homens a pé e 700 mil homens a cavalo, para fazer frente aos gauleses.[84]

No auge da Segunda Guerra Púnica, Roma dispunha sempre de 22 a 24 legiões; entretanto, segundo Tito Lívio, ao que parece, o recenseamento de então contava cerca de 137 mil cidadãos.

Cartago empregava mais forças para atacar; Roma, para se defender: esta, como se disse anteriormente, armou grande número de prodigiosos homens contra os gauleses e contra Aníbal, que a atacaram, e enviou apenas duas legiões contra os maiores reis; foi o que eternizou suas forças.

A posição de Cartago em sua região era menos sólida que a de Roma em sua respectiva. Esta última tinha 30 colônias em torno de si, que lhe eram como baluartes.[85] Antes da Batalha de Canas[86], nenhum aliado a tinha abandonado; é que os samnitas e os outros povos da Itália estavam habituados ao seu domínio.

A maior parte das cidades da África, sendo pouco fortificadas, rendiam-se de pronto a quem quer que se apresentasse para tomá-las. Também todos aqueles que ali desembarcassem, Agátocles,[87] Régulo,[88] Cipião[89] – logo puseram Cartago em desespero.

---

cem anos depois do início da primeira, Roma conquistou Cartago, destruiu completamente a cidade e se tornou o Estado mais poderoso na porção ocidental do Mediterrâneo. (N.T.)

83. Montesquieu procede à comparação por ser uma referência geográfica em sua época, e precisamente na península itálica: os Estados Papais, Estados Pontifícios ou Estados da Igreja, eram constituídos por um conjunto de territórios, basicamente no centro da península, que se mantiveram como Estado independente entre os anos de 756 e 1870, sob direta autoridade civil dos papas. (N.T.)
84. Ver Políbio. O *Sumário* de Floro diz que eles recrutaram 300 mil homens na cidade e entre os latinos.
85. Tito Lívio, livro XXVII.
86. Na Batalha de Canas (*Cannae*), travada em 2 de agosto de 216 a.C. na península itálica, os cartagineses venceram os romanos. Em um feito que fez a fama de Aníbal como grande estrategista militar, ele conseguiu vencer as tropas romanas mesmo estando em inferioridade numérica. (N.T.)
87. Agátocles de Siracusa (317-289 a.C.) foi déspota e tirano de Siracusa, e rei da Sicília, restabelecendo a hegemonia de sua cidade na ilha. Inicialmente um governante moderado, a ambição o fez invadir o norte da África seguidas vezes, com o objetivo de minar a supremacia de Cartago. Chegou a capturar a cidade de Túnis, mas foi derrotado em Ecnomus, em 310 a.C. (N.T.)
88. Marco Atílio Régulo foi cônsul durante a Primeira Guerra Púnica (256 a.C.). Comandou a expedição naval que destroçou a frota cartaginesa no cabo de Ecnomos. Após infligir pesada derrota aos cartagineses na batalha de Adis, perto de Cartago, os derrotados estavam prestes a assinar a paz. No entanto, tão duras foram as condições propostas por Régulo, que os cartagineses decidiram continuar lutando. Nos confrontos seguintes, travados em terra, Régulo foi capturado, junto com boa parte de suas tropas. (N.T.)
89. Públio Cornélio Cipião (236-183 a.C.), conhecido como "o Velho", foi um general romano durante a Segunda Guerra Púnica e estadista da República Romana. Derrotou as tropas de Aní-

Deve-se atribuir quase exclusivamente a um mau governo o que lhes aconteceu durante toda a guerra que lhes fez o primeiro Cipião: sua cidade e até seus exércitos estavam famintos, enquanto os romanos a tudo tinham em abundância.[90]

Entre os cartagineses, os exércitos que tinham de ser batidos tornavam-se mais insolentes; por vezes, crucificavam seus generais e os puniam por sua própria lassidão. Entre os romanos, o cônsul dizimava as tropas que houvessem fugido e as reconduzia contra os inimigos.

O governo dos cartagineses era dos mais rigorosos:[91] de tal maneira haviam atormentado os povos de Espanha que os romanos, ao ali chegarem, foram vistos como libertadores. E se se considerar as somas imensas que lhes custaram sustentar uma guerra em que sucumbiram, bem se verá que a injustiça é má administradora e nem ao menos cumpre seus objetivos.[92]

A fundação de Alexandria[93] reduzira sobremaneira o comércio de Cartago. Nos primeiros tempos, a superstição baniu os estrangeiros do Egito, e, quando os persas a conquistaram, pensavam apenas enfraquecer seus novos súditos. Mas sob os reis gregos, o Egito fazia quase todo o comércio do mundo, enquanto o de Cartago começava a decair.

As potências estabelecidas pelo comércio podem subsistir por muito tempo em sua mediocridade; mas sua grandeza é de pouca duração. Elas se elevam pouco a pouco e sem que alguém as perceba, pois não fazem nada em particular que cause estrépito e demonstre seu poderio. Porém, quando a coisa chega a um ponto que não se a pode deixar de ver, cada qual procura privar essa nação de uma vantagem que ela alcançou tão somente, por assim dizer, por surpresa.

---

bal na batalha de Zama – alguns historiadores a chamam de "a Waterloo da Antiguidade" – no ano 202 a.C., feito que lhe rendeu o apelido de "Africano". (N.T.)

90. Ver Apiano, *lib. Libycus*.
91. Ver o que Políbio diz de suas exações, sobretudo o fragmento do livro IX, *Extrato das virtudes e dos vícios*.
92. *Variante*: Bem se verá que a injustiça é má dona de casa e não cumpre o que promete. (Edição de 1734.)
93. Sobre a fundação de Alexandria, Alexandre, o Grande, da Macedônia, desejava um porto de mar profundo, com tamanho suficiente para atender a uma armada poderosa e a uma frota mercante em franca expansão, que estivesse ao abrigo das correntes dos ventos e mais deletérios. À parte os sugestivos relatos místicos para o nascimento da cidade, os relatos prosaicos e factuais dão conta de conselheiros e agrimensores que sugeriram a localização da futura cidade em função de fatores como o acesso fácil ao Nilo e a seu delta; arrolaram a questão da permanente fonte de água doce; sem falar que se tinha ali o maior e melhor porto da bacia oriental do Mediterrâneo. Ao enfim tomar sua decisão, Alexandre contratou o arquiteto mais avançado de seu tempo para conceber e projetar a nova cidade, fundada em 331 a.C. (N.T.)

A cavalaria cartaginesa era mais valorosa que a romana por duas razões: a primeira, que os cavalos númidas e espanhóis eram melhores que os da Itália; a segunda, que a cavalaria romana era mal armada: pois foi apenas nas guerras que os romanos fizeram à Grécia que eles mudaram seu estilo, como aprendemos com Políbio.[94]

Na Primeira Guerra Púnica, Régulo foi batido quando os cartagineses escolheram as planícies para que sua cavalaria desse combate; na Segunda, Aníbal deveu a esses númidas suas principais vitórias.[95]

Cipião, tendo conquistado a Espanha e feito aliança com Massinissa[96], retirou aos cartagineses essa superioridade; foi a cavalaria númida que venceu a batalha de Zama[97] e terminou a guerra.

Os cartagineses tinham mais experiência no mar e conheciam a manobra melhor que os romanos; mas, ao que parece, essa vantagem não lhes era tão grande quanto o seria hoje.

Os antigos, não dispondo da bússola, só podiam navegar ao longo das costas; além disso, serviam-se apenas de embarcações a remo, pequenas e chatas; quase todas as enseadas lhes eram portos; a técnica dos pilotos era muito limitada, e sua manobra bem pouco significativa. O próprio Aristóte-

---

94. Livro VI.
95. Tropas inteiras dos númidas passaram ao lado dos romanos, que a partir dali começaram a respirar. [Aníbal (Cartago, 248 a.C. – Bitínia, 183 ou 182 a.C.) foi um general e estadista cartaginês, considerado um dos maiores gênios militares de toda a história. Já seu pai, Amílcar Barca, foi o primeiro comandante cartaginês durante a Primeira Guerra Púnica, em que Roma e Cartago disputavam a supremacia sobre o Mediterrâneo. Foi um dos generais mais ativos da Segunda Guerra Púnica, tendo realizado uma das maiores façanhas da Antiguidade: com um exército que incluía elefantes, atravessou os Pireneus e os Alpes tendo em vista conquistar o norte da península Itálica. Ali derrotou os romanos em batalhas campais, como a do lago Trasímeno e a de Canas. Não obstante a movimentação, não chegou a capturar Roma. Mesmo assim, conseguiu manter seu exército na Itália por mais de uma década, com escassos reforços. Em razão da invasão da África por Cipião, o Senado púnico lhe chamou de volta a Cartago, onde acabou derrotado por Públio Cornélio Cipião Africano na Batalha de Zama. (N.T.)]
96. Massinissa nasceu por volta de 239 a.C., e foi o primeiro rei da Numídia unificada. Participou da batalha de Zama, na qual os romanos, liderados por Cipião, derrotaram Aníbal, o grande comandante militar de Cartago. Após a Segunda Guerra Púnica, Massinissa continuou a atacar e a pilhar Cartago, que, sob o jugo de Roma, era impedida de contra-atacar. Após pagar suas dívidas com Roma, Cartago enfim atacou a Numídia, provocando a Terceira Guerra Púnica, que terminou com a destruição final de Cartago. Foi avô de Jugurta, que por sua vez entrou em guerra contra os romanos e foi por eles derrotado. (N.T.)
97. A batalha de Zama se deu em 202 a.C., marcando o final da Segunda Guerra Púnica (218-202 a.C.), que opôs romanos a cartagineses. Deflagrando-se no norte da África e ao sul da cidade de Cartago, a batalha foi palco em que se implementaram as estratégicas dos dois grandes líderes militares das duas cidades: Cipião, o Africano, e Aníbal Barca. (N.T.)

les dizia[98] que era inútil ter um corpo de marinheiros e que para sua tarefa bastavam os lavradores.

Tão imperfeita era a arte, que com mil remos se fazia o que hoje se faz com cem.[99]

As embarcações de grande porte eram desvantajosas, uma vez que, dificilmente podendo ser movidas pelos remadores das galés, elas não podiam fazer as evoluções necessárias. A esse respeito, Antônio teve uma funesta experiência em Áccio:[100] seus navios não podiam ser movimentados, enquanto os de Augusto, mais leves, atacavam-nos por todos os lados.

As embarcações antigas eram movidas a remo, as mais leves facilmente quebravam os remos das maiores, que se faziam então apenas máquinas imóveis, como hoje são nossas embarcações sem remos.

Com a invenção da bússola, o modo de proceder mudou; os remos foram abandonados,[101] foi possível se distanciar das linhas costeiras e construir grandes embarcações; o maquinário se tornou mais complexo, e as práticas se multiplicaram.

A invenção da pólvora fez algo até então insuspeitado; é que a força dos exércitos navais, mais do que nunca, passou a consistir na técnica: afinal, para resistir à violência do canhão e não padecer sob uma artilharia superior, faziam-se necessários navios enormes; no entanto, ao tamanho da máquina era preciso adequar o poder da técnica.

As pequenas embarcações da época de súbito se enganchavam, e os soldados combatiam dos dois lados; em uma frota se colocava todo um exército. Na batalha naval vencida por Régulo e seu colega, o que se viu foi o combate de 130 mil romanos contra 150 mil cartagineses. À época, os soldados contavam muito, e os homens de técnica, pouco; hoje em dia, os soldados pouco ou nada contam, enquanto os homens de técnica contam muito.

A vitória do cônsul Duílio[102] fez sentir sobremaneira essa diferença: os romanos não tinham qualquer conhecimento de navegação; uma galera

---

98. *A Política*, livro VII, capítulo VI.
99. Ver o que disse Perrault sobre os remos dos antigos. *Ensaio de física*, tít. III, Mecânica dos animais.
100. O mesmo aconteceu na batalha de Salamina. (Plutarco, *Vida de Temístocles*.) A história se encontra repleta de fatos semelhantes.
101. Nisso se pode avaliar a imperfeição da marinha dos antigos, já que abandonamos uma prática na qual tínhamos tanta superioridade sobre eles.
102. Caio Duílio Nepois (viveu no século III a.C.) foi político e almirante romano. Tomou parte da Primeira Guerra Púnica. Sem ascender de família importante, conseguiu ser eleito cônsul no ano 260 a.C., quando irrompeu a Primeira Guerra Púnica. Nos embates da guerra,

cartaginesa encalhou em sua costa; tiveram-na como modelo para construir; em um período de três meses, seus marinheiros foram treinados, sua frota foi construída, equipada; foi posta no mar; ela encontrou o exército naval dos cartagineses e o derrotou.

Nos dias de hoje, uma vida inteira de um príncipe mal bastaria para formar uma frota capaz de aparecer diante de uma potência que já tenha o império do mar; talvez seja a única coisa que o dinheiro por si só não possa fazer. E se, em nossos dias, um grande príncipe logo se fez bem-sucedido,[103] a experiência mostra que se tem aí um exemplo a ser mais admirado do que seguido.[104]

A Segunda Guerra Púnica é tão famosa que todo o mundo a conhece. Quando se examina bem o imenso número de obstáculos que se apresentaram diante de Aníbal, todos os quais esse homem extraordinário superou, tem-se o mais belo espetáculo proporcionado pela Antiguidade.

Roma foi um prodígio de constância. Após as jornadas do Ticino, de Trébia e de Trasímeno, e após a de Canas, ainda mais funesta, Roma, abandonada por quase todos os povos da Itália, jamais pediu a paz. É que o Senado jamais se afastava de suas máximas antigas; ele agia com Aníbal como tinha agido outrora com Pireo, com quem se recusou a fazer qualquer acordo enquanto estivesse na Itália. E em Dionísio de Halicarnasso[105] eu observo que, por ocasião da negociação de Coriolano[106], o Senado declarou que de modo algum ele violaria seus costumes antigos; que o povo romano não teria paz enquanto os inimigos estivessem em suas terras; mas, se os volscos se retirassem, seria concedido tudo o que fosse justo.

Roma foi salva pelo vigor de sua instituição. Após a Batalha de Canas, nem mesmo às mulheres foi permitido verter lágrima; o Senado se recusou a resgatar os prisioneiros e enviou os miseráveis restos do Exército a guer-

---

foi beneficiado pela ingenuidade dos adversários, derrotou-os, capturando inúmeros navios cartagineses. Foi homenageado com um triunfo pelas ruas de Roma e imortalizado com uma coluna no fórum romano. (N.T.)

103. Luís XIV.
104. A Espanha e Moscou.
105. *Antiguidades romanas*, livro VIII.
106. Caio Márcio Coriolano foi um lendário general da Roma Antiga, que teria vivido no século V a.C. Ainda bastante jovem, sobressaiu-se na Batalha do Lago Regilo, tendo recebido o cognome "Coriolano" por ter se destacado no cerco de Corioli, cidade dos volscos, quando então foi promovido a general. Caiu em desgraça por se voltar contra os interesses democráticos da plebe, fazendo inúmeros inimigos. Historiadores modernos tomam Coriolano por não mais que uma lenda de cunho moralizante, a ilustrar os efeitos da deslealdade e da ingratidão. (N.T.)

rear na Sicília, sem recompensa nem honra militar alguma, até que Aníbal fosse expulso da Itália.

Por outro lado, o cônsul Terêncio Varrão[107] vergonhosamente fugira para Venúsia. Aquele homem, do mais baixo nascimento, só fora elevado ao consulado para mortificar a nobreza. Mas o Senado não queria desfrutar desse infeliz triunfo; ele viu como se fazia necessário que, em tal oportunidade, ele atraísse a confiança do povo: foi até Varrão e a ele agradeceu por não ter se desesperançado da República.

Via de regra, funesta a um Estado não é a perda real que se tem em uma batalha (isto é, a de alguns milhares de homens), mas a perda imaginária e o desânimo que o priva das próprias forças que a Fortuna lhe teria legado.

Há coisas que todo o mundo diz porque foram ditas uma vez. Acreditava-se que Aníbal tivesse cometido um erro crasso ao não sitiar Roma após a Batalha de Canas. É verdade que de início o terror ali foi extremo; mas isso não pela consternação de um povo belicoso, que quase sempre se transforma em coragem, como a de um populacho vil, que sente apenas a sua fraqueza. Uma prova de que Aníbal não teria sido bem-sucedido é a de que os Romanos ainda se encontravam em condições de enviar socorro a toda parte.

Diz-se ainda que Aníbal cometeu um grande erro ao conduzir seu exército a Cápua, onde este amoleceu, mas não se considera que com isso não se remonta à verdadeira causa. Os soldados desse exército, tornados ricos após tantas vitórias, não teriam encontrado Cápua por toda a parte? Em uma ocasião semelhante, Alexandre, que comandava seus próprios súditos, recorreu a um expediente que Aníbal, dispondo apenas tropas mercenárias, de modo algum podia usar: mandou atear fogo na bagagem de seus soldados e lhes queimou todas as riquezas deles e as suas próprias. Diz-se que Kouli-Kan, após a conquista das Índias, deixou a cada soldado apenas 100 rúpias em dinheiro.[108]

Foram as próprias conquistas de Aníbal que começaram a mudar a sorte daquela guerra. Ele não fora enviado à Itália pelos magistrados de Carta-

---

107. Caio Terêncio Varrão, eleito cônsul romano em 216 a.C., juntamente com seu colega consular, Lúcio Emílio Paulo, comandou as forças romanas contra Aníbal na Batalha de Canas, na qual Roma foi fragorosamente derrotada. Emílio foi morto em combate, e Varrão se refugiou junto a cavaleiros aliados. Embora Varrão tenha sido culpabilizado pelo historiador Políbio, sua responsabilidade no desastre romano foi revista por historiadores modernos, que atribuem o julgamento de Políbio sobretudo à condição plebeia de Varrão, em contraposição à patrícia de Emílio. (N.T.)

108. *História de sua vida*; Paris, 1742, p. 402.

go; recebia muito pouco auxílio, fosse pela inveja de um partido, fosse pela confiança excessiva do outro. Enquanto manteve unido seu exército, venceu os romanos; mas quando se fez necessário que pusesse suas guarnições nas cidades, que defendesse seus aliados, que sitiasse locais ou impedisse que fossem sitiados, suas forças se mostraram pequenas demais, e pouco a pouco ele perdeu grande parte de seu exército. As conquistas são fáceis de fazer, porque são feitas com todas as suas forças; são difíceis de conservar, porque só se as defende com parte de suas forças.

CAPÍTULO V

SITUAÇÃO DA GRÉCIA, DA MACEDÔNIA, DA SÍRIA E DO EGITO, APÓS A DECADÊNCIA DOS CARTAGINESES

Imagino que Aníbal fosse de raras palavras espirituosas, e que as dissesse menos ainda em favor de Fábio[109] e de Marcelo[110] contra si mesmo. Lamento ver Tito Lívio cobrir de flores esses enormes colossos da Antiguidade; gostaria que ele fizesse como Homero, que não se importa com enfeitá-los e sabe muito bem mostrá-los em ação.

Conviria ainda que os discursos atribuídos a Aníbal fossem sensatos. E se, ao ficar sabendo da derrota de seu irmão, ele confessasse prever a ruína de Cartago, não conheço nada mais próprio a desesperar os povos que se tinham entregado a ele e a desincentivar um exército que esperava tão grandes recompensas após a guerra.

Como os cartagineses, na Espanha, na Sicília, na Sardenha, a ele não se opôs qualquer exército que não saísse derrotado, Aníbal, cujos inimigos se fortaleciam sem cessar, foi reduzido a uma guerra defensiva. Isso deu aos romanos a ideia de levar a guerra à África; Cipião ali desembarcou; os êxitos que então obteve obrigaram os cartagineses a chamar da Itália

---

109. Quinto Fábio Máximo (257-203 a.C.) foi nomeado cônsul e ditador romano em diversas ocasiões, incluindo o período 217-216 a.C., durante a Segunda Guerra Púnica, e isso significa que foi obrigado a enfrentar o comandante militar cartaginês Aníbal Barca. Ciente da superioridade militar cartaginesa, evitou enfrentar Aníbal em batalha campal. Em vez disso, manteve suas tropas nas proximidades, optando por, a todo tempo, fustigar o inimigo, em uma guerra não de enfrentamento, mas de desgaste. Em razão dessa atitude cautelosa, recebeu o apelido de Cunctator – "aquele que protela". (N.T.)

110. Marco Cláudio Marcelo (268-208 a.C.), general e cônsul da República Romana, foi um dos comandantes do Exército romano durante a Segunda Guerra Púnica e responsável pelo cerco e tomada de Siracusa, na Sicília, entre 214 e 212 a.C. (N.T.)

Aníbal, que chorou de dor ao ceder aos romanos a terra onde tantas vezes ele os tinha vencido.

Tudo o que pode fazer um grande homem de Estado e um grande capitão, Aníbal o fez para salvar sua pátria. Não tendo podido levar Cipião à paz, travou uma batalha onde a fortuna parecia se comprazer em confundir sua habilidade, sua experiência e seu bom senso. Cartago recebeu a paz não de um inimigo, mas de um senhor: ela se obrigou a pagar 10 mil talentos em cinquenta anos, a fornecer reféns, a entregar seus navios e seus elefantes, a não fazer a guerra a ninguém sem que o povo romano o consentisse; e, para tê-la sempre humilhada, aumentou-se o poder de Massinissa, seu inimigo eterno.

Após a decadência dos cartagineses, Roma quase não teve mais do que pequenas guerras e grandes vitórias, enquanto antes ela tinha pequenas vitórias e grandes guerras.

Nessa época, havia como que dois mundos separados: em um deles combatiam os cartagineses e os romanos; o outro era agitado por querelas que perduravam desde a morte de Alexandre; não se pensava aí no que se passava no Ocidente;[111] pois, ainda que Felipe, rei da Macedônia,[112] tivesse feito um tratado com Aníbal, na sequência quase não houve coisa alguma, e aquele príncipe, que aos cartagineses concedeu apenas ínfimos recursos, mais não fez do que testemunhar aos romanos uma inútil má vontade.

Quando se vê dois grandes povos travando uma guerra longa e obstinada, não raro é má política pensar que se possa continuar tranquilo espectador: pois dos dois povos aquele que for vencedor logo vai travar novas guerras, e uma nação de soldados combaterá contra povos que são simples cidadãos.

Isso se mostrou bem claramente naqueles tempos: pois mal os romanos tinham vencido os cartagineses, passaram a atacar novos povos e apareceram por toda a Terra para tudo invadir.

À época, havia no Oriente apenas quatro potências capazes de resistir aos romanos: a Grécia e os reinos da Macedônia, da Síria e do Egito. É preci-

---

111. É surpreendente, como Josefo observa no livro contra Ápion, que nem Heródoto nem Tucídides jamais tenham falado sobre os romanos, ainda que estes tenham empreendido tão grandiosas guerras.
112. Felipe V (238-179 a.C.) foi rei da Macedônia de 221 a 179 a.C. As vitórias do general cartaginês Aníbal na península itálica convenceram Felipe a celebrar uma aliança com Cartago em 215 a.C., para tentar conter a ameaça romana. Contudo, a aliança desencadeou um prolongado conflito com os romanos, as guerras macedônicas, entre os séculos III e II a.C. (N.T.)

so ver qual era a situação dessas duas primeiras potências, já que os romanos começaram por submetê-las.

Havia na Grécia três povos consideráveis; os etólios, os aqueus e os beócios; eram associações de cidades livres, que tinham assembleias gerais e magistrados comuns. Os etólios eram belicosos, ousados, temerários, ávidos de lucro e sempre descompromissados de palavra e juramento, enfim, faziam a guerra em terra como os piratas a fazem no mar. Os aqueus eram incessantemente hostilizados por vizinhos ou defensores incômodos.[113] Os beócios, os mais rudes entre todos os gregos, tomavam parte o menos possível dos assuntos gerais: conduzidos unicamente pelo sentimento presente do bem e do mal, não tinham suficiente espírito para que aos oradores fosse fácil agitá-los; e, o que havia de extraordinário, sua república subsistia na própria anarquia.[114]

A Lacedemônia conservara seu poder, isto é, o espírito belicoso que lhe deram as instituições da Licúrgia. Os tessálios estavam como subjugados pelos macedônios. Os reis da Ilíria já tinham sido extremamente enfraquecidos pelos romanos. Os acarnânios e os atamânios eram reiteradas vezes atacados pelas forças da Macedônia e da Etólia. Os atenienses, sem forças próprias e sem aliados,[115] assombravam o mundo apenas por suas lisonjas para com os reis e só subiam à tribuna onde falara Demóstenes para propor decretos os mais covardes e os mais escandalosos.

Além disso, a Grécia era temida por sua localização, pela força, pela quantidade de suas cidades, pelo número de seus soldados, por sua polícia, seus costumes, suas leis – ela amava a guerra, desta conhecia as técnicas militares e teria sido invencível se se mantivesse unida.

Ela fora severamente abalada pelo primeiro Felipe, Alexandre e Antípatro[116], sem chegar a ser subjugada, e os reis da Macedônia, sem poder

---

113. *Variante:* os beócios, que eram os mais grosseiros de todos os gregos, porém os mais sábios, viviam comumente em paz, conduzidos tão somente pelo sentimento do bem e do mal; tinham espírito somente para que os oradores os agitassem e pudessem deles ocultar seus verdadeiros interesses. (Edição de 1734.)
114. Os magistrados, para agradar a multidão, já não abriam os tribunais; os moribundos legavam seus bens a seus amigos, para serem gastos em festins. Ver um fragmento do vigésimo livro de Políbio, no *Extrato das virtudes e dos vícios*.
115. Os atenienses não tinham qualquer aliança com os outros povos da Grécia. (Políbio, livro VIII.)
116. Antípatro (397-319 a.C.) foi um general macedônico, sob os reis Felipe II e Alexandre, o Grande. Em 320 a.C., tornou-se regente de todo o império de Alexandre. Na condição de general, após a triunfal vitória macedônica sobre os gregos na Batalha de Queroneia (338 a.C.), forçou Atenas a substituir seu regime democrático pelo timocrático. (N.T.)

decidir por abandonar suas pretensões e suas esperanças, obstinavam-se em trabalhar para escravizá-la.

A Macedônia era quase inteira rodeada por montanhas inacessíveis; seus povos eram bastante afeitos à guerra, corajosos, obedientes, industriosos, infatigáveis, e era bem o caso de que extraíam essas qualidades do clima, já que ainda hoje os homens dessas paragens são os melhores soldados do império dos turcos.

A Grécia se mantinha por uma espécie de equilíbrio: os lacedemônios eram, via de regra, aliados dos etólios, e os macedônios o eram dos aqueus; porém, com a chegada dos romanos, todo o equilíbrio se rompeu.

Como os reis de Macedônia não pudessem manter um grande número de soldados,[117] o menor dos fracassos tinha suas consequências; além disso, dificilmente eles conseguiam crescer, pois, não sendo desconhecidas as suas intenções, mantinham-se os olhos sempre abertos às suas iniciativas, e os êxitos que obtinham nas guerras empreendidas por seus aliados eram um mal que esses mesmos aliados logo buscavam reparar.

Mas os reis da Macedônia, via de regra, eram príncipes habilidosos. Sua monarquia não era do tipo das que seguem um traço dado de antemão: continuamente instruídos pelos perigos e pelos assuntos políticos, envolvidos em quase todas as altercações dos gregos, precisavam conquistar as figuras eminentes das cidades, deslumbrar os povos e dividir ou reunir os interesses; enfim, viam-se coagidos a se expor a todo tempo.

Felipe,[118] que, nos inícios de seu reinado, por sua moderação atraíra para si o amor e a confiança dos gregos, de repente mudou: tornou-se um cruel tirano em um momento em que deveria ser justo por política e por ambição.[119] Mesmo de longe, ele contemplava os cartagineses e os romanos, cujas forças eram imensas: ele terminara a guerra com vantagem sobre seus aliados e se reconciliara com os etólios. Era natural que pensasse em unir consigo toda a Grécia para impedir que ali se estabelecesse o estrangeiro; fazendo o contrário, irritou-a com pequenas usurpações, e, com-

---

117. Ver Plutarco, *Vida de Flamínio*.
118. Felipe II (382-336 a.C.) assumiu o reino da Macedônia em 359 a.C., sendo oficialmente aclamado rei em 357 a.C. Fez uso de suas habilidades militares e diplomáticas para expandir o território e a influência da Macedônia, chegando a deter um amplo domínio sobre cidades-Estado gregas como Tebas e Atenas. Foi assassinado em julho de 336 a.C., e os planos de expandir seu reino rumo ao Leste, por sobre o Império Persa, foram concretizados por seu filho, Alexandre, o Grande. (N.T.)
119. Ver, em Políbio, as injustiças e as crueldades pelas quais Felipe caiu em descrédito.

prazendo-se em discutir interesses vãos quando se tratava de sua própria existência, por três ou quatro más ações ele se tornou odioso e destestável para todos os gregos.

Os etólios se mostraram os mais irritados, e os romanos, aproveitando-se de tal ressentimento, ou melhor, de tal insensatez, firmaram aliança com eles na Grécia e a armaram contra Felipe.

Esse príncipe foi derrotado na batalha de Cinoscéfalos,[120] e essa vitória se deveu em parte ao valor dos etólios. Ele ficou profundamente consternado, a ponto de se rebaixar a um tratado que era menos uma paz e mais um abandono de suas próprias forças: mandou suas guarnições saírem de toda a Grécia, entregou seus navios e se obrigou a pagar mil talentos em dez anos.

Com seu habitual bom senso, Políbio compara a organização militar dos romanos à dos macedônios, adotada por todos os reis sucessores de Alexandre. É preciso observar as vantagens e os inconvenientes da falange e da legião; ele deu preferência à disposição romana e, ao que tudo indica, ele tem razão, a julgar por todos os acontecimentos da época.

O que muito contribuíra para pôr os romanos em perigo na Segunda Guerra Púnica foi que Aníbal desde o início armou seus soldados à maneira romana: não lhe ocorreu renunciar a práticas com as quais tinham feito coisas tão grandiosas.[121]

O êxito obtido pelos romanos contra Felipe foi o maior de todos os seus passos para a conquista geral. A fim de garantir a conquista da Grécia, de todas as maneiras enfraqueceram os etólios, que os tinham ajudado a vencer; além disso, ordenaram que toda cidade grega que estivera sob o domínio Felipe, ou de qualquer outro príncipe, doravante fosse governada por suas próprias leis.

Bem se vê que essas pequenas repúblicas só podiam mesmo ser dependentes. Os gregos se lançaram em uma alegria estúpida e acreditaram ser de fato livres, porque assim os declararam os romanos.

Os etólios, que tinham imaginado seu domínio sobre a Grécia, vendo que nada mais tinham feito a não ser dar senhores para si, foram ao desespero e, como sempre tomassem resoluções extremas, querendo corrigir suas

---

120. A batalha de Cinoscéfalos se deu na Tessália, em 197 a.C., entre o exército da República Romana, liderado por Tito Quinto Flamínio, e as tropas da Macedônia, que, conduzidas por Felipe V, saíram derrotadas. (N.T.)

121. Falarei sobre as razões disso no capítulo XV. Elas são extraídas, em parte, das disposições geográfias dos dois impérios.

loucuras com outras loucuras, à Grécia convocaram Antíoco[122], rei da Síria, tal como haviam ali chamado os romanos.

Os reis da Síria eram os mais poderosos sucessores de Alexandre: pois eles detinham quase todos os Estados de Dario[123], à exceção do Egito; mas certos acontecimentos fizeram com que seu poderio muito se enfraquecesse. Seleuco,[124] que fundara o império da Síria, ao final de sua vida tinha destruído o reino de Lisímaco[125]. Em meio a tal confusão, muitas províncias se sublevaram: formaram-se os reinos de Pérgamo, da Capadócia e da Bitínia. Mas esses pequenos e tímidos Estados sempre tinham como fortuna a humilhação de seus antigos mestres.

Uma vez que os reis da Síria sempre viram com inveja extrema a felicidade do reino do Egito, pensavam tão somente em conquistá-lo; isso fez com que, negligenciando o Oriente, ali perdessem muitas províncias e fossem mal obedecidos nas outras.

Por fim, os reis da Síria detinham a alta e a baixa Ásia. Mas a experiência fez ver que, nesse caso, uma vez que a capital e as principais forças estavam nas províncias baixas da Ásia, não era possível conservar as altas e, quando a sede do império se encontrava nas altas, enfraquecia querendo conservar as baixas. O império dos persas e o da Síria jamais foram tão fortes quanto o dos partas, que detinham apenas parte das províncias dos dois primeiros. Se Ciro[126] não tivesse conquistado o reino da Lídia, se Seleuco tivesse ficado na Babilônia e tivesse deixado as províncias marítimas aos sucessores de Antígono, o império dos persas teria sido invencível para os gregos, e o de Seleuco, para os romanos. Há certos limites que a natureza concede aos

---

122. Trata-se do rei Antíoco III Magno, ou Antíoco, o Grande, rei selêucida que governou a Síria de 223 a 187 a.C. (N.T.)

123. Dario III (c. 380-330 a.C.) reinou sobre a Pérsia durante seis anos, até o Império Persa ser conquistado por Alexandre, o Grande, em 331 a.C. (N.T.)

124. O texto se refere à fragmentação do império macedônico após a morte de Alexandre. A Síria ficou com o general Seleuco (c. 358-281 a.C.), de cognome Nicator ("vencedor"), que estabeleceu o Império Selêucida em 312 a.C. e inaugurou a dinastia de mesmo nome. (N.T.)

125. Lisímaco (c. 360-281 a.C.) foi um dos generais de Alexandre, o Grande, seu guarda-costas e, com a morte do imperador, tornou-se um de seus diádocos (sucessores), sendo incumbido pela Trácia (região compreendida entre o mar Negro e a Macedônia). (N.T.)

126. Ciro II, mais conhecido como Ciro, o Grande, foi rei da Pérsia entre 559 e 530 a.C. Após uma sucessão de conquistas militares, teve a Babilônia, o Egito, a Lídia e a cidade-Estado de Esparta lutando juntas para limitar o seu poder. Obteve o domínio sobre a Lídia em 546 a.C., sobre a Ásia Menor e sobre a Babilônia em 539 a.C. Ao conquistar esta última, libertou os judeus de seu exílio, permitindo que voltassem à Palestina, e deu ordem de reconstrução ao templo de Salomão, em Jerusalém. Fez do Império Persa o Estado mais poderoso de então, até sua conquista em 331 a.C. por Alexandre Magno. (N.T.)

Estados para mortificar a ambição dos homens: quando os romanos ultrapassaram esses limites, os partas sempre os fizeram perecer; e em nossos dias, tendo os turcos ido além desses limites, foram obrigados a recuar.

Os reis da Síria e do Egito tinham em seus países dois tipos de súditos: os povos conquistadores e os povos conquistados. Esses primeiros, ainda plenamente conscientes de sua origem, eram difíceis de governar; não tinham o espírito de independência que nos leva a sacudir o jugo, mas a impaciência que nos faz querer mudar de senhor.

Porém, a principal fraqueza do reino da Síria vinha da Corte, onde reinavam os sucessores de Dario, e não os de Alexandre. O luxo, a vaidade e a indolência que em século algum deixaram as cortes da Ásia, imperavam sobretudo ali. O mal passava ao povo e aos soldados, e se tornou contagioso para os próprios romanos, uma vez que a guerra destes contra Antíoco foi a época mesma de sua corrupção.

Tal era a situação do reino da Síria quando Antíoco, que fizera grandes coisas, empreendeu a guerra contra os romanos. Mas ele não se conduziu nem mesmo com a sabedoria que empregamos nos assuntos cotidianos. Aníbal queria que se retomasse a guerra na Itália e que se vencesse Felipe, ou que se o mantivesse neutro. Antíoco não fez nada disso. Na Grécia, apresentou-se com uma pequena parte de suas forças e, como se desejasse ver a guerra, e não fazê-la, ocupou-se unicamente de seus prazeres. Foi batido, fugiu para a Ásia, mais apavorado que vencido.

Nessa guerra, Felipe, arrastado pelos romanos como por uma torrente, serviu-os com todo o seu poder e se tornou instrumento de suas vitórias. O prazer de se vingar e de devastar a Etólia, a promessa de que lhe diminuiria o tributo e lhe deixaria algumas cidades, a inveja que ele tinha de Antíoco, enfim, pequenos motivos o determinaram e, não ousando conceber a ideia de sacudir o jugo, ele pensou apenas em adoçá-lo.

Antíoco julgou mal a situação, a ponto de imaginar que os romanos o deixariam tranquilo na Ásia. Mas eles o seguiram. Mais uma vez ele foi vencido e, em sua consternação, consentiu no tratado mais infame que um grande príncipe já tinha feito.

Não conheço nada mais magnânimo que a resolução tomada por um monarca de nossos dias,[127] de se preferir sepultado sob os escombros do trono que aceitar propostas que um rei não deve ouvir; sua alma era excessivamente orgulhosa para descer mais baixo do que seus infortúnios o tinham

---

127. Luís XIV.

feito cair, e ele bem sabia que a coragem pode fortalecer uma coroa, enquanto a infâmia não o faz jamais.

É muito comum ver príncipes que sabem travar uma batalha; há bem poucos que sabem travar uma guerra, que sejam igualmente capazes de se servir da Fortuna e de a esperar, e que, com essa disposição de espírito que desconfia antes de empreender a guerra, já não tenha o que temer depois de a ter empreendido.

Após o declínio de Antíoco, restavam apenas pequenas potências, exceção feita ao Egito, que, por sua situação, sua fecundidade, seu comércio, pelo número de seus habitantes, por suas forças de mar e terra, poderia ter sido formidável. Mas a crueldade de seus reis, sua covardia, sua avareza, sua imbecilidade, suas voluptuosidades terríveis os tornavam tão odiosos a seus súditos, que na maior parte do tempo estes se sustentaram apenas mediante a proteção dos romanos.

De certa forma, uma lei fundamental da Coroa do Egito era a de que as irmãs entrassem na linha de sucessão com os irmãos e, com o intuito de manter a unidade no governo, o irmão se casasse com a irmã. Ora, é difícil imaginar algo mais pernicioso na política do que semelhante ordem de sucessão: isso porque todos os pequenos dissabores domésticos vão se tornar problema de Estado; aquele dentre os dois que tivesse a menor mágoa de pronto sublevaria contra o outro o povo de Alexandria, populacho imenso, sempre disposto a se unir ao primeiro dos reis que o quisesse agitar. Além disso, os reinos de Cirene[128] e Chipre via de regra estavam nas mãos de outros príncipes dessa casa real, com direitos recíprocos sobre o todo, e sucedia que quase sempre havia príncipes regentes e pretendentes à Coroa. Esses reis se assentavam em um trono cambaleante e, mal estabelecidos internamente, do lado de fora careciam de poder.

As forças dos reis do Egito, como as dos outros reis da Ásia, consistiam em seus auxiliares gregos. Além do espírito de liberdade, de honra e de glória que animava os gregos, eles incessantemente se ocupavam de toda a espécie de exercícios do corpo: em suas principais cidades, eles dispunham de jogos organizados, nos quais os vencedores eram coroados aos olhos de toda a Grécia, o que gerava uma disseminada rivalidade. Ora, em um tempo em que se combatia com armas cujo êxito dependia da força e da habilidade de quem dela se servia, não há como duvidar de que as pessoas assim

---

128. Cirene foi a cidade mais importante do reino da Cirenaica, na costa oriental de onde hoje é a Líbia. Fundada em 630 a.C., foi colônia dos gregos lacedemônios vindos da ilha grega de Thera. (N.T.)

treinadas teriam imensas vantagens sobre a massa de bárbaros tomados ao acaso e conduzida à guerra sem poder de escolha, como os exércitos de Dario bem fizeram ver.

Os romanos, para privar os reis de tal milícia e sem alarde lhes tirar suas principais forças, fizeram duas coisas: em primeiro lugar, pouco a pouco estabeleceram como máxima, nas cidades gregas, que elas não poderiam fazer qualquer aliança, nem oferecer ajuda, nem fazer a guerra a quem quer que fosse, sem seu consentimento; além disso, em seus tratados com os reis, eles os proibiram de fazer qualquer recrutamento junto aos aliados dos romanos, e isso os deixava reduzidos às tropas nacionais.[129]

---

129. Eles tinham exercido essa política anteriormente com os cartagineses, a quem obrigaram por tratado a não mais servir como tropas auxiliares, como se vê em um fragmento de Dion.

CAPÍTULO VI

DA CONDUTA ADOTADA PELOS ROMANOS PARA SUBJUGAR TODOS OS POVOS

No curso de tantas prosperidades, quando é comum negligenciar, o Senado agia sempre com a mesma profundidade e, enquanto os exércitos a todos consternavam, ele mantinha no chão os que encontrava abatidos.

Ele se arvorou em tribunal que julgou todos os povos ao final de cada guerra, decidindo sobre as penas e recompensas que cada qual merecesse: do domínio do povo vencido, tirava uma parte para dá-la aos aliados, e nisso fazia duas coisas: aliava a Roma reis dos quais ela pouco tinha a temer e muito a esperar, e enfraquecia outros, dos quais ela nada tinha a esperar e tudo a temer.

Roma servia-se dos aliados para fazer a guerra a um inimigo; porém, de início, destruía os destruidores. Felipe foi vencido por meio dos etólios, que foram aniquilados logo em seguida, para se juntar a Antíoco. Antíoco foi vencido com a ajuda dos ródios; mas depois de lhes terem sido dadas magníficas recompensas, foram humilhados para sempre, sob o pretexto de haverem pedido que se estabelecesse a paz com Perseu[130].

Estando obrigados a lidar com muitos inimigos, os romanos concediam uma trégua ao mais fraco, que se acreditava feliz ao obtê-la, valorizando sobremaneira o adiamento de sua ruína.

Quando se ocupava de uma grande guerra, o Senado dissimulava toda a sorte de injúrias e em silêncio aguardava que viesse a punição. E se algum povo lhe enviasse os culpados, recusava-se a puni-los, preferindo tomar toda a nação por criminosa e reservar para si uma vingança útil.

---

130. Perseu sucedeu a seu pai, Felipe V, no trono da Macedônia em 179 a.C. Contra a República Romana, travou aquela que ficou conhecida como a Terceira Guerra Macedônica (171-168 a.C.), que terminou com sua derrota na batalha de Pidna. Com a derrota, a Macedônia caía sob jugo romano, vindo a se tornar Província Romana da Macedônia em 148 a.C. (N.T.)

Como faziam a seus inimigos males inconcebíveis, quase não se formavam ligas contra eles, pois aquele que estivesse mais afastado do perigo não queria se aproximar.

Desse modo, raramente recebiam a guerra de outros, mas a faziam sempre no momento em que lhes conviesse, da maneira e com quem lhes convinha fazê-la. E dos povos todos que atacassem, houve bem poucos que não tivessem sofrido toda a sorte de injúrias se se os quisesse deixar em paz.

Sendo costume dos romanos falar sempre na condição de senhores, os embaixadores por eles enviados a povos que ainda não tinham sentido seu poder certamente seriam hostilizados, o que constituía um pretexto seguro para deflagrar uma nova guerra.[131]

Como jamais fizessem a paz de boa-fé e como, com a intenção de a tudo invadir, seus tratados mais não eram do que tréguas, eles impunham condições que se iniciavam sempre com a ruína do Estado que os aceitasse: faziam sair guarnições das praças fortes, ou limitavam o número das tropas de terra, ou faziam com que lhes fossem enviados cavalos ou elefantes; e se o povo tivesse poder marítimo, obrigavam-nos a queimar os navios e, por vezes, a morar em regiões mais adentradas no continente.

Depois de ter destruído os exércitos de um príncipe, arruinavam suas finanças com impostos excessivos ou algum tributo, sob o pretexto de fazê-los pagar pelos custos da guerra: era um novo tipo de tirania, que forçava o príncipe a oprimir os súditos e a perder seu amor.

Se concedessem a paz a algum príncipe, tomavam como refém um de seus irmãos ou de seus filhos; isso lhes dava o meio de perturbar seu reino ao sabor do que bem imaginassem. Quando tivessem o herdeiro mais próximo, intimidavam o detentor do trono; se tivessem um príncipe de parentesco mais distante, dele se serviam para incitar as revoltas populares.

Quando algum príncipe ou algum povo se furtasse a obedecer a seu soberano, logo lhe atribuíam o título de aliado do povo romano,[132] e com isso o tornavam sagrado e inviolável; desse modo, não havia rei, por maior que fosse, que pudesse estar seguro de seus súditos, nem mesmo de sua família.

Ainda que o título de seu aliado fosse uma espécie de servidão, não obstante era bastante cobiçado:[133] afinal, tinha-se a certeza de sofrer injúrias unicamente dos romanos, e havia motivos para esperar que estas fosse

---

131. Um dos exemplos disso é a sua guerra contra os dálmatas. Ver Políbio.
132. Ver sobretudo seu tratado celebrado com os judeus, no primeiro livro dos Macabeus, capítulo VIII.
133. Ariante fez um sacrifício aos deuses, diz Políbio, para lhes agradecer por ter obtido essa aliança.

menores; assim, não havia serviços que os povos e os reis não se mostrassem dispostos a prestar, nem atos de baixeza que não fizessem para as receber. Os romanos tinham muitos tipos de aliados. Alguns lhes estavam unidos por privilégios e para ter uma participação em sua grandeza, como os latinos e os hérnicos; outros, para que se estabelecessem na condição de colônias; alguns deles, pelos feitos, como foi o caso de Massinisso, Eumenes[134] e Átalo[135], que obtiveram dos romanos seu reino ou seu engrandecimento; outros, por tratados livres, e estes se tornavam súditos pelo longo uso da aliança, como os reis do Egito, da Bitínia, da Capadócia e da maior parte das cidades gregas; e muitos deles, enfim, por tratados forçados e pela lei de sujeição, como Felipe e Antíoco, pois a um inimigo não atribuíam paz que não contivesse uma aliança, ou seja, não submetiam povo algum se tal não lhes servisse para rebaixar outros.

Se concediam a liberdade a algumas cidades, de pronto aí faziam nascer duas facções:[136] uma delas defendia as leis e a liberdade do país, enquanto a outra sustentava que como lei só havia a vontade dos romanos; como essa última facção fosse sempre a mais poderosa, bem se vê que semelhante liberdade não passava de um nome.

Por vezes eles se tornavam senhores de um país sob o pretexto de sucessão: entraram na Ásia, na Bitínia, na Líbia, pelos testamentos de Átalo, de Nicomedes[137] e de Ápio[138], e o Egito foi acorrentado pelo do rei de Cirena.

---

134. Eumenes II (221-160 a.C.) foi rei de Pérgamo entre 197 e 159 a.C. Seguindo o exemplo paterno, colaborou com os romanos para conter os macedônios e os selêucidas, o que o levou à derrota de Antíoco III na Batalha de Magnésia, em 190 a.C. Como resultado da Paz de Apameia, em 188 a.C., recebeu dos romanos o controle sobre diversas regiões da Ásia Menor. Mais tarde, caiu em desgraça entre os romanos, por suspeita de se aliar com Perseu da Macedônia. Foi então que os romanos tentaram, sem êxito, colocar no trono seu irmão Átalo II Filadelfo. (N.T.)
135. Átalo III (170-133 a.C.), filho de Eumenes II, reinou em Pérgamo de 138 a 133 a.C. Demonstrava pouco interesse em governar a cidade, dedicando seu tempo ao estudo da medicina, da botânica e da jardinagem. Em seu testamento, deixou o povo romano como seu herdeiro, o que suscitou uma revolta entre os citadinos, sobretudo os da classe baixa. A revolta foi extinta em 129 a.C., com Pérgamo dividida entre Roma, Ponto e Capadócia. (N.T.)
136. Ver Políbio sobre as cidades da Grécia.
137. Filho de Filopátor. [Nicomedes IV (?-74 a.C.), conhecido como Nicomedes Filopátor, foi rei da Bitínia, um antigo reino da Ásia Menor, entre 94 e 74 a.C. Na condição de um dos principais aliados da República Romana, manteve prolongados conflitos com Mitrídates VI do Ponto, um dos mais virulentos inimigos de Roma. Em um dos últimos atos como rei da Bitínia, Nicomedes legou o reino inteiro a Roma, assim, o senado romano rapidamente votou por integrar a Bitínia como nova província. Mitrídates, porém, tratou de reivindicar o reino para si, o que provocou a Terceira Guerra Mitridática. Com isso, Nicomedes IV foi o último rei da Bitínia. (N.T.)]
138. Ptolomeu Ápio (entre 150 e 145-96 a.C.) foi o último rei grego da Cirenaica, que a recebera de seu pai, Ptolomeu, um grego macedônio e nativo do Egito. Seu pai separou a Cirenaica do

Para manter os grandes príncipes sempre enfraquecidos, os romanos não queriam que estes recebessem como aliados aqueles a quem eles tivessem se aliado,[139] e, como não recusassem aliança a vizinho algum de um príncipe poderoso, essa condição, inserida em um tratado de paz, não deixava ao príncipe um aliado sequer.

Além disso, se venciam algum príncipe de importância considerável, estipulavam no tratado que ele não poderia fazer a guerra por divergências com aliados dos romanos (ou seja, normalmente com todos os seus vizinhos), mas que as submeteriam à arbitragem; isso impedia a esse príncipe que se tornasse uma potência militar no futuro.

E para se reservar todo esse poder, os romanos chegavam a subtraí-lo mesmo a seus aliados: tão logo tinham estes o menor dissabor, enviavam embaixadores que os obrigavam a fazer a paz. Basta ver como terminaram as guerras de Átalo e Prúsias[140].

Quando algum príncipe tinha feito uma conquista, que não raro o esgotara, logo aparecia um embaixador romano e a arrancava de suas mãos. Entre milhares de exemplos, é possível lembrar o modo pelo qual, com uma palavra, expulsaram Antíoco do Egito.[141]

Sabendo como os povos da Europa eram afeitos à guerra, estabeleceram como lei que a nenhum rei da Ásia seria permitido entrar na Europa e subjugar ali qualquer povo que fosse.[142] O principal motivo da guerra que travaram contra Mitrídates foi o de que ele, indo contra essa proibição, havia subjugado alguns bárbaros.[143]

Quando viam que dois povos estavam em guerra, ainda que não tivessem qualquer aliança, nem acerto pendente com um ou com outro, os romanos não deixavam de entrar em cena e, como nossos cavaleiros errantes, tomavam o partido do mais fraco. Segundo Dionísio de Halicarnasso,[144]

Egito, todavia o reino teve pouco tempo de autonomia, já que, com a morte de Ápio, tornou-se província romana. (N.T.)

139. Foi o caso de Antíoco.
140. Prúsias II (*c*. 220-149 a.C.), apelidado "o Caçador", foi rei da Bitínia entre 182 e 149 a.C. Invadiu o reino de Pérgamo em 157 a.C. e foi derrotado mediante a intervenção de Roma, em 154 a.C. (N.T.)
141. Trata-se de Antíoco IV Epifânio ("o que se manifesta com esplendor") (*c*. 215-162 a.C.), que governou a Síria entre 175 e 164 a.C. Empreendeu a sexta Guerra da Síria contra o Egito, com o objetivo de cercar Alexandria. Os egípcios solicitaram a intercessão de Roma, que enviou o embaixador Caio Popílio Lenas, ao que Antíoco se viu forçado a recuar. (N.T.)
142. A proibição de entrar na Europa estabelecida contra Antíoco, mesmo antes da guerra, fez-se generalizada para os outros reis.
143. Apiano, *A guerra de Mitrídates*.
144. Fragmento de Dionísio, retirado do *Extrato das embaixadas*.

era um antigo costume dos romanos sempre dar seu auxílio a quem lhes viesse implorar.

Esses costumes dos romanos de modo algum eram fatos particulares que se davam ao acaso; eram princípios sempre constantes, e isso se pode ver facilmente: as máximas de que faziam uso contra as maiores potências foram precisamente as que tinham sido empregadas nos primórdios contra as pequenas cidades situadas à sua volta.

Os romanos se serviram de Eumênio e de Massinisso para subjugar Felipe e Antíoco, assim como tinham se servido dos latinos e dos hérnicos para subjugar os volscos e os toscanos; fizeram com que lhes fossem entregues as frotas de Cartago e dos reis da Ásia, como tinham feito que lhes fossem dadas as barcas de Âncio;[145] eliminaram as ligações políticas e civis entre as quatro partes da Macedônia, como outrora tinham rompido a união das pequenas cidades latinas.[146]

Acima de tudo, porém, sua máxima constante era a de dividir. A república da Aqueia[147] se constituíra por uma associação de cidades livres; o Senado declarou que, doravante, cada cidade se governaria por suas próprias leis, sem depender de uma autoridade comum.

De modo semelhante, a república dos beócios[148] era uma liga de muitas cidades. Mas tal como na guerra contra a Pérsia, algumas delas seguiram o partido desse príncipe, enquanto outras, o dos romanos, que lhes concederam suas graças por meio da dissolução da aliança comum.

[...][149]

Se um grande príncipe que reinou em nossa época tivesse seguido suas máximas, ao que viesse um de seus vizinhos destronados, teria lançado mão

---

145. Montesquieu aqui se refere à guerra que os romanos tiveram de travar contra os povos latinos, que, reunidos na Liga Latina, e apoiados pelos volscos de Âncio, acabaram rendidos pela República Romana. (N.T.)
146. Tito Lívio, livro VII.
147. A Liga Aqueia, ou Liga de Acaia, foi uma confederação formada por doze cidades-Estado da Acaia, região costeira a norte do Peloponeso. Cada cidade-Estado era membro autônomo e participava de um conselho que se reunia duas vezes ao ano a fim de formular uma política externa comum e para promulgar uma legislação relativa a questões monetárias. A Acaia foi convertida em província romana em 146 a.C. (N.T.)
148. A república dos beócios foi uma federação formada por cidades da Beócia, região situada entre os golfos de Eubeia e Corinto, das quais o principal núcleo era Tebas. Extinguiu-se no século II a.C., quando a Grécia foi dominada por Roma. (N.T.)
149. *Passagem suprimida*: A Macedônia era cercada de montanhas inacessíveis; o Senado a dividiu em quatro partes, declarou-as livres, defendeu toda a sorte de ligações entre elas, mesmo por casamento, transportou os nobres para a Itália, e com isso reduziu essa potência a nada. (Edição de 1734.)

das maiores forças para apoiá-lo e mantê-lo restrito à ilha que lhe permanecera fiel: ao dividir a única potência que pôde se opor a seus desígnios, ele teria extraído imensas vantagens do próprio infortúnio de seu aliado. Em caso de quaisquer disputas em um Estado, antes de tudo eles julgavam a questão e, com isso, estavam certos de só haver contra eles a parte que tinham condenado. Se eram príncipes do mesmo sangue a disputar a coroa, por vezes declaravam reis aos dois;[150] se um dos dois fosse menor de idade,[151] decidiam em seu favor, assumindo a tutela, como os protetores do universo. Pois eles levaram as coisas a ponto de os povos e os reis serem seus súditos sem que soubessem precisamente por que razão, estando estabelecido que era suficiente ter ouvido falar de Roma para a ela estar submetido.

Os romanos jamais travavam guerras distantes sem ter buscado algum aliado nas proximidades do inimigo que atacavam, aliado este que pudesse reunir suas tropas ao exército que enviavam pelos romanos; como este jamais fosse considerável em termos numéricos, os romanos cuidavam sempre de manter outro na província mais próxima do inimigo e um terceiro em Roma, sempre a ponto de marchar.[152] Assim, expunham apenas uma parte mínima de suas forças, enquanto o inimigo punha em risco todas as suas.[153]

Eventualmente, abusavam da sutileza dos termos de sua língua: destruíram Cartago, dizendo que tinham prometido conservar a *cidade*, e não a *vila*.[154] Sabemos de que modo foram enganados os etólios, que tinham se entregado à sua palavra: os romanos fingiram que o significado da expressão "entregar-se em confiança a um inimigo" implicava a perda de todos os tipos de coisas: pessoas, terras, cidades, templos e mesmo de sepulturas.

Podiam até mesmo conceder uma interpretação arbitrária a um tratado: assim, quando quiseram rebaixar os ródios, disseram que estes outrora não lhes tinham dado a Lícia como presente, e sim como amiga e aliada.

Quando um de seus generais fazia a paz para salvar seu exército prestes a perecer, o Senado, que absolutamente não a ratificava, aproveitava-se des-

---

150. Como sucedeu a Ariarate e Holofernes, na Capadócia (Apiano em *Guerras da Síria*).
151. A fim de poder arruinar a Síria, na qualidade de tutores, eles se declararam favoráveis ao filho de Antíoco, ainda criança, contra Demétrio, que estava com eles como refém e os conjurava a lhe fazer justiça, dizendo que Roma era sua mãe, e os senadores, seus pais.
152. Era prática constante, como se pode ver pela história.
153. Observe-se como se conduziram na Guerra da Macedônia.
154. O texto original indica que Montesquieu, à semelhança de Rousseau, em seu *Contrato social*, opera uma distinção entre *cité* e *ville* ("conserver la cité, et non pas la ville"). Trata-se de uma diferença de conotação: *cité* diz respeito ao aspecto político, isto é, à cidade como sociedade composta por cidadãos; enquanto *ville* diz respeito ao espaço físico e a suas edificações. (N.T.)

sa paz e continuava a guerra. Assim, quando Jugurta[155] cercou por completo um exército romano, e em seguida o deixou partir, confiando em um tratado, contra ele Roma se serviu dos próprios soldados a quem quisera salvar. E também, quando os numancianos forçaram 20 mil romanos, prestes a morrer de fome, a pleitear a paz, essa paz, que tantos cidadãos salvara, foi rompida em Roma, que se esquivou do compromisso público enviando o cônsul que o assinara.[156]

Algumas vezes, os romanos tratavam a paz com um príncipe sob condições razoáveis e, ao que as tivessem realizado, acrescentavam outras tais que o forçavam a recomeçar a guerra. Assim, depois de terem feito Jugurta entregar seus elefantes, seus cavalos, seus tesouros, seus trânsfugas, exigiram que entregasse à sua própria pessoa: coisa que, sendo para um príncipe o supremo infortúnio, jamais pôde constituir uma condição de paz.[157]

Por fim, julgavam os reis por seus erros e seus crimes particulares; ouviram as queixas de todos os que tinham alguma desavença com Felipe, enviaram deputados para lhes garantir a segurança; e fizeram Perseu ser acusado diante deles por alguns assassinatos e por algumas querelas com cidadãos das cidades aliadas.

Uma vez que se julgava a glória de um general pela quantidade de ouro e prata que se trouxesse de seu triunfo, ele não deixava coisa alguma ao inimigo vencido. Roma enriquecia cada vez mais, e cada guerra a deixava em condições de empreender outra.

Os povos que fossem amigos ou aliados se arruinavam com os presentes imensos que ofereciam para conservar o favor ou para obter favor maior, e a metade do dinheiro que fosse enviado por um desses súditos a Roma teria sido suficiente para vencê-los.[158]

Senhores do universo, os romanos se atribuíam todos os tesouros: sequestradores menos injustos na qualidade de conquistadores do que na de legisladores. Ao tomarem conhecimento de que Ptolomeu, rei de Chipre,

---

155. Jugurta (160-104 a.C.), neto de Massinissa, foi rei da Numídia, região do norte da África onde hoje se localiza a Argélia e, em menor parte, a Tunísia. Ao contrário do pai e do avô, não se alinhou a Roma, mas lhe fez a guerra, sendo por ela derrotado. Morreu na prisão em Roma, em 104 a.C. (N.T.)
156. Agiram do mesmo modo com os samnitas, com os lusitânios e com os povos da Córsega. Sobre estes, ver um fragmento do livro I de Dion.
157. Agiram da mesma forma com Viriato: após tê-lo feito entregar os trânsfugas, exigiram que lhes entregassem as armas; a isso nem ele nem os seus puderam consentir (Fragmento de Dion).
158. Os presentes que o Senado enviava aos reis não passavam de bagatelas, como uma cadeira ou um bastão de marfim, ou alguma toga de magistratura.

tinha riquezas imensas, fizeram uma lei, proposta por um tribuno, pela qual a si próprios concederam a herança de um homem vivo e o confisco de um príncipe aliado.[159]

Em pouco tempo, a cupidez dos particulares acabou por roubar o que havia escapado à avareza pública. Os magistrados e os governadores vendiam aos reis suas injustiças. Dois competidores se arruinavam de inveja para comprar uma proteção sempre duvidosa contra um rival que não estivesse inteiramente esgotado: pois não se dispunha nem mesmo da justiça dos salteadores, que mantêm certa probidade no exercício do crime. Enfim, os direitos legítimos ou usurpados sustentavam-se tão somente com dinheiro, e os príncipes, para obtê-los, despojavam templos e confiscavam os bens dos mais ricos cidadãos. Cometiam-se milhares de crimes para dar aos romanos todo o dinheiro do mundo.

Porém nada serviu melhor a Roma do que o respeito que ela imprimiu sobre a Terra. Começou por reduzir os reis ao silêncio e os tornou como que estúpidos; não se tratava do grau de seu poderio, mas sua própria pessoa era atacada: arriscar uma guerra era se expor ao cativeiro, à morte e à infâmia do triunfo alheio. Assim, reis que viviam no fausto e nas delícias não ousavam lançar olhares fixos sobre o povo romano e, perdendo a coragem, esperavam que sua paciência e suas baixezas lhes rendessem algum adiamento às misérias de que se viam ameaçados.[160]

Observe-se, rogo ao leitor, a conduta dos romanos. Depois da derrota de Antíoco, eles se tornaram os senhores da África, da Ásia e da Grécia, quase sem ter ali cidade alguma. Era como se conquistassem tão somente para dar, mas a tal ponto continuavam a ser senhores que, ao declarar a guerra a qualquer príncipe que fosse, oprimiam-no, por assim dizer, com todo o peso do universo.

Ainda não era o momento de se apoderar dos países conquistados. Se houvessem conservado as cidades tomadas de Felipe, teriam feito os gregos abrir os olhos; se, após a Segunda Guerra Púnica ou a guerra contra Antíoco, houvessem tomado terras na África ou na Ásia, não teriam podido conservar conquistas de tão pouca solidez.[161]

---

159. Floro, livro III, capítulo IX. – *Divitiarum tanta fama erat, ut victor gentium populus, et donare regna consuetes, socii vivique regis confiscationem mandaverit.*
160. Tanto quanto lhes era possível, ocultavam seu poder e suas riquezas dos romanos. Sobre isso, ver um fragmento do livro I de Dion.
161. Não se atreveram a expor suas colônias a tal coisa: preferiram semear uma rivalidade eterna entre os cartagineses e Massinino, e servirem-se da ajuda deste e daqueles para subjugar a Macedônia e a Grécia.

Seria o caso de esperar que todas as nações fossem acostumadas a obedecer como livres e como aliadas, antes de comandá-las na condição de súditas, e que elas pouco a pouco se deixassem perder na República romana.

Veja-se o tratado que eles firmaram com os latinos após a vitória do lago Régilo;[162] foi um dos principais alicerces de seu poder.[163] Não se encontrava aí nem ao menos uma palavra que pudesse fazer suspeitar do império.

Era uma forma lenta de conquistar: vencia-se um povo e se contentava com enfraquecê-lo; a ele eram impostas condições que o minavam insensivelmente; se ele se recuperasse, era rebaixado ainda mais e se tornava súdito, sem que se pudesse indicar a época de sua sujeição.

Assim, Roma não era propriamente uma monarquia ou uma república, mas a cabeça do corpo formado por todos os povos do mundo.

Se os espanhóis, após a conquista do México e do Peru, tivessem seguido esse plano, não teriam sido obrigados a tudo destruir para tudo conservar.

É loucura dos conquistadores querer dar a todos os povos suas leis e seus costumes; isso não é bom a ninguém; afinal, em toda sorte de governo é-se capaz de obedecer.

Mas, uma vez que Roma não impunha quaisquer leis gerais, os povos só tinham entre si ligações perigosas; compunham um corpo unicamente pela obediência comum, e, sem ser compatriotas, eles eram todos romanos.

É possível que se venha objetar que os impérios fundados em leis feudais jamais foram duradouros, tampouco poderosos. Mas não há nada no mundo tão contraditório quanto o plano dos romanos e o dos bárbaros; e, para dizê-lo em uma única palavra: o primeiro foi obra da força; o outro, da fraqueza; em um, a sujeição era extrema, em outro, a independência. Nos países conquistados pelas nações germânicas, o poder estava na mão dos vassalos; somente o direito na mão do príncipe. Era bem o contrário entre os romanos.

---

162. Dionísio de Halicarnasso relata-o, livro VI, capítulo XCV, edição de Oxford.
163. Refere-se ao Tratado de Cássio, ou *foedus Cassianum*, celebrado após a vitória de Roma sobre a Liga Latina na Batalha do Lago Régilo. O tratado estabelecia mútua proteção entre Roma e a Liga em caso de ataques; também lhes garantia a pilhagem conjunta de suas conquistas militares, o direito comum a estabelecer colônias nas regiões conquistadas; e definia que qualquer campanha militar conjunta seria comandada por generais romanos. Este último item dá a entender que o tratado não foi firmado exatamente em pé de igualdade. (N.T.)

VII

COMO MITRÍDATES PÔDE RESISTIR AOS ROMANOS

De todos os reis que os romanos atacaram, somente Mitrídates[164] se defendeu com coragem e os pôs em perigo.

A situação de seus Estados era admirável por lhes fazer a guerra. Eles chegavam ao país inacessível do Cáucaso, repleto de nações ferozes das quais se podiam servir. Dali, estendiam-se para o mar do Ponto[165]. Este, Mitrídates o cobria com suas embarcações e continuamente comprava novos exércitos de citas. A Ásia estava aberta a suas invasões. Era rica, porque suas cidades no Ponto Euxino faziam um comércio vantajoso com nações menos industriosas do que elas.

---

164. Trata-se de Mitrídates VI do Ponto (132-63 a.C.), também conhecido como Mitrídates, o Grande. O Ponto foi um reino da Antiguidade, fundado no ano 291 a.C. por Mitrídates I, durante o período helenístico. Situava-se na porção noroeste da península da Anatólia, na atual Turquia. Em seu reinado, Mitrídates retomou a política expansionista de seu pai. A ele se uniram os gregos, que em um passado ainda recente haviam sofrido a dominação dos persas. Ao conquistar a península da Anatólia, em 88 a.C., ordenou a matança dos cidadãos romanos que ali viviam. Com isso atraiu a ira de Roma e desencadeou a Primeira Guerra Mitridática, entre os anos de 88 a.C. e 84 a.C. Sob o comando de Lúcio Cornélio Sila, os gregos venceram Mitrídates e, fazendo-o assinar a Paz de Dardanos (85 a.C.), expulsaram-no da Grécia. Como o tratado de paz permitisse manter sob seu domínio as regiões anteriores ao conflito, Mitrídates reuniu forças e novamente atacou Roma quando esta quis anexar a Bitínia (pequeno reino da Ásia Menor), e sagrou-se vitorioso na Segunda Guerra Mitridática, travada entre 83 e 81 a.C. Com a morte de Nicomedes Filopátor, rei da Bitínia e antigo aliado da República Romana, Mitrídates intentou novamente anexar o reino da Ásia menor, ocasionando a Terceira Guerra Mitridática (75 a 65 a.C.), quando os romanos, liderados por Lúculo e depois por Pompeu, derrotaram-no definitivamente. Em seu refúgio, em Panticapeia, Mitrídates foi forçado, por seu filho Fárnaces, a suicidar-se. (N.T.)

165. O Ponto Euxino é hoje o mar Negro. (N.T.)

As proscrições,[166] cujo costume começou nesse período, obrigaram muitos romanos a deixar sua pátria. Mitrídates recebeu-os de braços abertos: formou legiões nas quais os fez ingressar, e estas foram suas melhores tropas.[167]

Por outro lado, Roma, atormentada por suas dissensões internas, ocupada com males mais prementes, negligenciou as questões da Ásia e deixou Mitrídates prosseguir com suas vitórias ou respirar após suas derrotas.

Até então, nada havia sido mais destrutivo para a maior parte dos reis que o desejo manifesto que demonstrassem pela paz: com isso, eles tinham dissuadido todos os outros povos de com eles compartilhar um perigo do qual tanto queriam fugir. Porém, Mitrídates logo deu a conhecer a toda a terra que ele era inimigo dos romanos e que sempre o seria.

Enfim, as cidades da Grécia e da Ásia, vendo que o jugo dos romanos cada vez mais pesava sobre elas, depositaram sua confiança nesse rei bárbaro, que as conclamava à liberdade.

Esse estado de coisas produziu três grandes guerras, que constituem uma das belas páginas da história romana, porque se viam aí príncipes já vencidos pelas delícias e pelo orgulho, como Antíoco e Tigranes, ou pelo medo, como Felipe, Perseu e Jugurta, e um rei magnânimo que, nas adversidades, tal qual um leão que lambesse suas feridas, só fazia se indignar ainda mais.

Aquelas guerras foram singulares, porque as reviravoltas ali se fizeram contínuas e inesperadas: afinal, se Mitrídates podia facilmente reparar seus exércitos, sucedia também que, nos reveses, onde se tem mais necessidade de obediência e disciplina, suas tropas bárbaras o abandonavam; se ele detinha a arte de incitar os povos e fazer revoltar as cidades, ele por sua vez vivenciava perfídias da parte de seus capitães, de seus filhos e de suas mulheres; enfim, se teve de lidar com generais romanos pouco hábeis, contra ele foram enviados, em momentos diversos, Sila, Lúculo e Pompeu.

Esse príncipe, após ter derrotado os generais romanos e conquistado a Ásia, a Macedônia e a Grécia, e de ter sido ele próprio vencido por Sila, reduzido por um tratado a seus antigos limites e fatigado pelos generais

---

166. A proscrição era a pena adotada na República Romana, durante a ditadura de Sila e pelos membros do Segundo Triunvirato, aos condenados tidos oficialmente por "inimigos do Estado". Tratava-se de uma sentença de condenação à morte ou banimento, por motivações de caráter político. (N.T.)

167. Frontin (*Stratagèmes*, livro II) disse que Arquelau, lugar-tenente de Mitrídates, combatendo contra Sila, na primeira fileira dispôs seus carros móveis; na segunda, sua falange; e na terceira, os auxiliares armados à maneira romana: *Mixtis fugitivis Italiæ quórum perviaciæ multum fidebat*. Mitrídates chegou a fazer uma aliança com Sertório. Ver também Plutarco, *Vida de Lúculo*.

romanos, sagrou-se ainda uma vez vencedor e conquistador da Ásia, foi caçado por Lúculo, perseguido em seu próprio país e obrigado a se retirar para junto de Tigranes[168], e, ao ver que estava perdido e sem recursos após a derrota, e contando apenas consigo mesmo, refugiou-se em seus próprios Estados e ali se restabeleceu.

Pompeu sucedeu a Lúculo, e Mitrídates foi por ele arrasado: fugiu de seus Estados e, passando pelo rio Araxes[169], marchou de perigo em perigo pelo país dos lazianos[170]. Tendo arrebanhado tantos bárbaros quantos encontrou em seu caminho, apareceu no Bósforo diante de seu filho Macares[171], que celebrara a paz com os romanos.[172]

No abismo em que se encontrava, Mitrídates planejou levar a guerra à Itália e ir a Roma com as mesmas nações que viriam a subjugá-lo alguns séculos mais tarde, e pelo mesmo caminho trilhado por elas.[173]

Traído por Fárnaces[174], outro de seus filhos, e por um exército assustado com a grandeza de suas empreitadas e com os riscos que ele assumia, morreu como rei.

Foi assim que Pompeu, no curso rápido de suas vitórias, concluiu a majestosa obra da grandeza de Roma. Ao corpo de seu império reuniu um sem-número de regiões, o que servia mais ao espetáculo da magnificência romana do que a seu verdadeiro poderio. E, ainda que tenha sido divulgado, pelos dísticos exibidos em seu desfile triunfal, que ele aumentara as receitas do fisco em mais de um terço, o poder em si não aumentara, enquanto a liberdade pública só fez ficar mais exposta.[175]

---

168. Tigranes, o Grande, da Armênia. Durante seu reinado (95-55 a.C.) fez com que a Armênia se tornasse o Estado mais poderoso a leste de Roma. Para isso, envolveu-se em uma série de batalhas, contra os partas, os selêucidas e a República Romana. Foi derrotado pelos exércitos romanos comandados por Pompeu em 66 a.C.; a partir dali foi aliado de Roma até sua morte, em 55 a.C. (N.T.)
169. Araxes, rio que passa pela Armênia, delineando as fronteiras armeno-turca e armeno-iraniana. (N.T.)
170. Os lazianos foram um povo que habitava as cercanias do mar Negro, na região da Cólquida, hoje República da Geórgia. (N.T.)
171. Macares foi feito rei da Cólquida por seu pai, Mitrídates VI, que incorporara o território. Buscou a independência do território e acabou morto por ordem do próprio pai. (N.T.)
172. Mitrídates fizera-o rei de Bósforo. Ao ouvir a notícia da chegada de se pai, suicidou-se.
173. Ver Apiano, *A guerra de Mitrídates*.
174. Trata-se de Fárnaces II do Ponto, que matou o próprio pai, Mitrídates VI do Ponto, recebendo como prêmio o reino do Bósforo. Rompeu a paz que pactuara com Roma em 47 a.C., ano em que foi derrotado na Batalha de Zela por Júlio César. (N.T.)
175. Ver Plutarco, em *A vida de Pompeu*; e Zonaras, livro II.

CAPÍTULO VIII

DAS DIVISÕES
QUE SEMPRE EXISTIRAM NA CIDADE

Enquanto Roma conquistava o universo, havia em suas muralhas uma guerra oculta: eram labaredas como as dos vulcões, que saem tão logo alguma matéria vem lhes aumentar a fermentação.

Após a expulsão dos Reis, o governo se tornou aristocrático: as famílias patrícias obtinham, sozinhas, todas as magistraturas[176], todas as dignidades[177] e, consequentemente, todas as honras militares e civis.[178]

Os patrícios, querendo impedir o retorno dos Reis, procuravam fazer aumentar o movimento que havia no espírito do povo. No entanto, fizeram mais do que pretendiam: de tanto inspirar ódio aos reis, terminaram por lhes inspirar um desejo imoderado de liberdade. Como a autoridade real tinha passado inteiramente às mãos dos cônsules, o povo sentia que não possuía tal liberdade, que tanto amor lhe inspirava; então, procurou enfraquecer

---

176. Exclusividade dos patrícios, as magistraturas romanas constituíam-se pela dignidade, pelo cargo e pelo conjunto de atribuições com que um cidadão era investido para desempenhar determinadas funções relacionadas à administração e condução políticas da cidade. O magistrado supremo na República Romana era o cônsul – eram dois cônsules. Comandavam o Exército, convocavam o Senado, presidiam os cultos públicos e, em épocas consideradas de "calamidade pública" (derrotas militares, revoltas dos plebeus ou catástrofes), indicavam o ditador que seria referendado pelo Senado e teria poderes absolutos por seis meses. Durante a fase do Império, já despido de poderes reais, o consulado se tornou uma magistratura puramente honorífica, mas ainda assim abria caminho para alguns cargos efetivos, como o exercício de certos governos provinciais (proconsulado). Com a divisão do Império Romano em "do Oriente" e "do Ocidente", cada imperador escolhia um cônsul. Justiniano I acabou por abolir a magistratura em 541 d.C. (N.T.)
177. Os patrícios tinham realmente, de qualquer forma, um caráter sagrado: só eles podiam depreender os presságios. Ver em Tito Lívio, livro VI, o discurso de Ápio Cláudio.
178. Por exemplo, só eles podiam realizar desfiles triunfais, porque só eles podiam ser cônsules e comandar os exércitos.

o consulado, dispor dos magistrados plebeus e partilhar com os nobres as magistraturas curuis[179]. Os patrícios foram forçados a conceder ao povo tudo o que ele pedia: afinal, em uma cidade em que a pobreza era a virtude pública, onde as riquezas, esta via oculta para chegar ao poder, eram desprezadas, o nascimento e as dignidades não podiam render grandes vantagens. O poder devia então voltar ao maior número, e a aristocracia, pouco a pouco se transformar em um Estado popular.

Os que obedecem a um rei são menos atormentados de inveja e ciúme do que os que vivem em uma aristocracia hereditária. O príncipe se encontra tão afastado de seus súditos que quase não é visto, e se encontra tão acima deles que estes nem podem imaginar alguma relação que os possa chocar. Mas os nobres que governam encontram-se sob os olhos de todos e não lhes são superiores a ponto de repetidas vezes suscitarem comparações odiosas. Assim, viu-se desde sempre, e se verá ainda, o povo detestar os senadores. As repúblicas em que o nascimento não confere participação alguma no governo são, quanto a esse aspecto, as mais afortunadas: pois o povo pode sentir menos inveja de uma autoridade que ele confere a quem quiser e a qual retoma a seu bel-prazer.

O povo, insatisfeito com os patrícios, retirou-se para o Monte Sagrado. A ele foram enviados representantes, que o apaziguaram e, como todos se prometeram ajudar uns aos outros na eventualidade de os patrícios não honrarem a palavra dada,[180] o que a todo instante provocava sedições e teria perturbado as funções dos magistrados, julgava-se que mais valia criar uma magistratura que fosse capaz de impedir as injustiças feitas a um plebeu.[181] Mas, por um mal eterno dos homens, os plebeus, que tinham conseguido tribunos para defendê-los, serviram-se destes para atacar: pouco a pouco, retiraram dos patrícios todas as prerrogativas. Isso produziu contínuas contestações. O povo era sustentado, ou melhor, animado, por seus tribunos, e os patrícios eram defendidos pelo Senado que, quase todo composto por patrícios, baseava-se mais nas máximas antigas e temia que o populacho fizesse de algum tribuno um tirano.

O povo, de sua parte, empregava suas forças e sua superioridade nos sufrágios, em suas recusas em ir à guerra, em suas ameaças de se retirar, na

---

179. Entre as várias magistraturas romanas, as curuis eram as que conferiam maior dignidade, com o direito ao uso da cadeira curui (do latim *sella curulis*, provavelmente procedendo de *currus*, carro de guerra). A ela tinham direito o ditador, o cônsul, o pretor e o edil curul, todos magistrados veteranos e pós-magistrados. (N.T.)
180. Zonaras, livro II.
181. Origem dos tribunos do povo.

parcialidade de suas leis, enfim, em seus julgamentos contra aqueles que lhes tinham oposto demasiada resistência. O Senado se defendia por meio de sua sabedoria, de sua justiça e do amor que lhe inspirava a pátria; por meio de suas boas ações e de uma distribuição sábia dos tesouros da República; por meio do respeito que o povo nutria pela glória das principais famílias e pela virtude dos grandes personagens;[182] por meio da própria religião, pelas instituições antigas e pela supressão dos dias de assembleia, sob pretexto de que os auspícios não tinham sido favoráveis; pelos clientes, pela oposição de um tribuno a outro, pela criação de um ditador,[183] pelas ocupações visando a uma nova guerra, pelos infortúnios que reuniam todos os interesses, enfim, por uma condescendência paterna a conceder ao povo parte de suas exigências com o intuito de fazê-lo abandonar as outras, e essa máxima constante de preferir a conservação da República às prerrogativas de alguma classe ou de qualquer magistratura que fosse.

Com o passar do tempo, depois de os plebeus terem enfraquecido os patrícios a ponto de essa distinção de família tornar-se vã, e quando uns e outros passaram a ser indiferentemente elevados às honrarias,[184] houve novas disputas entre a ralé, agitada por seus tribunos, e as principais famílias patrícias ou plebeias, que eram chamadas *os nobres* e tinham para si o Senado, que era composto por elas. No entanto, uma vez que os costumes antigos já não mais existiam, uma vez que os particulares tinham riquezas imensas e era impossível as riquezas não conferirem poder, os nobres resitiram com mais força do que a que tinham feito os patrícios, e isso veio a ser a causa da morte dos gracos e de muitos dos que trabalhavam com base no projeto desses últimos.[185]

---

182. O povo, que amava a glória, composto de pessoas que tinham passado a vida na guerra, não podia recusar seus sufrágios a um grande homem sob o qual havia combatido. Ele obtinha o direito de eleger plebeus e elegia patrícios. Foi obrigado a atar suas próprias mãos, ao estabelecer que haveria sempre um cônsul plebeu: também as famílias plebeias empossadas em cargos públicos eram depois continuamente reeleitas; e quando o povo elevou às honras algum homem insignificante, como Varrão e Mário, essa foi uma espécie de vitória que obteve sobre si mesmo.

183. Para se defender, os patrícios tinham o costume de criar um ditador: o que lhes convinha admiravelmente bem; mas os plebeus, tendo obtido a possibilidade de ser eleitos cônsules, puderam também ser eleitos ditadores; isso desconcertava os patrícios. Ver em Tito Lívio, livro VIII, como Publílio Filo os enfraqueceu em sua ditadura: ele fez três leis que lhes foram muito prejudiciais.

184. Os patrícios conservaram apenas alguns sacerdotes e o direito de criar um magistrado, a que chamavam entrerrei.

185. Como Saturnino e Glauco.

É preciso que eu fale de uma magistratura que em muito contribuiu para manter o governo de Roma: foi a dos censores. Eles faziam o recenseamento do povo, e, além disso, com a força da República consistindo na disciplina, na austeridade dos hábitos e na observação constante de certos costumes, eles corrigiam os abusos que a lei não previra, ou que os magistrados comuns não conseguiam punir.[186] Existem maus exemplos que são piores do que os crimes, e mais Estados pereceram por violação de costumes do que de leis. Em Roma, tudo o que pudesse introduzir novidades perigosas, mudar o coração ou o espírito do cidadão e impedir, se ouso me servir deste termo, a perpetuidade, as desordens domésticas ou públicas, era reformado pelos censores[187]; podiam expulsar do Senado quem bem entendessem, subtrair a um cavaleiro o cavalo que lhe era mantido pelo serviço público, colocar um cidadão em outra tribo e mesmo entre os que pagavam os impostos da cidade sem participar de seus privilégios.[188]

Marco Lívio[189] censurava o próprio povo e, de 35 tribos, ele dispôs 34 na categoria das que não dispunham de qualquer participação nos privilégios da cidade.[190] "Afinal, dizia ele, após me ter condenado, vós me fizestes cônsul e censor. Segue-se então que tenhais prevaricado uma vez, afligindo-me uma pena, ou duas vezes, criando-me cônsul e em seguida censor."

Marco Durônio,[191] tribuno do povo, foi expulso do Senado pelos censores porque, durante a sua magistratura, tinha abolido a lei que limitava as despesas dos festins.[192]

---

186. Pode-se ver como eles degradaram aqueles que, após a Batalha de Canas, foram da opinião de abandonar a Itália; aqueles que se entregaram a Aníbal; aqueles que, por uma má interpretação, tinham lhe faltado com a palavra.
187. *Nota suprimida*: O censo em si mesmo, isto é, a contagem dos cidadãos, era algo de muito sensato; era um exame de reconhecimento das condições de seus negócios e um exame de seu poder; foi implementado por Sérvio Túlio. Antes dele, diz Eutropo, livro I, desconhecia-se o censo no mundo. (Edição de 1734.)
188. A isso se chamava *Ærarium aliquem facere aut in cœritum tabulas referre*. Era-se excluído de sua centúria, e se perdia o direito de sufrágio.
189. Marco Lívio Salinator (254-204 a.C.), político e militar romano, foi eleito cônsul por duas vezes, em 219 e em 207 a.C. Quando da primeira, empreendeu a Segunda Guerra Ilírica e acabou condenado por desvio dos espólios de guerra. Foi nomeado cônsul em 207, quando liderou as tropas romanas na Segunda Guerra Púnica. Anos depois, na condição de censor, voltou-se contra os que o tinham julgado da primeira vez. (N.T.)
190. Tito Lívio, livro XXIX.
191. Marco Durônio, tribuno da plebe, foi expulso do Senado em 97 a.C. pelos censores Marco Antônio e Valério Flaco, por ter abolido uma lei suntuária – as leis suntuárias visavam a regular o consumo, com o propósito de restringir o luxo e a extravagância. (N.T.)
192. Valério Máximo, livro II.

Era uma instituição bastante sábia: os tribunos não podiam retirar de ninguém magistratura alguma, já que isso teria perturbado o exercício do poder público;[193] mas podiam fazer o cidadão decair de ordem e de posição e privavam-no, por assim dizer, de sua nobreza particular.

Sérvio Túlio fizera a famosa divisão por centúrias, que Tito Lívio[194] e Dionísio de Halicarnasso[195] tão bem nos explicaram. Ele havia distribuído 193 centúrias em seis classes, pondo toda a ralé na última centúria, que sozinha formava a sexta classe. Vê-se que com essa disposição a ralé era excluída do sufrágio, não de direito, mas de fato. Em seguida, determinou-se que, excetuados alguns casos particulares, seguir-se-ia nos sufrágios a divisão por tribos. Havia 35 tribos, cada qual dando o seu voto; 4 tribos da cidade e 31 tribos do campo. Os principais cidadãos, todos lavradores, naturalmente entraram para as tribos do campo, enquanto as da cidade receberam a ralé[196], que, ficando nelas encerradas, pouco influía nos negócios, o que era visto como a salvação da República. E quando Fábio[197] repôs nas quatro tribos da cidade a arraia-miúda, que Ápio Cláudio[198] distribuíra por todas, adquiriu o cognome de Grandíssimo.[199] Os censores voltavam os olhos, a cada cinco anos, para a situação atual da República e distribuíram o povo em suas diversas tribos, de maneira que os tribunos e os ambiciosos não pudessem se assenhorear dos votos, e que mesmo o povo não pudesse abusar de seu poder.

O governo de Roma foi admirável se se considerar que, desde o seu nascimento, sua constituição era tal que, fosse pelo espírito do povo, pela força

---

193. A dignidade de senador não é uma magistratura.
194. Livro I.
195. Livro IV, 15 ss.
196. Chamado *turba forenses*.
197. Fábio Máximo Rulliano foi, por diversas vezes, cônsul (entre 322 e 295 a.C.), ditador (315 a.C.) e censor (304 a.C.). Em 295 a.C. venceu uma aliança composta por sanitas, galos e etruscos, e impôs a supremacia romana na Itália. Foi justamente em face de tal expansão romana na Itália que, quando censor – magistrado cuja função era fazer recenseamentos, investir proprietários e zelar pelos bons costumes –, realocou as famílias das terras conquistadas e concedeu a cidadania romana a indivíduos de origem estrangeira. (N.T.)
198. Ápio Cláudio Cego (340-273 a.C.) exerceu as funções de censor e cônsul romano. Segundo o historiador Tito Lívio, empreendeu reformas urbanísticas de grande envergadura – como o Aqueduto Ápia, o primeiro grande aqueduto a abastecer Roma – e teve atuação marcante em toda a reorganização administrativa e legislativa romana. Foi o primeiro a nivelar, em dignidade, as funções de censor e de cônsul. Realizou reformas nos critérios de recenseamento econômico e equiparou os bens móveis aos imóveis. No campo militar, aconselhou Roma a não formar uma aliança com Pirro. Ficou conhecido por *Caecus* (cego), em virtude da cegueira que lhe acometeu nos últimos anos de vida. (N.T.)
199. Ver Tito Lívio, livro IX.

do Senado ou pela autoridade de certos magistrados, todo abuso de poder podia aí ser sempre corrigido.

Cartago pereceu porque, quando foi preciso lhe coibir os abusos, ela não conseguiu suportar a mão de seu próprio Aníbal. Atenas caiu porque seus erros lhe pareceram tão suaves que ela não os queria curar. E, entre nós, as repúblicas da Itália, que se vangloriam da perpetuidade de seu governo, deviam se vangloriar tão somente da perpetuidade de seus abusos; por isso elas têm tão pouca liberdade quanto teve Roma na época dos decênviros.[200]

O governo da Inglaterra é mais sábio porque existe ali um corpo a examiná-lo continuamente, e que a si mesmo se examina continuamente, e seus erros são de tal natureza que jamais se prolongam e que, pelo espírito de alerta que conferem à Nação, são muitas vezes úteis.

Em uma palavra, um governo livre, isto é, sempre agitado, só poderia se manter fosse ele, por suas próprias leis, capaz de correção.

---

200. Nem mesmo mais poder.

CAPÍTULO IX

DUAS CAUSAS DA PERDA DE ROMA

Quando a dominação de Roma se limitava à Itália, a República podia facilmente subsistir. Todo soldado era ao mesmo tempo cidadão: cada cônsul recrutava um exército, e os demais cidadãos iam à guerra comandados por aquele que sucedia. Se não fosse excessivo o número de soldados, atentava-se para só receber na milícia pessoas que possuíssem riqueza suficiente para ter interesse na conservação da cidade.[201] Enfim, o Senado via de perto a conduta dos generais e lhes impedia a ideia de fazer algo contra seu dever.

Contudo, uma vez que as legiões cruzaram os Alpes e o mar, a tropa, que durante várias campanhas teve de ser deixada nos países em que era submetida, pouco a pouco perdeu o espírito de cidadãos, e os generais, que dispuseram dos exércitos e de reinos, sentiram sua força e já não puderam obedecer.

Os soldados passaram a reconhecer tão somente seu general, a depositar nele todas as suas esperanças, e a ver a cidade de uma distância maior. Não foram mais os soldados da República, mas de Sila, de Mário, de Pompeu, de César. Roma já não tinha como saber se aquele que estava à frente de um exército, de uma província, era seu general ou seu inimigo.

Enquanto o povo de Roma se fazia corrompido apenas por seus tribunos, aos quais só podia atribuir seu próprio poder, o Senado pôde se defender com facilidade, já que ele agia constantemente, enquanto o populacho

---

201. Os libertos e os que eram chamados *capite censi*, porque, tendo bem poucos bens, eram tributados apenas por cabeça, só eram recrutados pela milícia terrestre em situações prementes. Sérvio Túlio os colocara na sexta classe, com os soldados sendo recrutados apenas nas cinco primeiras. Porém, Mário, ao partir contra Jugurta, recrutou a todos, indiferentemente. *Milites scribere*, disse Salústio, *no more majorum, neque classibus, sed uti cujusque libido erat, capite censos plerosque* (*De bello Jugurth*). Observe-se que, na divisão por tribos, os que se encontravam nas quatro tribos da cidade eram mais ou menos os mesmos que, na divisão por centúrias, estavam na sexta classe.

a todo o tempo oscilava entre os extremos do frenesi e o da fraqueza. Mas quando o povo pôde dar a seus favoritos uma autoridade formidável do lado de fora, toda a sabedoria do Senado se tornou inútil, e a República se pôs a perder.

O que faz com que os Estados livres durem menos que os outros é que seus reveses e seus êxitos quase sempre os fazem perder a liberdade, enquanto os êxitos e os reveses de um Estado cujo povo é subjugado, da mesma forma, tão somente confirmam sua servidão. Uma república sábia não deve arriscar nada que a exponha à boa ou à má fortuna: o único bem a que deve aspirar é a perpetuidade de seu Estado.

Se a vastidão do Império corrompeu a República, a grandeza da cidade igualmente a pôs a perder.

Roma submetera todo o universo com o auxílio dos povos da Itália, aos quais ela concedera, em diferentes momentos, diversos privilégios:[202] a maior parte desses povos a princípio não muito se preocupava com o direito à cidadania romana, e alguns preferiam manter seus costumes.[203] Mas quando esse direito passou a ser o da soberania universal, quando não se era nada no mundo se não se fosse cidadão romano, e com esse título era-se tudo, os povos da Itália resolveram perecer ou ser romanos. Sem conseguir obter êxito com suas manobras e suas súplicas, tomaram o caminho das armas: revoltaram-se em toda essa costa que dá para o mar Jônio: os outros aliados os seguiram.[204] Roma, obrigada a combater contra os que eram, por assim dizer, as mãos com as quais ela acorrentava o universo, estava perdida; fora reduzida a suas muralhas; concedeu esse tão desejado direito aos aliados que não tinham deixado de ser fiéis;[205] e pouco a pouco ela o concedeu a todos.

A essa época, Roma já não era a cidade cujo povo tivera um mesmo espírito, um mesmo amor pela liberdade, um mesmo ódio pela tirania, e na qual a inveja do poder do Senado e das prerrogativas dos grandes, sempre

---

202. *Jus latii, jus italicum*.
203. Os équos diziam em suas assembleias: "Os que puderam escolher preferiram suas leis ao direito da cidade romana, que tem sido um castigo necessário para os que não têm conseguido se defender.". (Tito Lívio, livro IX, capítulo XLV.)
204. Os asculanos, os marsos, os vestinos, os marrucinos, os ferentanos, os hirpinos, os pompeianos, os venusianos, os iapígios, os lucanos, os samnitas e outros. (Apiano, *Da guerra civil*, livro I.)
205. Os toscanos, os ombrianos, os latinos. Isso levou alguns povos a se submeter; e como também foram feitos cidadãos, outros mais depuseram as armas; e, por fim, restaram apenas os samnitas, que foram exterminados.

entremeada pelo respeito, mas não era que um amor à igualdade. Tendo os povos da Itália se tornado cidadãos, cada cidade trouxe a ela seu gênio, seus interesses particulares e sua dependência de algum grande protetor.[206] A cidade, dilacerada, já não formava um todo conjunto, e, como só se era seu cidadão por uma espécie de ficção, como já não se tinham os mesmos magistrados, as mesmas muralhas, os mesmos deuses, os mesmos templos, as mesmas sepulturas, já não se via Roma com os mesmos olhos, não se tinha mais o mesmo amor pela pátria, e os sentimentos romanos deixaram de existir.

Os ambiciosos faziam vir a Roma cidades e nações inteiras, a fim de perturbar as eleições ou fazer com que se lhes dessem votos: as assembleias se tornaram verdadeiras conjurações; chamava-se *comício* a um bando de alguns sediciosos; a autoridade do povo, suas leis e ele próprio se tornaram coisas quiméricas, e a anarquia foi tal que já não se podia saber se o povo promulgara uma lei ou não.[207]

Dos autores só se ouve falar das divisões que puseram Roma a perder. Não se vê, no entanto, que essas divisões lhes foram necessárias, que sempre o tinham sido e o seriam sempre. Foi tão somente a grandeza da República que provocou o mal e transformou em guerras civis os tumultos populares. Era realmente necessário que em Roma houvesse divisões, e esses guerreiros, tão orgulhosos, tão audaciosos, tão terríveis do lado de fora, não podiam ser moderados do lado de dentro. Em um Estado livre, exigir pessoas destemidas na guerra e tímidas na paz é querer coisas impossíveis e, via de regra, todas as vezes em que se vê a população tranquila em um Estado que se diz *república*, pode-se ter certeza de que aí não existe liberdade.

O que se chama *união* em um corpo político é coisa bastante equívoca: a verdade é uma união de harmonia, que faz com que todas as partes, por mais opostas que pareçam, concorram para o bem geral da sociedade, como as dissonâncias na música concorrem para o conjunto harmônico. Pode haver união em um Estado em que se acredite ver somente distúrbios, isto é, uma harmonia da qual resulte a felicidade que, tão somente ela, é a verdadeira paz. É como o que se dá com as partes deste universo, eternamente ligadas pela ação de umas e pela reação das outras.

Porém, na harmonia do despotismo asiático, isto é, de todo e qualquer governo que não seja moderado, existe sempre uma divisão real: o lavrador,

---

206. Tentemos imaginar essa cabeça monstruosa dos povos da Itália, que, por meio do sufrágio de cada homem, conduzia o restante do mundo!
207. Ver as *Cartas de Cícero a Ático*, livro IV, carta XVIII.

o homem de guerra, o negociante, o magistrado, o nobre só estão juntos porque uns oprimem os outros sem resistência e, se se observa essa união, vê-se que não são os cidadãos que estão unidos, mas cadáveres sepultados uns ao lado dos outros.

É verdade que as leis de Roma se tornaram impotentes para governar a República. Porém, algo que sempre se viu é que boas leis, que fazem crescer uma pequena república, a ela se tornam prejudiciais à medida mesma em que ela se torna uma república maior, e isso por serem adequadas a fazer um povo grande, mas não para o governar.

Realmente há diferença entre as leis boas e as leis convenientes, as que fazem com que um povo se torne senhor dos demais e as que mantêm seu poderio estando este já adquirido.

Hoje em dia existe no mundo uma república que quase ninguém conhece[208] e, no segredo e no silêncio, aumenta suas forças a cada dia. É certo que, se algum dia ela atingir o estado de grandeza a que sua sabedoria a destina, ela necessariamente mudará suas leis, e de modo algum isso será obra de um legislador, mas o será, isso sim, da própria corrupção.

Roma foi feita para se engrandecer, e suas leis eram admiráveis por isso.[209] Desse modo, qualquer que tenha sido o seu governo, sob o poder dos reis, na aristocracia ou no Estado popular, ela jamais deixou de tomar iniciativas que demandavam condução, e nisso logrou êxito. Não se descobriu mais sábia que todos os outros Estados da Terra em um único dia, mas continuamente; sustentou uma pequena, uma medíocre, uma grande fortuna com a mesma superioridade, e jamais houve prosperidade de que não se beneficiasse, nem de reveses de que não se tenha servido.

Ela perdeu sua liberdade por ter concluído sua obra cedo demais.

---

208. O cantão de Berna.
209. *Nota suprimida*: Há quem tenha considerado vicioso o governo de Roma, já que era um misto de monarquia, aristocracia e Estado popular; mas a perfeição de um governo não está em se adequar a uma das espécies de constituição presentes nos livros dos políticos, e sim em corresponder aos objetivos que todo legislador deve ter, quais sejam, a grandeza de um povo ou sua felicidade. O governo da Lacedônia também não se compunha dos três [i.e., monarquia, aristocracia, Estado popular]? (Edição de 1734.)

CAPÍTULO X

DA CORRUPÇÃO DOS ROMANOS

Creio que a seita de Epicuro,[210] introduzida em Roma ao final da República, em muito contribuiu para deteriorar o coração e o espírito dos romanos.[211] Os gregos tinham se embevecido com a República antes deles. Por isso mesmo eles se corromperam mais cedo. Políbio nos diz que, em sua época, os juramentos não conseguiam inspirar confiança em um grego, enquanto um romano se encontrava, por assim dizer, acorrentado a eles.[212]

Nas *Cartas de Cícero a Ático*[213] há um fato que bem nos mostra como os romanos tinham se modificado com relação a isso desde os tempos de Políbio. "Mêmio", diz Cícero, "acaba de comunicar ao Senado o acordo feito por ele e seu competidor com relação aos cônsules, por meio do qual estes tinham se comprometido em favorecê-los na conquista do consulado para o ano seguinte; e eles, de sua parte, obrigavam-se a pagar aos cônsu-

---

210. Epicuro (341-271 a.C.) foi um filósofo grego cuja doutrina, a exemplo das demais correntes filosóficas do período alexandrino, subordinava a investigação filosófica à exigência de garantir a tranquilidade do espírito e do homem – a chamada *ataraxia*. No caso específico da doutrina de Epicuro, propunha-se que não se temesse nem a morte nem aos deuses, tendo-se o prazer como bem a ser buscado. Mas isso não significava uma busca indiscriminada dos prazeres, já que a ausência de sofrimento, que caracteriza a ataraxia, coincidia não com excessos ou uma entrega isenta de critérios, mas com a moderação, que faria evitar os desejos naturalmente desnecessários. (N.T.)
211. Quando Cineas discorreu sobre ela à mesa de Pirro, Fabrício desejou que os inimigos de Roma pudessem todos assumir os princípios de semelhante seita (Plutarco, *Vida de Pirro*).
212. "Se vós emprestais aos gregos um talento com dez promessas, dez cauções e o mesmo número de testemunhas, é impossível que eles mantenham sua palavra; porém, entre os romanos, seja por se dever prestar contas dos denários públicos, ou dos particulares, é-se fiel em razão do juramento que se fez. Portanto, sabiamente se estabeleceu o termo os infernos, e é sem razão que hoje o combatem." (Políbio, livro VI.)
213. Livro IV, carta XVIII.

les 400 mil sestércios[214] se estes lhes fornecessem áugures declarando que tinham estado presentes quando o povo fez a lei curial[215], embora isso não fosse verdade, e dois consulares houvessem afirmado que eles não tinham assistido à assinatura do *senatus consultum* que regia a situação de suas províncias, embora isso não tivesse acontecido." Quantos desonestos em um único contrato!

Além de a religião ser sempre a melhor garantia que se possa ter dos costumes dos homens, havia entre os romanos a particularidade de mesclarem um sentimento religioso ao amor que tinham pela pátria: aquela cidade, fundada sob os melhores auspícios, aquele Rômulo, seu rei e seu deus, aquele Capitólio,[216] eterno como a cidade, e a própria cidade, eterna como seu fundador, outrora deixaram no espírito dos romanos uma impressão que bem desejável seria se a tivessem conservado.

A grandeza do Estado fez a grandeza das fortunas particulares; mas, como a opulência está nos costumes, e não nas riquezas, as dos romanos, que não se permitiam ter limites, produziram um luxo e uma prodigalidade sem limites.[217] Aqueles que tinham sido inicialmente corrompidos por suas riquezas, foram-no em seguida por sua pobreza; com bens acima de uma condição privada, fez-se difícil ser um bom cidadão; com os desejos e os pesares de uma grande fortuna arruinada, ficava-se disposto a todo e qualquer atentado; e, como diz Salústio,[218] viu-se uma geração de pessoas que não podiam ter patrimônio nem suportar que os outros o tivessem.

Entretanto, qualquer que fosse a corrupção de Roma, nem todos os infortúnios foram por ela introduzidos: afinal, a força de sua instituição tinha sido grande a ponto de conservar um valor heroico, e toda a sua dedicação à guerra em meio à opulência, à malemolência e à voluptuosidade, e isso creio eu, não se deu com nação alguma do mundo.

---

214. O sestércio foi uma moeda romana criada por volta de 211 a.C. Seu nome provém das palavras latinas *semis* ("meio") e *tres* (três), ou seja, "meio terceiro", porque valia dois asses e meio – um quarto de denário. (N.T.)
215. A lei *curiate* conferia o poder militar, e o *senatus consultum* regia as tropas, o dinheiro e os oficiais que o governador teria: ora, os cônsules, para que tudo isso fosse feito de acordo com seus caprichos, queriam fabricar uma falsa lei e um falso *senatus consultum*.
216. O Capitólio, ou Templo de Júpiter Capitolino, foi o templo mais importante da Roma Antiga, e ficava no alto do monte Capitolino. Sua construção foi iniciada por Lúcio Tarquínio Prisco, que jurou fazê-lo enquanto em luta contra os sabinos. As fundações e a maior parte da estrutura do templo foram concluídas por Lúcio Tarquínio Soberbo, o último rei de Roma. (N.T.)
217. A casa que Cornélio comprara por 75 mil dracmas, Lúculo a comprou pouco tempo depois por 2,5 milhões de dracmas (Plutarco, *Vida de Mário*).
218. *Ut merito dicatur genitos esse, qui nec ipsi habere possent res familiaris, nec alios pati* (fragmento da *História de Salústio*, extraído do livro *Cidade de Deus*, livro II, capítulo XVIII).

Os cidadãos romanos viam o comércio[219] e as artes[220] como ocupações de escravos:[221] não as exerciam. Se houve algumas poucas exceções, foi unicamente da parte de alguns libertos que deram continuidade a uma primeira atividade. Porém, de modo geral, eles conheciam apenas a arte da guerra, que era a única via para se chegar às magistraturas e às honras.[222] Com isso, as virtudes guerreiras persistiam depois que se perdessem todas as outras.

---

219. Às pessoas livres Rômulo só permitia dois tipos de atividades, a agricultura e a guerra. Os mercadores, os operários, os que cuidavam de casas para alugar, os tairos não se incluíam entre os cidadãos. (Dionísio de Halicarnasso, livro II e livro IX.)
220. Na verdade, o comércio e os ofícios de artesanato, bem como as atividades agrícolas, eram realizados pelos plebeus (de *plebs*, multidão), que eram escravos libertos, estrangeiros ou filhos ilegítimos que se associavam aos patrícios prestando-lhes serviços em troca de auxílio econômico e proteção social. Durante a monarquia romana, não possuíam direitos políticos, mas estavam sujeitos à carga tributária e às obrigações militares. Para evitar a mistura das classes sociais, era vedado o casamento entre plebeus e patrícios. (N.T.)
221. Cícero deu razões para isso em seus *Ofícios*, livro III.
222. Era preciso ter servido ao Exército durante dez anos, entre as idades de 16 e 47 anos. Ver Políbio, livro VI.

CAPÍTULO XI

1. DE SILA. 2. DE POMPEU E CÉSAR.

Peço permissão para afastar os olhos dos horrores das guerras de Mário e Sila;[223] em Apiano encontraremos sua história assustadora. Além do ciúme, da ambição e da crueldade dos dois chefes, todos os romanos estavam furiosos; os novos cidadãos e os antigos já não se viam como membros de uma mesma república,[224] e se travava uma guerra que, por uma característica particular, era ao mesmo tempo civil e estrangeira.[225]

Sila criou leis muito apropriadas para eliminar a causa das desordens que se tinha visto: elas aumentavam a autoridade do Senado, moderavam o poder do povo e regulamentava o dos tribunos. O capricho que lhe fez deixar a ditadura pareceu vivificar a República; porém, no torvelinho de seus

---

223. Durante seu consulado, Sila ficou sabendo que o aliado Caio Mário manobrara politicamente e lhe retirara o comando ao subornar um tribuno da plebe. Furioso, Sila tomou a decisão de invadir Roma com seu exército, cometendo o sacrilégio que era, para um exército, atravessar o pomério, fronteira simbólica da cidade. Tão surpreendente foi a atitude, que Sila nem mesmo repreendeu alguns de seus subordinados, que tinham se recusado a participar da abertura. Até pelo efeito surpresa, Sila conquistou Roma e conseguiu assegurar seu comando. (N.T.)
224. Da mesma forma que Mário, para conseguir que lhe fosse dada a comissão da guerra contra Mitrídates em prejuízo de Sila, mediante o auxílio do tribuno Sulpício, distribuíra as oito novas tribos dos povos da Itália nas antigas – e isso tornava os italianos mestres dos sufrágios –, em sua maior parte eles pertenciam ao partido de Mário, enquanto o Senado e os antigos cidadãos eram do partido de Sila.
225. Montesquieu se refere aos conflitos internos que convulsionaram os últimos tempos da república. Embatiam-se a facção dos optimates e a dos populares. A primeira, conservadora, era a dos senadores romanos, composta sobretudo de patrícios e plebeus ricos. Defendia a limitação das assembleias populares e a restauração do poder absoluto do senado romano. A facção dos populares, progressista, propunha maior intervenção das assembleias populares, em detrimento do poder do Senado romano. Além do conflito entre Senado e assembleias populares, um dos mais flagrantes pomos de discórdia estava na atribuição ou não da cidadania romana aos povos conquistados. (N.T.)

êxitos, ele fizera coisas que puseram Roma na impossibilidade de conservar sua liberdade.

Em sua expedição pela Ásia, ele arruinou toda a disciplina militar: habituou seu exército às rapinagens[226] e lhe deu as necessidades que ele jamais tivera. Corrompeu primeiramente os soldados, que na sequência deveriam corromper os capitães.

Entrou em Roma à mão armada e ensinou os generais romanos a violar o asilo da liberdade.[227]

Deu as terras dos cidadãos aos soldados,[228] tornando-os ávidos para todo o sempre: afinal, a partir daquele momento já não havia um único guerreiro que não aguardasse a oportunidade de pôr as mãos nos bens de seus concidadãos.

Inventou as proscrições e pôs a prêmio a cabeça de todos os que não fossem de seu partido. A partir daí, fez-se impossível ter uma ligação maior com a República; afinal, entre dois homens ambiciosos, e que disputavam a vitória, os que eram neutros e pelo partido da liberdade estavam certos de ser proscritos por aquele que, dentre os dois, se sagrasse vencedor. Fazia-se então prudente se ligar a um deles.

Segundo Cícero,[229] depois dele veio um homem que, em causa ímpia e em vitória ainda mais vergonhosa, confiscou não apenas os bens dos particulares, mas envolveu províncias inteiras na mesma calamidade.

Ao abandonar a ditadura, Sila parecia só querer viver sob a proteção de suas próprias leis. Porém essa ação, que tanta moderação sinalizara, era ela própria uma continuação de suas práticas violentas. Ele tinha dado colônias a 47 legiões, em diversos locais da Itália. Essas pessoas, disse Apiano, consideravam tal sorte como atrelada à vida dele, zelavam por sua segurança e estavam sempre dispostas a socorrê-lo ou a vingá-lo.[230]

Com a República devendo necessariamente perecer, já não era questão de saber como e por quem ela devia ser abatida.

Dois homens igualmente ambiciosos, exceto pelo fato de que um não sabia ir a seu objetivo de forma tão direta quanto o outro, ofuscaram, por

---

226. Ver, na *Conjuração de Catilina*, o retrato que Salústio nos fez desse exército.
227. *Fugatis Marii copiis, primus urbem Roman cum armis ingressus est.* (Fragmento de João de Antioquia, em *Excerto das virtudes e dos vícios*.)
228. De início, realmente se distribuía uma parte das terras aos inimigos vencidos; porém Sila doava as terras dos cidadãos.
229. *Offices*, livro II, capítulo VIII. – *Secutus est, qui in causa impia, victoria etiam fœdiore, non singulorum civium bona publicaret, sed universas provincias regionesque uno calamitatis jure comprehenderet.*
230. Pode-se bem ver o que se deu após a morte de César.

seu crédito, por seus feitos e por suas virtudes, todos os demais cidadãos: Pompeu[231] foi o primeiro a aparecer, e César[232] o seguiu de perto.

A fim de atrair o favoritismo, Pompeu fez cassar as leis de Sila que limitassem o poder do povo, e, depois de sacrificar à sua ambição as leis mais salutares da pátria, obteve tudo o que desejava, e a temeridade do povo em relação a ele não teve limites.

As leis de Roma tinham sabiamente dividido o poder público em um grande número de magistraturas, que se refreavam e se temperavam uma à outra; e como não tivessem todas mais que um poder limitado, todo e qualquer cidadão estava apto a assumi-las, e o povo, vendo passar diante de si uma série de personagens um após o outro, não se habituava a nenhum. Ocorre que nessa ocasião o sistema da República mudou: os mais poderosos fizeram com que o povo lhes desse incumbências extraordinárias, o que aniquilou a autoridade do povo e dos magistrados, e pôs todas os grandes negócios nas mãos de um só ou de poucas pessoas.[233]

Era o caso de fazer a guerra a Sertório? Deu-se a incumbência a Pompeu. Fazê-la a Mitrídates? Todos gritavam: "Pompeu". Houve necessidade de buscar cereais para Roma? O povo acredita estar perdido caso Pompeu não se encarregasse de fazê-lo. Deseja-se destruir os piratas? Para tal só há Pompeu. E quando César ameaça invadir, o Senado por sua vez gritou, depositando esperanças unicamente em Pompeu.

---

231. Cneu Pompeu Magno (106-48 a.C.) foi um ambicioso general e político romano do século I a.C., período em que a Roma republicana se transformava em Império Romano. Era filho do cônsul Estrabão Pompeu e aliado de Sila contra Caio Mário na guerra civil de 88-87 a.C., sendo este seu primeiro triunfo. Sucederam-lhe a repressão à rebelião de Sertório (77-71 a.C.) e a revolta dos escravos, liderados por Espártaco, o ex-gladiador, quando então foi eleito cônsul (70 a.C.); atacou os piratas no Mediterrâneo (66 a.C.) e reorganizou os territórios de Roma no Oriente (65 a.C.) combatendo os reis Mitrídates, Triganes e Antíoco. Suas vitórias na Ásia renderam-lhe uma parada triunfal de proporções monumentais, direito este que requereu ao Senado – isso porque, à época, já não detinha estatuto consular nem senatorial. (N.T.)

232. Caio Júlio César (100-44 a.C.) desempenhou papel de enorme importância na transformação da República Romana em Império Romano. Suas conquistas da Gália fizeram o domínio romano chegar ao oceano Atlântico. Ao final da vida, travou uma guerra civil contra a facção conservadora do Senado, cujo líder era Pompeu. Com a derrota dos optimates, tornou-se ditador vitalício – "ditador" deve ser entendido na acepção romana do termo, como magistrado apontado pelo Senado para governar o Estado em tempo de emergência – e deu início a uma série de reformas administrativas e econômicas. Seu assassinato por um grupo de senadores abriu caminho para uma instabilidade política que culminaria na transição da República para o Império Romano. (N.T.)

233. *Plebis opes immunitae, paucorum potentia crevit* (Salústio, *de Conjurat. Catil.*).

"Eu acredito", dizia Marcos[234] ao povo, "que Pompeu, esperado pelos nobres, preferirá antes garantir vossa liberdade que o domínio deles; mas houve um tempo em que cada um de nós tinha a proteção de vários, e de modo algum a proteção de um só, e era então inaudito que um mortal pudesse dar ou subtrair tais coisas."

Em Roma, feita para se engrandecer, fora necessário reunir nas mesmas pessoas as honrarias e o poder; em tempos de dificuldade, isso podia fixar a administração do povo em um único cidadão.

Quando se concedem honrarias, sabe-se precisamente o que está se dando; porém, quando a elas se acrescenta o poder, não se pode dizer até que ponto ele poderá ser levado.

As preferências excessivas dadas a um cidadão em uma república têm sempre efeitos necessários: elas fazem nascer a inveja do povo, ou aumentam desmedidamente o seu amor.

Por duas vezes Pompeu, voltando a Roma, sendo mestre em oprimir a República, teve a moderação de dispensar seus exércitos antes de entrar na cidade e de nela aparecer como simples cidadão. Esses atos, que o cobriram de glória, fizeram com que, dali para adiante, em qualquer coisa que ele fizesse em prejuízo das leis, o Senado se declarasse sempre em favor dele.

Pompeu tinha uma ambição mais lenta e mais doce que a de César: este queria chegar ao poder supremo de armas na mão, como Sila. Esse modo de oprimir em nada agradava a Pompeu: ele aspirava à ditadura, mas por meio dos sufrágios do povo; não podia consentir em usurpar o poder, mas teria desejado que este lhe fosse entregue nas mãos.

Uma vez que a preferência do povo jamais é constante, houve um tempo em que Pompeu viu diminuir sua influência;[235] e, o que o deixou bastante melindrado, pessoas que ele desprezava aumentaram sua própria influência e se serviram disso contra ele.

Isso o levou a fazer três coisas igualmente funestas.

Corrompeu o povo à força do dinheiro e, nas eleições, instituiu um preço pelos sufrágios de cada cidadão.

Além disso, serviu-se do populacho mais vil para perturbar os magistrados em suas funções, esperando que as pessoas sábias, cansadas de viver na anarquia, por desespero fizessem dele ditador.

---

234. Fragmento da História de Salústio. – *Mihi quidem spectatum est, Pompeium tantœ gloriœ adolescentem malle principem volentibus vobis esse, quam illis dominationis socium; auctoremque in primis fore tribunitiœ potestatis. Verum, quirites, antea singuli cives in pluribus, non in uno cuncti prœsidia habebatis: neque mortalium quisquam dare aut eripere* tália *unus poterat.* O livro III desses fragmentos contém o discurso de Marcos Lépido, tribuno do povo.

235. Ver Plutarco.

Enfim, por interesse, ele se uniu a César e Crasso. Catão[236] dizia que não fora a inimizade deles que fizera perder a República, mas sua união. De fato, Roma se encontrava em estado lastimável menos por ter se feito prostrada pelas guerras civis do que pela paz que, reunindo as ideias e os interesses dos cidadãos ilustres, não fazia mais do que uma tirania.

Pompeu não propriamente emprestou sua influência a César, mas, sem o saber, sacrificou-a. Sem demora, César empregou contra ele as forças que Pompeu lhe tinha dado, e mesmo os artifícios; perturbou a cidade com seus emissários e se fez senhor das eleições: cônsules, pretores, tribunos foram comprados por preços que eles próprios estipulavam.

O Senado, que percebeu claramente os desígnios de César, recorreu a Pompeu: rogou a este que assumisse a defesa da República, se é que se podia chamar por esse nome um governo que pedia a proteção de um de seus cidadãos.

Creio que o que fez a ruína de Pompeu foi sobretudo sua vergonha de pensar que, ao elevar César, como fizera, ter-lhe-ia faltado a previdência. Levou o maior tempo que pôde para se habituar a essa ideia; não se pôs na defensiva, para não confessar que se tinha posto em perigo; no Senado, afirmou que César não se atreveria a fazer a guerra e, por tê-lo dito tantas vezes, sempre tornava a dizê-lo.

Parece que uma coisa deixara César em condições de empreender o que quer que fosse: por uma infeliz coincidência de nomes, a seu governo da Gália Cisalpina se acrescentara o da Gália Transalpina.

De modo algum a política permitira que houvesse exércitos no entorno de Roma; mas tampouco havia suportado que a Itália ficasse completamente desguarnecida de tropas. Isso fez com que fossem mantidas forças consideráveis na Gália Cisalpina, ou seja, no país que fica depois do Rubicão, pequeno rio da Romagna, e os Alpes. Mas, para proteger a cidade de Roma contra as tropas, criou-se o célebre *senatus consultum*, que ainda hoje se vê gravado na estrada que leva de Rimini a Cesena, mediante o qual se consagrava aos deuses infernais e era declarado sacrílego e parricida quem quer que, com uma legião, com um exército ou uma coorte, atravessasse o Rubicão.

---

236. Marco Pórcio Catão Uticense, o Jovem (95-46 a.C.) – assim apelidado para se distinguir de seu bisavô, Marco Pórcio Catão, o Velho –, foi um político romano célebre por sua inflexibilidade e integridade moral. Adepto da corrente filosófica do estoicismo, era avesso a qualquer tipo de suborno. Opunha-se sobretudo a Júlio César – o historiador Salústio o retrata como a sua antítese –, e suicidou-se após a vitória deste na Batalha de Tapso. (N.T.)

A um governo tão importante, que mantinha em xeque a cidade, veio se juntar outro ainda mais considerável: era o da Gália Transalpina, que compreendia as regiões do Midi da França; esse governo, tendo dado a César a oportunidade de fazer a guerra, durante vários anos, a todos os povos que bem desejasse, fez com que seus soldados envelhecessem a seu lado, como o fez conquistar nada menos que os bárbaros. Se César não detivesse o governo da Gália Transalpina, ele não teria corrompido seus soldados, nem feito seu nome ser respeitado por tantas vitórias. Se não detivesse o governo da Gália Cisalpina, Pompeu poderia tê-lo detido na travessia dos Alpes; em vez disso, desde o início da guerra, ele foi obrigado a abandonar a Itália; isso fez com que seu partido perdesse a reputação que, nas guerras civis, equivale ao próprio poder.

O mesmo pavor que Aníbal levara a Roma após a Batalha de Canas, César disseminou ao atravessar o Rubicão. Nos primeiros momentos da guerra, um Pompeu desnorteado não viu outra solução que não a dos casos desesperados: soube apenas ceder e fugir; saiu de Roma, deixando ali o tesouro público; não conseguiu retardar o vencedor em ponto algum; abandonou parte de suas tropas, toda a Itália, e cruzou o mar.

Muito se fala na boa sorte de César. Mas esse homem extraordinário tinha tantas grandes qualidades, sem um defeito, ainda que tivesse muitos vícios, que teria sido bem difícil que, qualquer que fosse o exército sob seu comando, ele não se sagrasse vencedor; como seria difícil que, em qualquer república em que nascesse, ele não viesse a governá-la.

Após ter derrotado os lugares-tenentes de Pompeu na Espanha, o próprio César foi à Grécia procurá-lo. Pompeu, que contava com a costa marítima e com forças superiores, estava prestes ver o exército de César destruído pela miséria e pela fome. Mas como tinha em altíssimo grau a fraqueza de querer aprovação, não conseguiu se furtar a dar ouvidos aos vãos discursos dos seus, que o ridicularizavam e o acusavam sem cessar.[237] "Ele quer perpetuar-se no comando", dizia um, "e ser, como Agamêmnon, o Rei dos Reis" – "Eu vos aviso", dizia um outro, "que ainda não será neste ano que comeremos os figos de Túsculo[238]." Alguns êxitos particulares acabaram por subir à cabeça dessa tropa senatorial. Assim, para não ser culpabilizado, fez algo de que a posteridade o culparia para sempre: sacrificou um

---

237. Ver Plutarco, *Vida de Pompeu*.
238. Túsculo (ou Túscia) foi uma cidade da Antiguidade, na região do Lácio, que veio a ser absorvida por Roma em 381 a.C. Célebres famílias romanas eram originárias da cidade, e tantas outras, abastadas, optavam por ali residir. (N.T.)

sem-número de vantagens para, com tropas novas, combater um exército que tantas vezes fora vitorioso.

Quando os remanescentes de Farsália[239] se retiraram para a África, Cipião, que os comandava, em momento algum quis seguir o conselho de Catão e arrastar a guerra por mais tempo: inflado por algumas vantagens, tudo arriscou e tudo perdeu; e, tão logo Bruto e Cássio restabeleceram esse partido, aquela mesma precipitação fez perder a República uma terceira vez.[240]

O leitor há de lembrar que, nessas guerras civis, que duraram tanto tempo, o poder de Roma no exterior aumentou sem cessar: sob Mário, Sila, Pompeu, César, Antônio, Augusto, Roma, cada vez mais terrível acabou por destruir todos os reis que ainda restavam.

Não há Estado que mais ameace os demais com uma conquista quanto o que vive os horrores da guerra civil: nele, todos, seja nobre, burguês, artesão, lavrador, se tornam soldado; e quando as forças se reúnem em favor da paz, esse Estado dispõe de grandes vantagens sobre os outros, que têm apenas cidadãos. Por outro lado, nas guerras civis, não raras vezes se formam grandes homens, e isso porque, em meio à balbúrdia, os que têm mérito vêm à luz todos os dias, cada qual a se posicionar e a se pôr em seu lugar; já em outros períodos, é-se designado para cargos, e quase sempre de modo arrevesado. E, para passar do exemplo dos romanos a outros mais recentes, os franceses jamais foram tão temidos no exterior do que após as querelas entre as casas de Borgonha e de Orleães, após as agitações da Liga[241] e após as guerras civis da menoridade de Luís XIII e Luís XIV. A Inglaterra jamais foi tão respeitada quanto sob Cromwell, após as guerras do Longo Parlamento. Os alemães só assumiram a superioridade sobre os turcos após as guerras civis da Alemanha. Os espanhóis, sob Felipe V, logo depois das guerras civis pela Sucessão, demonstraram na Sicília uma força que espantou a Europa. E hoje vemos a Pérsia renascer das cinzas da guerra civil e humilhar os turcos.

---

239. Em 48 a.C., na cidade grega de Farsália, travou-se a batalha de Fársalos, entre as tropas romanas de Júlio César e Cneu Pompeu Magno, com a derrota desse último. A batalha deu-se no contexto da guerra civil entre as facções dos populares e dos optimates. Com a derrota de Pompeu, este acabou se refugiando no Egito, onde foi morto por ordem de Ptolomeu XIII, que esperava com isso obter a simpatia de Júlio César, o que não se concretizou. (N.T.)

240. Isso é bem explicado em Apiano, *Da guerra civil*, livro IV. O exército de Otávio e de Antônio teria perecido de fome se não tivesse ocorrido a guerra.

241. A "Liga", no caso, é a Liga Católica, também chamada Santa Liga. Foi criada por Henrique I de Guise, em 1576, durante as guerras francesas entre católicos e protestantes. Destinada a eliminar a heresia protestante da França, tinha como membros, entre outros, o papa Sisto V, Catarina de Médici e Felipe II da Espanha, além dos jesuítas. (N.T.)

Enfim, a República foi oprimida, e não é o caso de acusar a ambição de alguns particulares; não é o caso de acusar o Homem, sempre mais ávido pelo poder à medida que o tem em desmedida, e que só não deseja tudo por possuir muito.

Se César e Pompeu tivessem pensado como Catão, outros teriam pensado como César e Pompeu, e a República, destinada a perecer, teria sido arrastada para o precipício por outra mão.

César perdoou a todos. Mas me parece que a moderação que se demonstra depois que tudo se usurpou não merece grandes louvores.

O que quer que se tenha dito de sua diligência após Farsália, foi com justeza que Cícero o acusou de lentidão: disse a Cássio que eles jamais teriam acreditado que o partido de Pompeu viesse a se reerguer daquela forma na Espanha e na África, e, se tivessem podido prever que César se divertiria em sua guerra de Alexandria, não lhe teriam feito a paz e ter-se-iam retirado com Cipião e Catão para a África.[242] Assim, um amor louco fez com que César suportasse quatro guerras e, sem ter procurado evitar as duas últimas, tornou a discutir o que fora decidido na Farsália.

De início, César governou com título de magistratura; isso porque os homens quase só se deixam tocar por nomes. E, uma vez que os povos da Ásia abominavam os títulos de *cônsul* e de *pró-cônsul*, os povos da Europa detestavam o título de *rei*; de modo que, nessa época, esses nomes faziam a felicidade ou o desespero de toda a terra. César não deixou de tentar fazer com que lhe colocassem o diadema na cabeça; porém, vendo que o povo cessava suas aclamações, rejeitou-o. Fez ainda outras tentativas,[243] e não consigo entender como pôde acreditar que os romanos, para suportá-lo como tirano, amassem de tal modo a tirania ou acreditassem ter feito o que tinham feito.

Em um dia em que o Senado lhe deferia algumas homenagens, César deixou de se levantar, e foi então que os membros mais circunspectos desse corpo acabaram por perder a paciência.

Os homens nunca ficam tão ofendidos como quando são desrespeitadas suas cerimônias e seus costumes. Procurar oprimi-los é, vez por outra, uma prova de estima que se lhes faz. Chocar seus costumes é sempre uma marca de desprezo.

César, que desde sempre foi inimigo do Senado, não conseguiu esconder o desprezo que sentia por esse corpo, que havia se tornado quase ridículo ao deixar de ter poder. Por isso, até mesmo sua clemência foi insultuosa.

---

242. *Epístolas familiares*, livro XV.
243. Ele cassou os tribunos do povo.

Entendeu-se que ele não estava a perdoar, mas que desdenhava punir. Ele levou o desprezo a ponto de redigir ele próprio os *senatos consulta*: subscrevia-os com o nome dos primeiros senadores que lhe viessem à mente. "De vez em quando fico sabendo", diz Cícero,[244] "que um *senatus consultum* aprovado sob meu conselho foi levado à Síria e à Armênia antes que eu soubesse que fora feito, e muitos príncipes escreveram-me cartas de agradecimento por eu ter sido favorável a que lhes fosse concedido o título de *reis*, os quais não apenas eu não sabia que eram reis, como tampouco sabia que existiam no mundo."

Nas cartas de alguns grandes homens dessa época,[245] atribuídas ao nome de Cícero já que em sua maioria são dele, podemos ver o abatimento e o desespero dos homens mais eminentes da República ante essa revolução súbita, que os privou de suas honrarias e mesmo de suas ocupações. Isso se deu quando, estando o Senado sem funções, a confiança que tinham recebido em toda a Terra pôde ser esperada apenas do gabinete de um só. E isso bem melhor se percebe nas cartas do que nos discursos dos historiadores: elas são a obra de arte da ingenuidade de pessoas unidas por uma dor comum e de um século no qual a falsa polidez disseminara a mentira por toda a parte; enfim, não vemos nelas, ao contrário do que na maioria de nossas cartas modernas, pessoas desejosas de se enganar, mas amigos infelizes em busca de tudo dizer entre si.

Seria bastante difícil que César pudesse defender sua vida, uma vez que a maior parte dos conjurados era de seu partido ou se fizera por ele cumulada de benefícios.[246] E a razão para isso é bastante natural: tinham obtido grandes vantagens com sua vitória; mas quanto mais sua sorte melhorava, mais eles começavam a participar da infelicidade comum,[247] pois a um homem que nada tem sob certos aspectos importa muito pouco sob qual governo ele vive.

Além disso, havia certo direito dos povos, uma opinião estabelecida em todas as repúblicas da Grécia e da Itália, que fazia considerar como

---

244. *Epístolas familiares*, livro IX. *Ante audio senaatusconsultum in Armeniam et Syriam esse perlatum, quod in meam sententiam factum esse dicatur, quam omnino mentionem ullam de ea re esse factam. Atque nolim me jocari putes. Nam mihi scito jam a regibus ultimis allatas esse litteras, quibus mihi gratias agant, quod se mea sententia reges appelaverim: quos ego no modo reges appellatos, sed omnino natos nesciebam* (Epist. XV).

245. Ver as cartas de Cícero e de Sulpício.

246. Décimo Bruto, Caio Casca, Trebônio, Túlio Címber e Minúcio Básilo eram amigos de César. (Apiano, *De Bello Civili*, livro II.)

247. Não me refiro aos satélites de um tirano, que se perderiam depois dele, mas de seus companheiros em um governo livre.

homem virtuoso o assassino daquele que usurpara o poder soberano. Em Roma, sobretudo após a expulsão dos Reis, a lei era precisa, e os exemplos, adotados: a República armava o braço de cada cidadão, fazia-o magistrado e o admitia para a sua defesa.

Bruto chegou a ousar dizer a seus amigos que, quando seu pai voltasse à Terra, matá-lo-ia da mesma forma;[248] e ainda que, com a continuação da tirania, esse espírito de liberdade se perdesse pouco a pouco, no início do reinado de Augusto as conjurações estavam sempre a renascer.

Tratava-se de um avassalador amor pela pátria que, fugindo às regras comuns dos crimes e das virtudes, escutava apenas a si mesmo e não via nem cidadão, nem amigo, nem benfeitor, nem pai: a virtude parecia se esquecer de si para superar a si mesma e fazia com que uma ação, que a princípio não se podia aprovar, por ser atroz, fosse admirada como divina.

Com efeito, quanto ao crime de César, que vivia em um governo livre, não poderia ser punido de outra forma que não por um assassinato? E indagar por que não o reprimiram pela força ou pelas leis não equivaleria a indagar pela razão de seus crimes?

---

248. *Cartas de Brutus*, na coletânea de cartas de Cícero.

CAPÍTULO XII

DO ESTADO DE ROMA APÓS A MORTE DE CÉSAR

Era de tal maneira impossível que a República pudesse se restabelecer, que aconteceu o que até então jamais se vira: que já não houvesse tirano, e que já não houvesse liberdade: pois as causas que o tinham destruído continuavam a subsistir.

Os conjurados tinham formado um plano tão somente para a conjuração, sem nada fazer para mantê-la.

Uma vez feita a ação, retiraram-se para o Capitólio, o Senado não se reuniu, e, no dia seguinte, Lépido,[249] que investigava o problema, tomou a praça romana[250] com pessoas armadas.

Os soldados veteranos, que temiam que lhes fossem tomados os dons imensos que tinham recebido, entraram em Roma. Isso fez com que o Senado aprovasse todos os atos de César e que, conciliando os extremos, concedesse uma anistia aos conjurados; isso produziu uma falsa paz.

César, antes de sua morte, preparando-se para a sua expedição contra os partas, nomeara magistrados para muitos anos, a fim de que houvesse gente sua que, em sua ausência, mantivesse a tranquilidade de seu governo. Com isso, após sua morte, os de seu partido dispuseram de recursos por muito tempo.

---

249. Lépido (*c.* 90-12 a.C.) exercia a função de pretor em 49 a.C., quando apoiou Júlio César no momento em que este foi proclamado ditador. Em 46 a.C. foi eleito cônsul, e, após a morte de Júlio César (44 a.C.), apoiou Marco Antônio, que o designou para o cargo de sumo sacerdote (pontífice máximo) e o indicou para governar a Gália Narbonesa. Na Gália, em 43 a.C., foi declarado inimigo público pelos senadores, por ter dado guarida a Marco Antônio, que perdera um embate com o Senado. (N.T.)

250. O Fórum Romano, situado no centro de Roma, durante séculos foi o foco de sua vida pública. Sediava as cerimônias triunfais e as eleições, era o local onde se realizavam discursos públicos, os processos criminais, os confrontos entre gladiadores, e era também o centro dos assuntos comerciais. (N.T.)

Como o Senado tivesse aprovado todos os atos de César sem restrição, e uma vez que a execução desses atos foi dada ao cônsules, Antônio, que era um deles, apoderou-se do livro razão de César, ganhou os favores de seu secretário e se pôs a escrever tudo o que bem entendeu, de modo que o ditador então reinava mais imperiosamente do que durante a vida: pois o que ele jamais fizera, Antônio o fez; o dinheiro que ele jamais dera, Antônio o deu; e todo homem que tivesse más intenções contra a República de súbito encontrava uma recompensa nos livros de César.

Por um novo revés, para sua expedição, César acumulara somas imensas, as quais ele colocou no Templo de Ops. Antônio, com seu livro, delas dispôs a seu bel-prazer.

De início, os conjurados tinham decidido lançar o corpo de César no Tibre;[251] quanto a isso não encontraram qualquer obstáculo: afinal, nos momentos de espanto que se seguem a uma ação inesperada, é bem fácil fazer tudo o que se puder ousar. Mas tal não foi executado, e eis o que aconteceu.

O Senado se acreditava obrigado a permitir que se fizessem as obséquias de César, e de fato, uma vez que não se o havia declarado *tirano*, não se lhe poderia recusar a sepultura. Ora, era costume entre os romanos, tão louvados por Políbio, trazer nos funerais as imagens dos ancestrais e em seguida fazer a oração fúnebre para o defunto. Antônio, que a fez, mostrou ao povo a veste ensanguentada de César, leu para ele seu testamento, no qual lhe dava grandes liberdades, e agitou-o a tal ponto que pôs fogo nas casas dos conjurados.

Temos uma confissão de Cícero, que governou o Senado durante todo esse acontecido, segundo a qual melhor teria sido agir com vigor e se expor a perecer, e que talvez nem mesmo tivesse perecido.[252] Mas ele se desculpou pelo fato de que, quando o Senado foi reunido, já não era a hora oportuna, e aqueles que sabem o valor de um instante nas questões em que o povo tanto participa já não se espantarão.

Eis aqui outro incidente: enquanto eram realizados jogos em honra a César, um cometa de cauda longa apareceu durante sete dias; o povo acreditou que a sua alma tinha sido recebida no céu.

Era costume entre os povos da Grécia e da Ásia erigir templos aos reis e mesmo aos pró-cônsules que os haviam governado.[253] Deixava-se que fizessem coisas como testemunho mais forte que pudessem dar de sua servidão;

---

251. Tal não teria sido sem exemplo: depois que Tibério Graco foi morto, Lucrécio, que depois veio a ser chamado Vespilo, lançou seu corpo no Tibre. (Aureliano Victor, *De Viris illustribus*.)
252. *Cartas a Ático*, livro XIV, carta XX.
253. Ver as *Cartas de Cícero a Ático*, livro V, e a observação do Monsieur abade de Mongaut.

e em suas lareiras e em seus templos particulares, os próprios romanos podiam prestar honras divinas a seus antepassados. Mas não se tem notícia de que, desde Rômulo até César, romano algum tenha sido incluído entre as divindades públicas.[254]

O governo da Macedônia tinha tocado a Antônio; em vez daquele, ele desejava o dos gauleses, e vê-se bem por qual motivo. Décimo Bruto, que detinha a Gália Cisalpina, recusou-se a entregá-la e decidiu expulsá-lo de lá. Isso produziu uma guerra civil, na qual o Senado declarou Antônio *inimigo da pátria*.

Para perder Antônio, Cícero, seu inimigo pessoal, tomara a má decisão de trabalhar para a elevação de Otávio e, em vez de procurar fazer o povo esquecer César, pusera-o bem diante dos olhos.

Em relação a Cícero, Otávio se portou como homem sábio: adulou-o, teceu louvores a ele, consultou-o e empregou todos os artifícios de que a vaidade jamais desconfia.

O que estraga quase todos os negócios de Estado é que, via de regra, aquele que o empreende busca, além do êxito principal, também outros pequenos êxitos particulares, que lisonjeiam seu amor próprio e o fazem contente.

Acredito que, se Catão se houvesse reservado para a República, teria dado às coisas rumo bem outro. Cícero, com decisões admiráveis para um papel secundário, era incapaz do primeiro: tinha um bom gênio, mas uma alma por demais comum. Em Cícero, o acessório era a virtude; em Catão, era a glória.[255] Cícero enxergava-se sempre como o primeiro; Catão sempre se esquecia de si. Este queria salvar a república para ela própria; aquele, para se vangloriar.

Eu poderia continuar o paralelo dizendo que, lá onde Catão previa, Cícero temia; onde Catão esperava, Cícero confiava; que o primeiro via as coisas sempre com sangue frio; o outro, através de um sem-número de suas pequenas paixões.

Antônio foi derrotado em Módena.[256] Os dois cônsules, Hírcio e Pansa, pereceram ali. O Senado, que se acreditava acima de seus negócios, pre-

---

254. Dion disse que os triúnviros, que esperavam todos ter algum dia o lugar de César, fizeram tudo o que podiam para aumentar as honrarias que eram rendidas a ele (livro XLVII).
255. *Esse quam videri* bônus *malebat; itaque quominus gloriam petebat, co magis illam assequebatur.* (Salústio, *De Bellum Catilinae*.)
256. Marco Antônio (83-30 a.C.) foi um militar e político romano (questor, senador, tribuno da plebe e cônsul), da fase final da República. Na condição de general, participou de inúmeras campanhas militares, entre elas as guerras da Gália, ao lado de Júlio César. A batalha de Mutina (atual Módena, na Gália Cisalpina), a que se refere o texto, deu-se em 43 a.C., em disputa pelo espólio político de César. Derrotado por Otávio, Marco Antônio teve de fugir pelos Alpes. (N.T.)

tendeu rebaixar Otávio, e este, por sua vez, deixou de agir contra Antônio, conduziu seu exército para Roma e se fez declarar cônsul.

Eis aí como Cícero, que se vangloriava de ter sua toga destruído os exércitos de Antônio, deu à República um inimigo mais perigoso, porque seu nome era mais querido, e seus direitos aparentemente mais legítimos.[257]

Derrotado, Antônio se refugiara na Gália Transalpina, onde foi recebido por Lépido. Esses dois homens se uniram com Otávio e se deram uns aos outros a vida de seus amigos e inimigos.[258] Lépido permaneceu em Roma, e os dois outros foram em busca de Bruto e Cássio, tendo os encontrado naqueles lugares onde por três vezes se combateu pelo domínio do mundo.

Bruto e Cássio se suicidaram com uma precipitação indesculpável, e não se pode ler tal passagem de suas vidas sem se apiedar da república, que assim ficou abandonada. Catão se dera a morte ao final da tragédia; aqueles a iniciaram, de certa forma, com suas mortes.

É possível apontar várias causas para esse costume, tão disseminado entre os romanos, de se dar a morte: o progresso da seita estoica, que o incentivava; o estabelecimento dos triunfos e da escravidão, que fizeram muitos grandes homens pensar que não era o caso de sobreviver a uma derrota; a vantagem que os acusados tinham de se dar a morte, em vez de passar por um julgamento pelo qual sua memória seria enrugada, e seus bens, confiscados;[259] uma espécie de ponto de honra, talvez mais razoável do que este que hoje nos leva a degolar nosso amigo por um gesto ou por uma palavara; enfim, uma grande comodidade para o heroísmo: cada qual fazendo terminar, no ponto em que bem desejava, o drama que representava no mundo.

Poder-se-ia acrescentar uma grande facilidade na execução: a alma, de todo ocupada com a ação que vai fazer, com o motivo que a determina, com o perigo que vai evitar, não vê propriamente a morte, e isso uma vez que a paixão faz sentir, jamais ver.

O amor próprio, o amor à nossa conservação, transforma-se de tantas maneiras e age segundo princípios tão contrários, que nos leva a sacrificar nosso ser, e fazemos caso de nós mesmos a ponto de consentir em deixar de viver por um instinto natural e obscuro, que faz com que nos amemos mais que à própria vida.

---

257. Ele era herdeiro de César, e seu filho por adoção.
258. Sua crueldade foi insensata a ponto de ordenar que todos tivessem de se rejubilar com as prescrições, sob pena de perder a vida. Ver Dion.
259. *Eorum qui de se statuebant humabantur corpora, manebant testamenta, pretium festinandi.* (Tácito, *Anais*, livro VI.)

CAPÍTULO XIII

AUGUSTO

Sexto Pompeu[260] tinha a Sicília e a Sardenha; era o senhor do mar e trazia consigo uma infinidade de fugitivos e proscritos que combatiam por sua última esperança. Otávio lhe fez duas guerras muito laboriosas e, após uma série de insucessos, venceu tão somente pela habilidade de Agripa.

Os conjurados quase todos haviam chegado ao final da vida de maneira infeliz, e era bastante natural que pessoas que estivessem à frente de um partido tantas vezes derrotados em guerras sem quartel perecessem de morte violenta. Daí, entretanto, extraiu-se a conclusão de que uma vingança celeste punia os assassinos de César e lhes proscrevia a causa.

Otávio ganhou os soldados de Lépido e o espoliou do poder do triunvirato; chegou a lhe desejar a consoloção de levar uma vida obscura e o forçou a se postar como cidadão comum nas assembleias do povo.

Fica-se bastante satisfeito em ver a humilhação desse Lépido: foi o cidadão mais malvado que já houve na República, sempre o primeiro a iniciar as desordens, a todo o tempo concebendo projetos funestos, nos quais era obrigado a associar pessoas mais hábeis do que ele. Um autor moderno achou por bem lhe fazer o elogio[261] e cita Antônio, que, em uma de suas

---

260. Sexto Pompeu Magno Pio (*c.* 68-35 a.C.) foi o filho mais novo do general Pompeu e, juntamente com o irmão mais velho, que era Pompeu, o Jovem, cresceu à sombra dos feitos militares do pai, líder dos optimates, facção conservadora do Senado. Quando César venceu os optimates na batalha de Tapso, em 46 a.C., os irmãos Pompeu fugiram para as províncias hispânicas, de onde lhe fizeram resistência. Em seu encalço, César derrotou o exército dos irmãos Pompeu em 45 a.C. Sexto conseguiu fugir ainda uma vez e se estabeleceu na Sicília. Sexto foi declarado inimigo de Estado pelo Segundo Triunvirato, que lançou seguidos ataques à sua base de apoio, a Sicília. A derrota decisiva da frota de Sexto Pompeu ocorreria em 36 a.C., ante a frota comandada por Marco Agripa. Sem a Sicília a apoiá-lo, Sexto escapou para o Oriente, tendo sido apanhado em Mileto em 35 a.C. e executado por traição sem direito a julgamento. (N.T.)
261. O abade de Saint-Réal.

cartas, confere-lhe a qualidade de homem honesto. Mas um homem honesto para Antônio de modo algum o devia ser para os outros.

Creio que, entre todos os capitães romanos, Otávio é o único a ganhar a afeição dos soldados, dando a eles, a todo tempo, indícios de inata fraqueza. Naquela época, os soldados se importavam mais com a liberalidade de seu general do que com sua coragem. Talvez tenha sido uma felicidade para ele não ser dotado do valor que o império poderia lhe dar, e talvez tenha sido justamente isso que lho deu: ele foi o menos temido. Não é impossível que as coisas que mais o desonraram sejam as que mais lhe tenham servido: se logo tivesse demonstrado grandeza de ânimo, todos teriam desconfiado dele, e se tivesse audácia, a Antônio não teria dado tempo de fazer todas as extravagâncias que o fizeram se perder.

Preparando-se contra Otávio, Antônio jurou a seus soldados que, dois meses após sua vitória, ele restabeleceria a república, o que claramente mostra que os próprios soldados eram ciosos da liberdade de sua pátria, por mais que a destruíssem sem cessar, porque não havia nada tão cego como um exército.

Deu-se a Batalha de Ácio.[262] Cleópatra fugiu e arrastou Antônio consigo. É certo que na sequência o traiu:[263] é possível que, pelo espírito de coqueteria das mulheres, ela concebera o projeto de pôr ainda a seus pés um terceiro senhor do mundo.

Uma mulher, a quem Antônio havia sacrificado o mundo inteiro, o traiu. Faltaram-lhe os tantos generais e tantos reis que ela engrandecera ou fizera. E como se a generosidade estivesse ligada à servidão, uma tropa de gladiadores lhe conservou uma fidelidade heroica. Quando cumulamos um homem de benefícios, a primeira ideia que neles inspiramos é a de buscar os meios de conservá-los. São novos interesses que lhe damos para defender.

O que há de surpreendente nessas guerras é que uma batalha quase sempre decidia o caso, e uma derrota não se reparava jamais.

Os soldados romanos não tinham espírito de partido: combatiam não por uma coisa, mas por uma pessoa. Conheciam apenas seu chefe, que os

---

262. A Batalha de Ácio ou Áccio (em latim *Actium*) foi uma batalha naval ocorrida em 2 de setembro de 31 a.C., nas proximidades de Actium, no mar Jônico, litoral da Grécia, durante a guerra civil romana. Segundo algumas fontes históricas, as frotas em conflito eram constituídas de 400 navios cada uma, sendo lideradas por Marco Antônio, de um lado, e Otaviano, de outro – este veio a ser conhecido como imperador Augusto. A frota de Marco Antônio tinha o apoio de embarcações de guerra da rainha Cleópatra, do Egito. O resultado da batalha foi uma crucial vitória de Otaviano, e sua data é usada para demarcar o fim da República e o início do Império Romano. (N.T.)

263. Ver Dion, livro LI.

engajava mediante enormes esperanças; porém, se o chefe batido não mais estivesse em condições de cumprir as promessas, viravam para outro lado. Da mesma forma, as províncias não entravam na querela de maneira sincera: pouco lhes importava quem estava em vantagem, se o Senado ou o Povo. Assim, mal um chefe era batido, entregavam-se a outro:[264] afinal, cada cidade tinha de cuidar de se justificar perante o vencedor, que, tendo imensas promessas para cumprir aos soldados, devia sacrificar a eles os países mais culpados.

Tivemos na França dois tipos de guerra civil:[265] umas tinham por pretexto a religião, e estas duraram, porque o motivo se mantinha após sua vitória; outras não tinham propriamente esse motivo, mas eram instigadas pela leviandade ou pela ambição de algumas pessoas importantes, sendo logo abafadas.

Augusto (esse é o nome que conferiu lisonja a Otávio) estabeleceu a ordem, isto é, uma servidão durável; afinal, em um Estado livre onde se acaba de usurpar a soberania, chama-se de regra a tudo o que pode fundamentar a autoridade ilimitada de um só, e dá-se o nome de *perturbação, dissensão, mau governo*, a tudo o que pode manter a honesta liberdade dos súditos.

Todas as pessoas que tinham projetos ambiciosos haviam trabalhado para introduzir uma espécie de anarquia na república. Pompeu, Crasso[266] e César conseguiram-no muito bem: estabeleceram uma impunidade de todos os crimes públicos; tudo o que pudesse deter a corrupção dos costumes, tudo o que pudesse constituir uma boa ordem social foi por eles abolido; e, assim como os bons legisladores buscam tornar melhores seus concidadãos, estes aí trabalhavam para os tornar piores. Introduziram então o

---

264. Não havia guarnições nas vilas para lhes conter, e os romanos tinham a necessidade de garantir seu império, fosse por meio de exércitos ou de colônias.

265. Os dois tipos de guerra civil a que se refere Montesquieu são a Fronda – ou Frondas – e as guerras religiosas. A Fronda foi uma série de guerras civis ocorridas entre 1648 e 1632; no seio de um Estado e de uma sociedade francesa em decomposição, ela tinha por objetivo limitar o poder real e debater os abusos cometidos pela Corte. Antes da Fronda, a França conheceu as guerras religiosas entre católicos e protestantes, que devastaram o reino na segunda metade do século XVI. (N.T.)

266. Marco Licínio Crasso (*c.* 115-53 a.C.) foi um general e político romano, de origem patrícia, do período final da República Romana. Tornou-se mais conhecido como Crasso, o Triúnviro. Liderou a vitória de Lúcio Cornélio Sila na Batalha da Porta Colina e esmagou a revolta dos escravos, conduzida por Espártaco. Mas sua importância histórica advém do fato de ter concedido apoio financeiro e político ao jovem nobre, porém empobrecido, Júlio César, que franqueou a este o sucesso na carreira política. Montesquieu faz referência ao pacto secreto, e informal, firmado por Crasso com o próprio Júlio César e com Cneu Pompeu Magno – o chamado primeiro triunvirato – para ficarem com o poder em Roma. (N.T.)

costume de corromper o Povo a peso de dinheiro e, quando se era acusado de intrigas, também os juízes eram corrompidos.[267] Fizeram perturbar as eleições por toda a sorte de violências e, quando se era chamado em juízo, ainda intimidavam os juízes. A própria autoridade do povo era aniquilada: prova disso é Gabínio[268], que, por ter restabelecido, não obstante o povo, Ptolomeu à mão armada, veio friamente reclamar o triunfo[269].

Esses primeiros homens da república procuravam desgostar o povo de seu poder e se fazer necessários, tornando extremos os inconvenientes do governo republicano. Porém, quando Augusto mais uma vez se tornou senhor, a política o fez trabalhar para restabelecer a ordem, a fim de que sentissem a delícia do governo de um só.

Quando Augusto se viu com armas na mão, temeu as revoltas dos soldados, e não as conjurações dos cidadãos; por isso poupou os primeiros e foi cruel com os outros. Quando na paz, temeu as conjurações e, tendo sempre diante dos olhos o destino de César, para evitar sua sorte tratou de se afastar de sua conduta. Eis aí a chave de toda a vida de Augusto. No senado, trazia uma couraça sob a toga; recusou o título de *ditador* e, em vez de César dizer de maneira insolente que a República não era nada, e que suas palavras eram leis, Augusto falou tão somente da dignidade do Senado e de seu respeito para com a república. Tratou, pois, de estabelecer o governo como o mais capaz de agradar que fosse possível sem se chocar com seus interesses, e o fez aristocrático em relação ao elemento civil e monárquico em relação ao militar: um governo ambíguo que, sendo sustentado tão só por suas próprias forças, só podia subsistir enquanto agradava o monarca e, como consequência, era inteiramente monárquico.

Questionou-se se Augusto teve realmente a intenção de renunciar ao império. Mas quem não percebe que, tivesse ele o desejado, seria impossível tê-lo conseguido? O que nos faz ver que se tratava de um truque é que, a cada dez anos, ele pedia que o aliviassem desse fardo, e ele o continuava a carregar o tempo todo. Essas eram pequenas sutilezas para se fazer dar o que não se acreditava ter adquirido. Eu me baseio em toda a vida de Augusto e, ainda

---

267. Isso bem se vê nas *Cartas de Cícero a Ático*.
268. Aulo Gabínio (*c.* 100-47 a.C.), militar e político romano, seu nome é indissoluvelmente ligado à Lex Gabínia, de 67 a.C., quando era tribuno da plebe. Por essa lei, ele conseguiu que o Senado concedesse a Pompeu os mais amplos poderes possíveis para liderar a guerra contra os piratas, que havia décadas invadiam o Mediterrâneo e atacavam suas costas. (N.T.)
269. César fez a guerra aos gauleses, e Crasso, aos partas, sem que houvesse qualquer deliberação do Senado nem decreto algum do Povo. Ver Dion.

que os homens sejam bastante bizarros, no entanto, muito raramente acontece de renunciarem, em um dado momento, àquilo sobre o qual refletiram durante toda a vida. Todas as ações de Augusto, todas as suas normas visivelmente tendiam ao estabelecimento da monarquia. Sila se desfez da ditadura; mas, durante toda a sua vida, em meio a suas violências, vê-se aí um espírito republicano: todos os seus regulamentos, ainda que tiranicamente executados, tendiam sempre a certa forma de república. Sila, homem arrebatado, foi de maneira violenta que conduziu os romanos à liberdade; Augusto, tirano ardiloso[270], conduziu-os docemente à servidão. E enquanto, sob Sila, a República recobrava suas forças, todos clamavam contra a tirania; sob Augusto, a tirania se fortalecia, falava-se tão somente em liberdade.

O costume dos triunfos, que tanto haviam contribuído para a grandeza de Roma, perdeu-se sob Augusto, melhor dizendo, essa honra se tornou privilégio do soberano.[271] A maior parte das coisas que sucederam sob os imperadores tinham sua origem na República,[272] e é preciso reaproximá-las: só tinha o direito de pleitear o triunfo aquele sob os auspícios do qual se fizera a guerra;[273] ora, ela se fazia sempre sob os auspícios do chefe e, consequentemente, do imperador, que era o chefe de todos os exércitos.

Uma vez que, no tempo da República, tivera-se por princípio fazer continuamente a guerra, sob os imperadores a máxima foi a de manter a paz: as vitórias eram vistas tão somente como temas de inquietação, com exércitos que poderiam estipular para seus serviços um preço excessivamente alto.

Aqueles que possuíssem algum comando temiam tomar grandes iniciativas; era preciso moderar sua glória, de modo que ela despertasse apenas a atenção, e não a inveja do príncipe, de modo algum aparecer diante dele com um brilho que seus olhos não pudessem suportar.

---

270. Emprego aqui essa palavra no sentido dos gregos e dos romanos, que davam esse nome a todos os que tinham derrubado a democracia. – E ademais, segundo a lei do povo, Augusto tinha se tornado príncipe legítimo: *Lege regia quæ de ejus imperio lata est populus ei et in eum omne imperium transtulit.* (*Institutos*, livro I.) (Edição de 1734.)
271. Os particulares passaram a receber apenas os adornos triunfais (Dion, em *Augusto*).
272. Havendo os romanos mudado de governo sem ter sido invadidos, os mesmos costumes se mantiveram após a mudança de governo, cuja forma se manteve mais ou menos inalterada.
273. Dion (em *Augusto*, livro LIV) afirmou que Agripa, por modéstia, deixou de prestar contas ao Senado quanto à sua expedição contra os povos do Bósforo, chegando mesmo a recusar o triunfo, e que, a partir dele, nenhum de seus pares chegou a triunfar; mas esta foi uma graça que Augusto quis conceder a Agripa e Antônio não concedeu a Ventídio na primeira vez em que este venceu os partas.

Augusto foi muito comedido ao atribuir o direito de burguesia romana;[274] criou leis[275] para impedir que se libertassem os escravos em demasia.[276] Em seu testamento, recomendou que essas duas máximas fossem preservadas e de modo algum se buscasse estender o Império por meio de novas guerras.

Estas três coisas estavam muito bem ligadas: como já não houvesse guerras, já não era mais necessária uma nova burguesia, tampouco a concessão de alforrias.

Na época em que Roma travava guerras contínuas, fazia-se necessário que ela a todo tempo reparasse seus habitantes. No início, parte do povo da cidade vencida era levada para lá; na continuidade, muitos cidadãos das cidades vizinhas iam a Roma, com a intenção de participar do direito ao sufrágio, e ali estabeleceram em tão grande número que, com base nas queixas dos aliados, não raro se era obrigado a mandá-los de volta; enfim, das províncias se chegava às multidões. As leis favoreciam os casamentos, e mesmo os tornavam necessários. Em todas as suas guerras, Roma fez um prodigioso número de escravos e, tão logo seus cidadãos se cobriram de riquezas, passaram a comprá-los de toda parte, porém estes eram alforriados em grande número,[277] por generosidade, avareza, fraqueza: alguns deles queriam recompensar escravos fiéis; outros queriam receber em nome deles o trigo que a República distribuía aos cidadãos pobres; outros, enfim, desejavam ter em suas pompas fúnebres muitas pessoas a seguir o cortejo com uma coroa de flores. O povo se compunha quase inteiro de alforriados;[278] de modo que esses mestres do mundo, não apenas nos primórdios, mas durante todo o tempo, foram, em sua maior parte, de origem servil.

Quando o número da plebe, quase toda ela composta de alforriados ou de filhos de alforriados, tornava-se incômodo, com ela se criavam colônias, por meio das quais se garantia a fidelidade das províncias. Havia uma circulação de homens de todo o Universo: Roma os recebia como escravos e os devolvia como romanos.

Sob o pretexto de alguns tumultos sucedidos nas eleições, Augusto pôs na cidade um governador[279] e uma guarnição; tornou permanentes os cor-

---

274. Suetônio, em *Augusto*.
275. Id., *Vida de Augusto*. Ver os *Institutos*, livro I.
276. Dion, em *Augusto*.
277. Dionísio de Halicarnasso, livro IV.
278. Ver Tácito (*Anais*, livro XIII): *Late fusum id corpus* etc.
279. Montesquieu refere-se à criação, pelo imperador Augusto, de um cargo que existira anteriormente: o de *præfectus urbi* ("prefeito da cidade"). Diversos historiadores – como Tito Lívio, Tácito e Dionísio de Halicarnasso – fazem menção ao cargo de prefeito urbano nos períodos

pos das legiões eternas, posicionou-os nas fronteiras e criou uma verba específica para remunerá-las; por fim, ordenou que os veteranos recebessem suas recompensas em dinheiro, não em terras.[280]

A partir de Sila, dessa distribuição de terras resultou em uma série de efeitos nocivos: a propriedade dos bens dos cidadãos se tornava incerta. Quando não se levavam para um mesmo lugar os soldados de uma coorte, eles perdiam o gosto por seu povoamento, deixavam as terras sem cultivo e se tornavam cidadãos perigosos;[281] mas quando eram distribuídos por legiões, os ambiciosos podiam de pronto encontrar as armas contra a República.

Augusto criou estabelecimentos fixos para a Marinha. Assim como, antes dele, os romanos não tinham possuído corpos efetivos de tropas terrestres, tampouco possuíam tais corpos de tropas de mar. As tropas de Augusto tinham como principal objetivo a segurança dos comboios e a comunicação entre as diversas partes do Império: afinal, de resto eram os romanos senhores de todo o Mediterrâneo. Nessa época, só se podia navegar por esse mar, e eles não tinham inimigo a temer.

Dion muito bem observa que, a partir dos imperadores, tornou-se mais difícil escrever a história: tudo se tornou segredo, todos os despachos das províncias passaram a ser levados ao gabinete dos imperadores; já não se conhecia senão o que a loucura e o atrevimento dos tiranos não quiseram esconder, ou o que os historiadores conjecturaram.

---

do reinado e da República. Ao prefeito urbano cabia assumir provisoriamente os poderes judiciais do rei, quando este se ausentava da cidade. Quando Augusto transformou a República em Império Romano, em 27 a.C., ele retomou o ofício de prefeito, que, novamente elevado a magistratura, recebeu todos os poderes necessários para gerir a ordem na cidade. (N.T.)

280. Ele determinou que os soldados pretorianos recebessem 5 mil dracmas: 2 mil após dezesseis anos de serviço e as outras 3 mil, após vinte anos (Dion, em *Augusto*.).
281. Ver Tácito (*Anais*, livro XIV) a respeito dos soldados levados a Tarento e a Âncio.

CAPÍTULO XIV

TIBÉRIO

Assim como vemos um rio minar lentamente e sem ruído os diques com que a ele nos opomos, para afinal derrubá-los em algum momento, cobrindo os campos que eles protegiam, assim o poder soberano sob Augusto agiu imperceptivelmente, e no governo de Tibério[282] a tudo derribou com violência.

Havia uma *Lei de Majestade* contra os que cometessem qualquer atentado contra o povo romano. Tibério se valeu dessa lei e a aplicou não aos casos para os quais ela fora criada, mas a tudo o que pudesse servir a seu ódio ou a suas desconfianças. Não apenas as ações ficavam submetidas a essa lei, mas também as palavras, sinais e até pensamentos: pois o que se diz nos desabafos que a conversa produz entre dois amigos não se pode considerar pensamentos. Assim, não mais houve liberdade nos banquetes, nem confiança entre os parentes, nem fidelidade entre os escravos; com a dissimulação e a tristeza do príncipe disseminando-se por toda a parte, a amizade passou a ser vista como um estorvo, a ingenuidade como uma imprudência, a virtude como uma afetação que podia novamente trazer ao espírito dos povos a felicidade dos tempos passados.

Não há tirania mais cruel do que a exercida à sombra das leis e com as cores da justiça, quando, por assim dizer, os infelizes são afogados com a mesma prancha com que tinham sido salvos.

E como jamais aconteceu de faltar a um tirano os instrumentos de sua tirania. Tibério encontrava sempre juízes dispostos a condenar tantas pessoas de quantas ele pudesse suspeitar. Nos tempos da República, o Senado,

---

282. Tibério Cláudio Nero (c. 42 a.C.-37 d.C.) foi o sucessor de Augusto no governo de Roma. Ao longo da sua vida, Tibério viu desaparecer pouco a pouco todos os seus possíveis rivais na sucessão, graças a uma série de oportunas mortes. Os descendentes de Augusto e Tibério continuariam a governar o império pelos quarenta anos seguintes, até a morte de Nero. (N.T.)

que em plenário não julgava as questões dos particulares, mediante uma delegação do povo conhecia crimes que eram imputados aos aliados. Tibério lhe encarregou também do julgamento de tudo o que ele chamava de *crime de lesa-majestade* contra ele. Essa instituição caiu em um estado de baixeza que não se pode exprimir: os senadores iam à frente da servidão; sob a proteção de Sejano[283], os mais ilustres entre eles faziam as vezes de delatores.

Parece-me que vejo muitas causas para esse espírito de servidão que então reinava no Senado. Depois de César ter vencido o partido da República, os amigos e os inimigos que ele tinha no Senado contribuíam em igual medida para eliminar todos os limites que as leis tinham imposto a seu poder, e a lhe deferir honrarias excessivas: alguns buscavam agradá-lo; outros, torná-lo odioso. Dion nos diz que alguns deles chegaram a propor que lhe fosse permitido usufruir de todas as mulheres que lhe conviesse. Isso fez com que não se desconfiasse do Senado e que ele fosse ali assassinado; mas fez também com que, nos reinados seguintes, não houvesse lisonja que fosse sem precedentes e pudesse revoltar os espíritos.

Antes que Roma fosse governada por um só, as riquezas dos principais entre os romanos eram imensas, quaisquer que fossem as vias por eles empregadas para adquiri-las. No período dos imperadores, quase todas lhes foram subtraídas: os senadores já não tinham esses grandes clientes que os cobriam de bens;[284] nas províncias não se poderia tirar nada, a não ser para César, sobretudo a partir do momento em que seus procuradores, que eram um tanto como são hoje nossos intendentes, foram nelas estabelecidos. Entretanto, ainda que secasse a fonte das riquezas, as despesas continuavam a existir, o padrão de vida estava adotado, e só se podia sustentá-lo mediante os favores do Imperador.

Augusto retirara do povo o poder de fazer leis e o de julgar os crimes públicos; mas lhe legara, ou ao menos parecia ter legado, o poder de eleger

---

283. Lúcio Élio Sejano (20 a.C.-31 d.C.) foi prefeito da guarda pretoriana, designado por Tibério, sob cujo governo se tornou, em dada altura, o homem mais influente de Roma. De origem humilde, galgou a hierarquia militar até se tornar líder dos pretorianos – da guarda pretoriana, que era a guarda de elite do imperador, da qual foi prefeito do ano 14 até sua morte, em 31. Logo se tornou o braço armado das políticas repressivas impostas por Tibério, após seu autoexílio em Capri. Passou a alimentar rancor contra esse mesmo Tibério, que impediu sua entrada para a família imperial, a despeito de se casar com a viúva do filho do imperador. No ano 31, ao ser nomeado cônsul, arquitetou uma conspiração contra o imperador para tomar seu lugar. Descoberto o plano, Tibério mandou executá-lo. (N.T.)

284. *Nota suprimida*: Os grandes de Roma estavam já pobres no tempo de Augusto; não havia quem quisesse ser edil ou tribuno da plebe; tampouco se importavam em ser senadores. (Edição de 1734.)

os magistrados. Tibério, que temia as assembleias de um povo tão numeroso, retirou-se ainda esse privilégio e o conferiu ao Senado, ou seja, a si próprio.[285] Ora, não se poderia imaginar o quanto essa decadência do poder do povo aviltou a alma dos nobres. Quando o povo dispunha das dignidades, os magistrados que as disputavam cometiam uma série de baixezas; porém estas vinham acompanhadas de certa magnificência que as escondia, fosse porque oferecessem jogos ou banquetes ao povo, fosse por lhe distribuírem dinheiro ou grãos. Por vil que fosse o motivo, o meio tinha algo de nobre, porque a um grande homem é sempre conveniente obter as graças do povo mediante liberalidades. Mas, uma vez que o povo já nada tivesse a dar, e que o príncipe, em nome do Senado, dispusesse de todos os cargos, estes passaram a lhes ser solicitados e obtidos por vias indignas: a bajulação, a infâmia, os crimes foram as artes necessárias para se chegar a eles.

No entanto, não parece que Tibério quisesse aviltar o Senado: não havia nada de que se queixasse mais que do pendor que arrastava essa instituição à servidão; quanto a isso, toda a sua vida se encontra repleta de desgostos. Mas ele era como a maior parte dos homens: queria coisas contraditórias; sua política geral não estava de acordo com suas paixões particulares. Ele teria desejado um senado livre e capaz de fazer respeitar seu governo; mas queria também um Senado que, a todo instante, aplacasse seus temores, seus ciúmes, seus ódios; enfim, o homem de Estado continuamente cedia ao homem.

Dissemos que, em época anterior, o povo obtivera dos patrícios a possibilidade de ter magistrados que dele proviessem, que o defendessem dos insultos e das injustiças que se lhes fizessem. Para que tais homens pudessem exercer esse poder, eles eram declarados sagrados e invioláveis, e se ordenou que seria imediatamente punido com a morte aquele que maltratasse um tribuno, por ações ou palavras. Ora, estando os imperadores revestidos do poder dos tribunos, deles obtiveram os privilégios, e é com base nesse fundamento que se fizeram morrer tantas pessoas, que os delatores puderam enfim exercer seu ofício com tanta tranquilidade, e a acusação de lesa-majestade, esse crime, diz Plínio,[286] daqueles a quem não se podia imputar crime algum, foi ampliada a quem bem se entendesse.

---

285. Tibério, *Anais*, livro I; Dion, livro LIV. Calígula restabelece os comícios e os suprime em seguida. (Edição de 1734.)

286. Caio Plínio Cecílio Segundo (*c.* 61-114), também conhecido como Plínio, o Jovem, foi brilhante orador (*Panegírico de Trajano*, do ano 100), além de jurista, político e governador imperial na Bitínia (111-112). Os escritos sobre a grande erupção do Vesúvio, em 79 d.C.,

Creio, no entanto, que algumas dessas peças de acusação não eram tão ridículas quanto hoje nos parecem, e não posso pensar que Tibério tivesse podido acusar um homem por ter vendido, juntamente com sua casa, a estátua do Imperador, ou que Domiciano fizesse condenar à morte uma mulher por ela ter se despido diante de sua imagem, ou um cidadão, por ter a descrição de toda a Terra pintada nas paredes de seu quarto, se tais ações despertassem no espírito dos romanos tão somente a ideia que hoje despertam em nós. Creio que parte disso se baseou no fato de que, tendo Roma mudado de governo, o que hoje nos parece sem maior importância poderia tê-la então. Faço essa avaliação pelo que hoje vemos em uma nação da qual não se pode suspeitar de tirania, e na qual é proibido beber à saúde de determinada pessoa.

Não posso prescindir de nada que sirva para tornar conhecido o gênio do povo romano. Tão acostumado ele estava a obedecer e a fazer da diferença de seus senhores toda a sua felicidade, que, após a morte de Germânico[287], manifestou expressões de luto, de pesar e desespero como hoje não há entre nós. É preciso ver os historiadores descreverem a desolação pública, tão imensa, tão prolongada, tão pouco moderada;[288] e de modo algum se tratava de uma encenação, pois o corpo inteiro do povo não finge, não adula e não dissimula.

O povo romano, que já não tinha parte no governo e se compunha quase inteiramente de libertos ou de pessoas sem aptidão, que viviam às expensas do tesouro público, sentia apenas a sua impotência; afligia-se como as crianças e as mulheres, que ficavam desoladas pelo sentimento de sua fraqueza: sentia-se mal; depositara seus temores e suas esperanças na pessoa de Germânico, e, em lhe sendo retirado esse objeto, caiu em desespero.

    são de sua autoria. No ano de 93 foi nomeado pretor e, no ano 111, cônsul e governador da Bitínia. (N.T.)

287. Nero Cláudio Druso Germânico (15 a.C.-19 d.C.), que passou a se chamar Júlio César Germânico, foi um dos maiores generais da história de Roma. Era enteado do imperador Otávio Augusto e irmão mais novo do futuro imperador Tibério, por quem foi adotado como filho. Talentoso e muito popular, mesmo junto do imperador, seu padrasto, durante algum tempo Augusto o considerou seu provável sucessor. Após as vitórias nas províncias da Panônia e da Dalmácia, comandou as forças romanas que ocuparam os territórios germânicos entre os rios Reno e Elba, tendo sido o responsável pela construção da fossa drusiana, canal entre o Reno e o mar do Norte. Por sua importância na consolidação da supremacia de Roma sobre a Germânia, em 12 a.C., recebeu o apelido "Germânico". No ano 4, o imperador Augusto se decidiu pelo enteado Tibério, mas o forçou a tomar Nero Germânico como sucessor. O imperador ainda viria a nomeá-lo cônsul no ano 12, após cinco mandatos sucessivos como questor. (N.T.)

288. Ver Tácito.

Não há ninguém com tanto receio da desgraça quanto aqueles a quem a miséria de sua condição os pudesse tranquilizar, e que deveriam dizer com Andrômaca: "Oxalá eu temesse!". Em Nápoles há hoje 50 mil homens que vivem apenas de verduras, e seu único bem é a metade de uma roupa de linho.[289] Essas pessoas, as mais desafortunadas sobre a Terra, caem em terrível abatimento à menor fumaça do Vesúvio; são néscias a ponto de temer se tornar infelizes.

---

289. Montesquieu viajou pela Itália entre 1728 e 1729, e, em passagem por Nápoles, fez apontamentos sobre os "lazzaroni" (nome dado aos indigentes da cidade), observando que seriam os homens mais miseráveis da Terra. (N.T.)

CAPÍTULO XV

DOS IMPERADORES, DE CAIO CALÍGULA A ANTONINO

Calígula[290] sucedeu a Tibério. Dizia-se dele que nunca houve melhor escravo, nem senhor mais perverso. Essas duas coisas estão frequentemente ligadas; pois a mesma disposição de espírito que faz com que se fique vivamente impressionado pelo poder ilimitado daquele que comanda faz com que não menos se fique quando ele próprio chega a comandar.

Calígula restabelece os comícios,[291] que Tibério havia eliminado, e abole o crime arbitrário de lesa-majestade, que ele havia criado. Disso se pode inferir que os primórdios do reinado dos maus príncipes não raro são tal e qual o início do reinado dos bons, porque, por um espírito de contradição em relação à conduta daqueles a quem sucedem, podem fazer o que os outros fazem por virtude, e é a esse espírito de contradição que devemos inúmeras boas leis, assim como outras tantas leis ruins.

O que se ganhou com isso? Calígula eliminou as acusações de crimes de lesa-majestade, mas mandou executar militarmente todos os que o desagradavam, e não se tratava apenas de alguns senadores que ele não gostava; mantinha o gládio suspenso sobre o Senado, ameaçando exterminá-lo por completo.

---

290. Caio Júlio César Augusto Germânico, apelidado Calígula (12-41 d.C.), filho mais novo de Germânico e sobrinho do imperador Tibério, foi o terceiro imperador romano, conhecido por sua natureza extravagante e cruel. O apelido "Calígula" lhe foi dado pelos soldados das legiões comandadas por seu pai, que achavam graça em vê-lo, ainda criança, usando as pequenas *caligæ* (sandálias militares). Sobre seu reinado, nenhuma das fontes que sobreviveu o descreve de modo favorável; muito mais, centram-se em sua demência, crueldade e perversidade sexual. Entre seus escândalos, está o de manter relações incestuosas com suas irmãs, chegando a obrigá-las a se prostituir. Quis nomear seu cavalo, Incitatus, cônsul e sacerdote. Foi o primeiro imperador a se apresentar diante do povo como um deus. (N.T.)

291. Ele os suprimiu na sequência.

Essa assustadora tirania dos imperadores advinha do espírito geral[292] dos romanos. Uma vez que de repente caíam sob um governo arbitrário, e uma vez que quase não havia intervalo entre o comandar e o servir, de modo algum foram preparados para essa transição por meio de costumes brandos; o ânimo exaltado permaneceu; os cidadãos foram tratados como eles próprios haviam tratado os inimigos vencidos, e foram governados do mesmo modo. O Sila que entrou em Roma não foi homem diferente do Sila que entrou em Atenas: exerceu o mesmo direito das gentes. Quanto aos Estados que foram apenas insensivelmente subjugados, quando lhe faltam leis eles continuam a ser governados pelos costumes.

A visão contínua dos combates dos gladiadores tornava os romanos extremamente ferozes: comentou-se que Cláudio se tornou mais inclinado a derramar sangue por força de assistir a esse tipo de espetáculos. O exemplo desse imperador, que era de uma natural afabilidade e cometeu tantas crueldades, deixa claro que a educação de sua época era diferente da nossa.

Os romanos, acostumados a desprezar a natureza humana na pessoa de seus filhos e de seus escravos,[293] de modo algum podiam conhecer a virtude que chamamos de humanidade. De onde poderia provir essa ferocidade que encontramos nos habitantes de nossas colônias senão desse uso contínuo de castigos impostos a uma parcela desafortunada do gênero humano? Quando se é cruel na civilização, o que se pode esperar da brandura e da justiça natural?

Na história dos imperadores, cansamos de ver o número infinito de pessoas que eles fizeram morrer para confiscar seus bens. Não encontramos nada semelhante nos historiadores modernos. Isso, como acabamos de dizer, deve ser atribuído a costumes mais brandos e a uma religião mais repressora; além do mais, não se tem, se se pensar em despojar, as famílias daqueles tais senadores que devastaram o mundo. Da mediocridade de nossas fortunas extraímos a vantagem de elas serem mais seguras: não vale a pena devastarem nossos bens.[294]

O povo de Roma, que era chamado de *plebe*, não odiava os piores imperadores. Depois de perder o Império e não mais se ocupar da guerra,

---

292. "Espírito geral" (de uma sociedade) é um conceito tratado por Montesquieu no livro XIX de *O espírito das leis* (parte III), em que aborda as relações com os princípios que formam o espírito geral de uma sociedade, os costumes e as maneiras de um povo. (N.T.)
293. Ver as leis romanas sobre o poder dos pais e o poder das mães.
294. O duque de Bragança tinha posses imensas em Portugal. Quando se revoltou, o rei da Espanha foi cumprimentado pelo vultoso confisco de que iria dispor.

tornou-se o mais vil de todos os povos; ele via o comércio e as artes como coisas próprias apenas aos escravos, e as distribuições de trigo que recebia faziam com que negligenciasse as terras; acostumara-se aos jogos e aos espetáculos. Quando já não havia tribunos a ouvir, nem magistrados a eleger, essas coisas vãs se lhe tornaram necessárias, e sua ociosidade fez com que lhe aumentasse o gosto por elas. Calígula, Nero, Cômodo, Caracala foram pranteados pelo povo por sua própria loucura: pois amavam com furor o que o povo amava, e contribuíam com todo o seu poder, e até com sua pessoa, para esses prazeres; prodigalizavam ao povo todas as riquezas do Império, e, quando estivessem esgotadas, o povo, ao ver impiedosamente despojadas todas as grandes famílias, usufruiu dos frutos da tirania e usufruiu deles de maneira pura, pois a segurança daqueles estava em sua baixeza. Tais príncipes, naturalmente, odiavam as pessoas de bem: sabiam que não eram aprovados por elas.[295] Indignados com a contradição ou com o silêncio de um cidadão austero, enlevados com os aplausos do populacho, chegavam a imaginar que seu governo fazia a felicidade do povo e que só mesmo as pessoas mal-intencionadas o pudessem censurar.

[...][296]

Calígula era um verdadeiro sofista em sua crueldade. Como descendesse em igual medida de Antônio e de Augusto, dizia que puniria os cônsules caso eles celebrassem o dia de júbilo criado em memória da vitória de Ácio, e que os puniria se não o celebrassem. E estando morta Drusília, a quem ele concedera honrarias divinas, tornou-se crime pranteá-la, por se tratar de uma deusa, e não a prantear, porque era sua irmã.

É aí que nos cabe observar o espetáculo das coisas humanas. Que se veja, na história de Roma, tantas guerras empreendidas, tanto sangue derramado, tantos povos destruídos, tantas grandes ações, tantos triunfos,

---

295. Os gregos tinham jogos em que era decente combater, assim como era glorioso vencer; os romanos tinham apenas espetáculos, em particular o dos infames gladiadores. Ora, quando um grande personagem descia pessoalmente à arena ou subia ao teatro, a gravidade romana não o suportava. Como um senador romano poderia se decidir a fazê-lo, ele que por lei era proibido de contrair qualquer aliança com pessoas a quem os desgostos ou os próprios aplausos do povo houvessem difamado? Surgiram, no entanto, os imperadores, e a tal loucura, que neles mostrava o maior desregramento do coração, um desprezo pelo que fosse belo, pelo que fosse honesto, pelo que fosse bom, os historiadores sempre a fizeram assinalar com a marca da tirania.
296. *Passagem suprimida*: Quando um imperador dava mostras de força e habilidade, como quando Cômodo, diante de inúmeras pessoas, matava animais com uma facilidade tão singular, cabia-lhe atrair a admiração do povo e dos soldados, pois naquele tempo a habilidade e a força eram qualidades necessárias para a arte militar. (Edição de 1734.)

tanta política, tanta sabedoria, e prudência, e constância, e coragem! Esse projeto de tudo invadir, tão bem formado, tão bem sustentado e tão bem concluído, a que levou senão a saciar o desejo de cinco ou seis monstros? Mas quê! Aquele Senado fez desaparecerem tantos reis tão somente para ele próprio cair sob a mais vil escravidão de alguns de seus mais indignos cidadãos e ser exterminado por seus próprios decretos? Com isso então se eleva seu poderio, somente para o ver mais bem derrubado? Os homens se esforçariam para aumentar seu poder apenas para o ver cair, contra eles próprios, em mãos mais afortunadas?

Tendo sido morto Calígula, o Senado se reuniu para estabelecer uma forma de governo. Ao tempo em que deliberava, alguns soldados entraram no palácio para o saquear; em um canto obscuro, encontraram um homem tremendo de medo; era Cláudio: saudaram-no *Imperador*.

Cláudio[297] acabou de destruir as antigas ordens ao dar a seus oficiais o direito de administrar a justiça.[298] As guerras de Mário e de Sila foram travadas sobretudo para saber a quem caberia esse direito, se aos senadores ou aos cavaleiros.[299] Um delírio de um imbecil retirou-o tanto de uns quanto de outros: estranho resultado para uma disputa que incendiara todo o universo!

Não existe autoridade mais absoluta que a do príncipe que sucede à República: afinal, ele se descobre detentor de todo o poder do povo, o qual ele não soube limitar a si mesmo. Por isso, hoje vemos os reis da Dinamarca exercerem o poder mais arbitrário que há na Europa.[300]

O povo jamais foi menos aviltado que o Senado e os Cavaleiros. Vimos que, até à época dos imperadores, ele tinha sido belicoso a ponto de os

---

297. Tibério Cláudio César Augusto Germânico (10 a.C.-54 d.C.) foi o quarto imperador romano, e o primeiro nascido fora da península itálica (em Lion, na Gália). Em virtude de suas deficiências físicas, foi mantido fora do poder, até seu sobrinho, Calígula, tornado imperador, nomeá-lo cônsul e senador. Foi proclamado imperador pela guarda pretoriana, que via nele um títere fácil de controlar. Ainda que personagem de fato vulnerável, seu governo foi de grande prosperidade, nos campos administrativo e militar. As fronteiras do Império Romano foram expandidas, tendo conquistado a Britânia. De acentuado interesse pelo direito, o imperador Cláudio presidia juízos públicos e promulgou numerosos éditos, que cobriam grande número de questões, de conselhos médicos a ditados morais. (N.T.)
298. Augusto tinha estabelecido os procuradores; mas eles não dispunham de jurisdição alguma, e, quando não eram obedecidos, fazia-se necessário recorrer à autoridade do governador da província ou do pretor. Porém, sob Cláudio, passaram a ter jurisdição comum, como lugares-tenentes da província; julgaram ainda as questões fiscais, o que pôs em suas mãos as fortunas de todos.
299. Ver Tácito, *Anais*, livro XII.
300. À época de Montesquieu, reinava Frederico III, que introduziu a monarquia absoluta na Dinamarca. (N.T.)

exércitos arregimentados na cidade se disciplinarem de forma imediata e ir direto enfrentar o inimigo. Nas guerras civis de Vitélio e Vespasiano,[301] Roma, às voltas com todos os ambiciosos e repleta de burgueses tímidos, tremeu diante do primeiro destacamento de soldados que dela conseguia se aproximar.

A situação dos imperadores não era melhor. Como não era um único exército a ter o direito ou a ousadia de eleger um imperador, bastava que um deles fosse eleito por um exército para se tornar desagradável aos outros, que logo o denominavam competidor.

Assim como a grandeza da República foi fatal ao governo republicano, a grandeza do Império o foi para a vida dos imperadores. Se tivessem um país medíocre para defender, teriam mantido apenas um exército principal, que, uma vez tendo-os eleito, teria respeitado a obra de suas mãos.

Os soldados tinham se apegado à família de César, que era o garante de todas as vantagens que a revolução lhes proporcionara. Veio o tempo em que as grandes famílias de Roma foram todas exterminadas pela de César, e que a de César, na pessoa de Nero[302], ela própria pereceu. O poder civil, que fora incessantemente reduzido, viu-se sem condições de contrabalançar o militar: cada exército queria fazer um imperador.

Comparemos agora as épocas. Quando Tibério iniciou seu reinado, que vantagens não tirou do Senado?[303] Ele soube que os exércitos da Ilíria e da Germânia haviam se sublevado: atendeu a algumas de suas exigências e

---

301. Em 68 d.C., após o suicídio do imperador Nero, seguiu-se um breve interregno de guerras civis. Entre junho de 68 e dezembro de 69, Roma testemunhou a ascensão e a queda de Galba, Óton, Vitélio e Vespasiano, no período que passou à história como "Ano dos Quatro Imperadores". O período terminou com a prisão e morte de Vitélio pelos homens de Vespasiano, que se alçou ao poder por um período de dez anos. (N.T.)

302. Nero Cláudio César Augusto Germânico (37-68) ascendeu ao trono após a morte de seu tio Cláudio, que o nomeara sucessor. Em seu reinado, como amante das artes e do prazer, construiu uma série de ginásios e teatros, que à época eram mal vistos e associados às classes baixas, com as quais Nero, aliás, comprazia-se em sua ânsia por popularidade. Diplomática e militarmente, seu reinado se caracterizou pela conquista do Império Parta, na Ásia Menor, pela repressão da revolta dos britânicos e pela melhoria das relações com a Grécia. Mas é à tirania e à extravagância que normalmente se associa o seu reinado, lembrado por uma série de execuções sistemáticas, incluindo a de sua própria mãe e de seu meio-irmão Britânico, e sobretudo pela disseminada crença de que, enquanto Roma ardia, ele estaria compondo e cantando com sua lira. Também teria sido um implacável perseguidor dos cristãos. Tais relatos baseiam-se fundamentalmente nos escritos dos historiadores Tácito, Suetônio e Dião Cássio. No ano de 68, em um golpe de Estado perpetrado por vários governadores, Nero teria sido forçado a se suicidar. (N.T.)

303. Tácito, *Anais*, livro I.

sustentou que cabia ao Senado julgar as outras;[304] enviou-lhes representantes desse corpo. Os que deixaram de temer o poder podem ainda respeitar a autoridade. Quando se explicava aos soldados como, em um exército romano, os filhos do Imperador e os enviados do Senado romano corriam risco de perder a vida,[305] eles podiam se arrepender e até punir a si mesmos.[306] Mas quando o Senado foi inteiramente abatido, seu exemplo não causou comoção. Foi em vão que Óton se dirigiu a seus soldados, para lhes falar da dignidade do Senado;[307] em vão Vitélio enviou os principais senadores para fazer sua paz com Vespasiano:[308] em momento algum prestou às ordens do Estado o respeito que havia tanto lhes fora subtraído. Os exércitos viram esses deputados tão só como os escravos mais covardes de um senhor que eles já tinham reprovado.

Era um antigo costume dos romanos que o vencedor distribuísse alguns denários a cada soldado: não era muito.[309] Nas guerras civis, essas doações passaram por um aumento.[310] Em outros tempos, elas eram feitas com dinheiro tomado dos inimigos; nesses tempos infelizes, dava-se o dinheiro dos cidadãos, e os soldados queriam uma partilha quando não havia butim. Essas distribuições só se davam depois de uma guerra; Nero as fez em tempo de paz; os soldados se acostumaram a isso e se convulsionaram contra Galba, que corajosamente lhes disse que não sabia comprá-los, mas os sabia escolher.

Galba, Oton,[311] Vitélio mais não fizeram do que passar. Vespasiano, tal como eles, foi eleito pelos soldados. Durante todo o seu reinado, só fez pensar em restabelecer o Império, que fora sucessivas vezes ocupado por seis tiranos igualmente cruéis, quase todos furiosos, não raro imbecis e, para o cúmulo da infelicidade, pródigos até a loucura.

---

304. *Cætera senatui servanda.* (Tácito, *Anais*, livro I.)
305. Ver a arenga de Germânico. (Tácito, *Anais*, livro I.)
306. *Gaudebat cædibus miles, quasi semet absolveret.* (Ibid.) – Revoga-se na sequência os privilégios extorquidos (Ibid.).
307. Tácito, *História*, livro I.
308. Ibid., livro III.
309. Em Tito Lívio, ver as somas distribuídas nos vários triunfos. O espírito dos capitães era o de levar muito dinheiro ao tesouro público e pouco dar aos soldados.
310. Numa época em que a grandeza das conquistas fizera aumentar as prodigalidades, Paulo Emílio distribuiu não mais que 100 denários a cada soldado; mas César lhes deu 2 mil denários, e seu exemplo foi seguido por Antônio e Otávio, por Bruto e Cássio. Ver Dion e Apiano.
311. *Suscepere duo manipulares imperium Populi romani transferendum, et transtulerunt* (Tácito, *História*, livro I).

Tito, que lhe sucedeu, fez o deleite do povo romano.[312] Domiciano revelou-se um novo monstro, mais cruel ou, pelo menos, mais implacável que os que o tinham precedido, porque era mais tímido.

Seus libertos mais caros e, ao que disseram alguns, sua própria esposa, vendo que era tão perigoso em suas amizades quanto em seus ódios, e que não tinha limite para suas desconfianças, nem para suas acusações, dele se livraram. Antes de dar o golpe, passaram os olhos por algum sucessor e escolheram Nerva[313], venerável ancião.

Nerva adotou Trajano[314], o príncipe mais consumado de que algum dia a história falou. Era uma felicidade nascer sob seu reinado: não houve nada tão feliz nem tão glorioso para o povo romano. Grande homem de Estado, grande capitão, dono de um bom coração, que o conduzia ao bem, espírito esclarecido, que lhe mostrava o melhor, alma nobre, grande, bela, com todas as virtudes, sem ser extrema em nenhuma delas, enfim, o homem mais adequado para honrar a natureza humana e representar a divina.

Ele executou o projeto de César e travou com sucesso a guerra contra os partas. Qualquer outro teria sucumbido em uma empresa em que os perigos a todo o tempo se faziam presentes, e os recursos, distantes, empresa em que se fazia necessário absolutamente vencer, e em que não havia certeza de não perecer após ter vencido.

A dificuldade consistia na situação dos dois impérios e na maneira de guerrear dos dois povos. Tomava-se o caminho da Armênia, em direção às

---

312. Montesquieu se refere a Tito Flávio Vespasiano Augusto (39-81) e a seu irmão Tito Flávio Domiciano (51-96). O que houve de mais notório em seu breve reinado foi o programa de construção de edifícios públicos em Roma. Alcançou enorme popularidade também em razão da generosidade com que atendeu às vítimas dos desastres que o Império sofreu durante seu reinado: a erupção do Vesúvio, em 79 d.C., que consumiu as cidades de Pompeia e Herculano, e o segundo incêndio que devastou Roma, em 80 d.C. Seu irmão Domiciano é descrito pelas fontes clássicas – basicamente Tácito, Plínio, o Jovem, e Suetônio – como um tirano cruel e paranoico, entre os mais odiados de Roma. Já a historiografia mais recente o descreve como um autocrata impiedoso, porém eficiente; no terreno da cultura e da economia, seus programas de caráter pacífico foram precursores do próspero século II d.C. (N.T.)

313. Marco Coceio Nerva (30-98). Embora pouco se saiba de grande parte de sua vida e mesmo de seu breve reinado (96-98), é considerado pelos historiadores antigos um imperador sábio e moderado, interessado no bem-estar econômico e na redução das despesas do governo. O historiador moderno Edward Gibbon tem Nerva e seus quatro sucessores por "os cinco bons imperadores". (N.T.)

314. Marco Úlpio Nerva Trajano (53-117), sucessor de Nerva. Durante a sua administração, o Império Romano atingiu sua maior expansão territorial, graças às conquistas do Leste. Eficiente administrador, seu governo foi marcado pelos extensos programas de obras públicas e pelas políticas sociais. Manteve contato permanente e íntimo com a intelectualidade romana, reativou o comércio e a agricultura, reduziu a carga tributária e, admirado pelo Senado, recebeu deste o título de *Optimus Princeps*. (N.T.)

fontes do Tigre e do Eufrates? Encontrava-se um país montanhoso e difícil, onde não era possível conduzir comboios, de modo que o Exército se via semiarruinado já antes de chegar à Média.[315] Entrava-se mais pelo sul, por Nísibe? Encontrava-se um pavoroso deserto, a separar os dois impérios. A intenção era passar ainda mais ao sul e ir pela Mesopotâmia? Atravessava-se um país em parte inculto, em parte submerso, e, indo o Tigre e o Eufrates do norte ao sul, não se podia adentrar o país sem sair desses rios, nem deles sair sem perecer.

Quanto à maneira de fazer à guerra das duas nações, a força dos romanos consistia em sua infantaria, a mais forte, a mais firme e a mais disciplinada do mundo.

Os partas não tinham infantaria, mas tinham uma cavalaria admirável. Combatiam de longe e fora do alcance das armas romanas; a lança dificilmente os podia atingir; suas armas eram o arco e as flechas temíveis. Muito mais cercavam um exército do que o combatiam. Inutilmente eram perseguidos, já que, entre eles, fugir era combater, e faziam com que os povos se retirassem à medida que se aproximava, deixavam nas praças apenas as guarnições e, quando aquelas eram tomadas, fazia-se necessário destruí-las. Queimavam com arte a região inteira em torno do exército inimigo, eliminando-lhe até a grama. Enfim, naquelas fronteiras faziam a guerra um pouco como se a faz em nossos dias.

Além disso, as legiões da Ilíria e da Germânia, que foram deslocadas para essa guerra, não lhe eram adequadas:[316] os soldados, em seu país habituados a comer em grande quantidade, ali pereceram quase todos.

Assim, o que nenhuma nação tinha feito ainda, evitar o jugo dos romanos, a dos partas fez, não como invencível, mas como inacessível.

Adriano[317] abandonou as conquistas de Trajano e limitou o Império ao Eufrates.[318] É admirável que, após tantas guerras, os romanos só tivessem

---

315. A região não tinha árvores suficientemente grandes para que se construíssem máquinas de guerra capazes de sitiar praças. Plutarco, *Vida de Antônio*.
316. Ver Herodiano, *Vida de Alexandre*.
317. Públio Élio Trajano Adriano, mais conhecido como Adriano, foi imperador de 117 a 138, e considerado um dos "cinco bons imperadores". Em seu governo, deteve a política expansionista e procurou consolidar territórios conquistados. Foi com esse intuito que construiu grande número de fortificações contínuas na Germânia e na Inglaterra – como exemplo tem-se aí a célebre Muralha de Adriano, do ano de 122, que durante séculos serviu de fronteira entre a Inglaterra e a Escócia. Foi um viajante incansável, visitando as várias províncias do Império – teria passado doze anos do seu reinado fora de Roma. Letrado e humanista, foi um grande admirador da cultura grega e um dos responsáveis pela propagação do helenismo no mundo antigo. (N.T.)
318. Ver Eutropo. A Dácia só veio a ser abandonada sob Adriano.

perdido a que quiseram abandonar, tal como o mar, que só é menos extenso quando ele próprio se retira.

A conduta de Adriano provocou uma série de murmurações: nos livros sagrados dos romanos[319] lia-se que, quando Tarquínio, quando quis erigir o Capitólio, viu que o local mais conveniente estava ocupado pelas estátuas de muitas outras divindades. Inquiriu, por meio do conhecimento que tinha dos augúrios, se elas não desejariam ceder seu lugar a Júpiter. Todos consentiram nisso, à exceção de Marte, da Juventude, e do deus Término. A partir daí, estabeleceram-se três convicções religiosas: que o povo de Marte a ninguém cederia o lugar que ocupava; que a juventude romana de modo algum seria superada; e o deus Término dos romanos, por fim, não recuaria jamais: isso aconteceu, entretanto, sob Adriano.

---

319. Santo Agostinho, *Da cidade de Deus*, livro IV, cap. XXIII e XXIX.

CAPÍTULO XVI

DO ESTADO DO IMPÉRIO, DE ANTONINO A PROBO

Naquela época, a seita dos estoicos[320] se estendia e se creditava no Império. Parecia que a natureza humana tinha feito um esforço para ela própria produzir essa seita admirável, que era como as plantas que a Terra faz nascer em locais que o céu jamais viu.

A essa seita os romanos deveram os melhores imperadores. Nada é capaz de fazer esquecer o primeiro Antonino[321] a não ser Marco Aurélio[322], que ele adotou. Sente-se em si mesmo um secreto prazer quando se fala desse imperador; não se pode ler sua vida sem uma espécie de enternecimento; tal é o efeito que ela produz, de se ter uma melhor opinião de si, porque se tem uma melhor opinião dos homens.

---

320. Uma das grandes correntes filosóficas do período helenista, o estoicismo foi fundado por Zenão de Cício por volta do ano 300 a.C. Entre seus fundamentos, tinha-se o conceito de uma Razão divina a reger o mundo e tudo o que há no mundo segundo uma ordem necessária e perfeita; a doutrina pela qual o homem é guiado infalivelmente pela razão, assim como o animal o é infalivelmente pelo instinto; a condenação irrestrita das emoções e a exaltação da apatia como ideal do sábio; o cosmopolitismo, isto é, a doutrina segundo a qual o homem não é cidadão de um país, mas do mundo. (N.T.)

321. Tito Aurélio Fúlvio Boiônio Árrio Antonino Pio, conhecido como Antonino Pio (86-161), foi o quarto dos "cinco bons imperadores", sucedendo a Adriano, por quem fora adotado como filho. Antonino exerceu o poder em harmonia com o Senado, ainda que não lhe cedesse parcela real de poder. Seu governo foi de austeridade, não de conquistas ou edificações militares, salvo uma campanha ao norte da fronteira da Britânia, que lhe rendeu a Muralha de Antonino, ao norte da Muralha de Adriano, entre as atuais Inglaterra e Escócia. (N.T.)

322. César Marco Aurélio Antonino Augusto (121-180), conhecido como Marco Aurélio, foi imperador de 161 até sua morte. Além da prosperidade, seu período à frente de Roma foi marcado por guerras na porção oriental, contra os partas, e na fronteira norte, contra os germanos. Tendo sido o último dos "cinco bons imperadores", notabilizou-se como governante bem-sucedido e culto; representante do estoicismo, foi também filósofo, e sua *Meditações* é obra lida até hoje. (N.T.)

A sabedoria de Nerva, a glória de Trajano, o valor de Adriano, as virtudes dos dois Antoninos se fizeram respeitar aos soldados; porém, tão logo novos monstros lhe tomaram o lugar, o abuso do governo militar apareceu em todo o seu excesso, e os soldados que tinham vendido o império assassinaram os imperadores para obter novo preço.

Diz-se que há no mundo um príncipe que trabalha já há quinze anos para abolir em seus Estados o governo civil, e ali estabelecer o governo militar. De modo algum quero fazer reflexões odiosas sobre esse desígnio. Direi tão somente que, pela natureza das coisas, 200 guardas podem pôr em segurança a vida de um príncipe, e não 80 mil guardas; além disso, é mais perigoso oprimir um povo armado que outro que não o estiver.

Cômodo[323] sucedeu a Marco Aurélio, seu pai. Era um monstro, que seguia todas as suas paixões, e as de seus ministros e as de todos os seus cortesãos. Os que dele livraram o mundo puseram em seu lugar Pertinax[324], venerável ancião, que os soldados pretorianos logo massacraram.

Puseram o império a leilão, e Dídio Juliano[325] o ganhou por suas promessas. Isso a todos revoltou: afinal, embora o império várias vezes tivesse sido comprado, ainda não tinha sido regateado. Pescênio Níger[326], Severo e

---

323. Lúcio Aurélio Cômodo Antonino (161-192) foi nomeado coimperador de Roma pelo pai, Marco Aurélio, no ano de 176, e passaram a governar juntos até a morte de Marco Aurélio. Em seu reinado, renunciou às conquistas de territórios. E por mais que isso se justificasse pela escassez de recursos econômicos, tal atitude provocou a indisposição dos poderosos grupos tradicionalistas do Senado, com os quais entrou em atrito desde o início. A imagem tradicional de Cômodo como um "mau" imperador provavelmente vem daí. Tinha enorme apreço por espetáculos violentos e morreu vítima de um complô, estrangulado por um escravo campeão de lutas. (N.T.)
324. Públio Hélvio Pertinax (126-193) foi imperador durante o breve período entre o assassinato de Cômodo e a sua própria morte. Foi assassinado por um contingente de 300 pretorianos, como vingança por ter pago apenas a metade de uma recompensa prometida. (N.T.)
325. Marco Dídio Severo Juliano (133-193), também conhecido como Juliano I, foi imperador por apenas dois meses. Por ocasião da morte de seu antecessor Pertinax, tal era o estado de anarquia no Império Romano, que o trono acabou submetido a um vergonhoso leilão, entre ele e Tito Flávio Sulpiciano. Dídio Juliano ofereceu soma assombrosa aos corrompidos pretorianos, a qual não pôde pagar em tempo hábil. Em um período altamente convulsionado, acabou morto por soldados insuflados pelos senadores. (N.T.)
326. Caio Pescênio Níger (140-194) era governador da província romana da Síria e foi proclamado imperador pelas legiões orientais do Império após o assassinato de Pertinax e o "leilão" do título imperial feito a Dídio Juliano. Entre as províncias que ficaram sob seu controle estava o Egito, e ele conseguiu também o apoio do governo da Ásia, que ocupou Bizâncio em nome de Níger. Ocorre que outro general rebelde, Sétimo Severo (146-211), da Panônia Superior, marchou sobre Roma e, aliando-se a Clódio Albino (147-197), que governava a Britânia, seguiu em direção ao Oriente, onde derrotou Níger, em 194, e declarou Albino inimigo público. As tropas de Albino, bem treinadas em consequência de anos de guerra contra os caledônios,

Albino foram saudados *imperadores*, e Juliano, sem poder pagar as somas imensas que havia prometido, foi abandonado por seus soldados.

Severo desafiou Níger e Albino. Ele tinha grandes qualidades; mas a doçura, esta primeira virtude dos príncipes, era algo que lhe faltava.

O poder dos imperadores podia parecer tirânico mais facilmente que o dos príncipes de nossos dias. Como sua dignidade fosse um conjunto de todas as magistraturas romanas, e como, sob o título de imperadores, eram ditadores, tribunos do povo, pró-cônsules, censores, grandes pontífices e, quando assim o desejavam, cônsules, que não raro exerciam a justiça distributiva. Por isso, com facilidade podiam fazer supor com que se suspeitasse de que tinham oprimido aqueles a quem condenavam, já que o povo comumente julga o abuso do poder pela grandeza do poder. Os reis da Europa, por sua vez, legisladores e não executores da lei, príncipes e não juízes, desencumbiam-se dessa parte da autoridade, que pode ser odiosa, e, enquanto eles próprios concediam as mercês, conferiam a distribuição das penas a magistrados particulares.

Não houve imperadores mais ciosos de sua autoridade que Tibério e Severo; entretanto, eles se deixaram governar, um por Sejano, o outro por Plauciano[327], de um modo vergonhoso.

O infeliz costume de proscrever, introduzido por Sila, continuou sob os imperadores, e era preciso mesmo que um príncipe tivesse alguma virtude para não o seguir: afinal, como seus ministros e seus favoritos logo lançavam olhos sobre tantos confiscos, só lhe falavam da necessidade de punir e dos perigos da clemência.

As proscrições de Severo fizeram com que muitos soldados de Níger[328] buscassem refúgio junto dos partas:[329] ensinaram-lhes o que faltava à sua

---

foram derrotadas por Severo em 197, em uma batalha que passou a ser considerada a maior e mais cruel entre os exércitos romanos. Morto Clódio Albino, Severo se tornou imperador romano, e assim permaneceu até sua morte, em 211. (N.T.)

327. Caio Fúlvio Plauciano foi nomeado prefeito pretoriano em 197, exercendo a função até sua morte, em 205. Quando a função de prefeito foi criada, nos tempos de Augusto, cabia-lhe comandar a guarda pretoriana, encarregada de garantir a proteção pessoal do imperador. Entretanto, aos poucos o prefeito passou a ser tido como o segundo personagem do Estado, um verdadeiro "vice-imperador", com a ampliação de suas atribuições, tendo incorporado atividades civis, sobretudo as de caráter jurídico. No reinado de Diocleciano, contudo, o cargo foi dividido em quatro prefeituras pretorianas, enquanto Constantino veio a abolir a guarda pretoriana, com os prefeitos perdendo definitivamente suas atribuições militares. (N.T.)

328. Herodiano, *Vida de Severo*.

329. O mal continuou sob Alexandre. Artaxerxes, que restabeleceu o império dos persas, tornou-se temível para os romanos, porque seus soldados, por capricho ou por libertinagem, desertaram em massa em direção a ele. (*Resumo de Xifilino*, do livro LXXX de Dion.)

arte militar, a fazer uso das armas romanas e mesmo a fabricá-las; isso fez com que esses povos, que via de regra se contentavam em se defender, logo virassem quase sempre agressores.[330]

É notável que, nessa sequência de guerras civis que surgiam a todo tempo, os que tinham as legiões da Europa quase sempre venciam os que tinham as legiões da Ásia,[331] e pela história de Severo se vê que ele não pôde tomar a cidade de Atra, na Árabia, porque, estando amotinadas as legiões da Europa, viu-se obrigado a usar as da Síria.

Essa diferença foi percebida desde que se começou a se fazer recrutamentos nas províncias,[332] e entre as legiões ela foi tão grande quando entre os próprios povos que, por natureza e por educação, são mais ou menos aptos à guerra.

Esses recrutamentos feitos nas províncias produziram outro efeito: os imperadores, comumente escolhidos na milícia, eram quase todos perigosos e, por vezes, bárbaros; Roma já não era a senhora do mundo, mas recebia leis de todo o Universo.

Cada imperador trouxe a ela alguma coisa de sua terra, fosse para as maneiras, fosse para os costumes, fosse para a polícia ou para o culto, e Heliogábalo[333] chegou a querer destruir todos os objetos de veneração de Roma e eliminar todos os deuses de seus templos, para ali colocar os seus.

Isso, independentemente das vias secretas que Deus escolheu, e que só ele conhece, bem serviu para o estabelecimento da religião cristã; pois já

---

330. Quero dizer os persas, que a eles se seguiram.
331. Severo desafiou as legiões asiáticas de Níger; Constantino, as de Licínio. Vespasiano, ainda que proclamado pelos exércitos da Síria, fez a guerra tão só contra Vitélio com as legiões da Mésia, da Panônia e da Dalmácia. Cícero, estando em seu governo, escrevia ao Senado dizendo que não se podia contar com os recrutamentos feitos na Ásia. Zózimo diz que Constantino venceu apenas Maxêncio, e graças à sua cavalaria. Sobre isso, ver, adiante, o sétimo parágrafo do cap. XXII [Vide p. 188].
332. Augusto devolveu corpos permanentes às legiões, posicionando-os em províncias. Nos primeiros tempos, os recrutamentos eram feitos apenas em Roma; na sequência, entre os latinos; depois, na Itália; enfim, nas províncias.
333. Sexto Vário Avito Bassiano (203-222) foi imperador romano entre 218 e 222. Durante a juventude, serviu como sacerdote do deus El-Gabal – em latim *Elagabalus*, de onde se originou sua alcunha Heliogábalo ou Elagábalo. Diversos historiadores creditam a Heliogábalo um desrespeito às tradições religiosas romanas, tendo procurado substituir o tradicional deus Júpiter pelo deus El-Gabal. Também pouco afeito aos tabus sexuais, rendia favores aos bajuladores masculinos que tinham a intenção de ser – ou efetivamente eram – seus amantes, e diz-se que se prostituía no palácio imperial. Todo esse comportamento o distanciou da guarda pretoriana, do Senado e dos cidadãos. Acabou assassinado junto com sua mãe, e ambos tiveram seus corpos arrastados pela cidade. (N.T.)

não havia nada de estrangeiro no Império, e estava-se aí preparado para receber todos os costumes que um imperador quisesse introduzir.

É sabido que os romanos receberam em sua cidade os deuses dos outros lugares; receberam-nos ao conquistá-los: e faziam com que fossem carregados nos triunfos. Mas quando os próprios estrangeiros os vinham restabelecer, de pronto se os reprimia. Sabe-se, ademais, que os romanos tinham o costume de dar às divindades estrangeiras os nomes das suas que com aquelas tivessem mais relação. Porém, tão logo os sacerdotes dos outros países quiseram fazer com que suas divindades fossem adoradas em Roma com seus próprios nomes, não foram tolerados, e esse foi um dos grandes obstáculos com que deparou a religião cristã.

Poderíamos chamar Caracala[334] não de tirano, mas de *destruidor dos homens*: Calígula, Nero e Domiciano tinham limitado suas crueldades a Roma; Caracala disseminaria seu furor por todo o Universo.

Com o intuito de acumular imensos tesouros, Severo[335] lançara mão das exações de um longo reinado e das proscrições dos que tinham seguido o partido de seus concorrentes a fim de acumular tesouros imensos.

Caracala, tendo iniciado seu reinado matando, com suas próprias mãos, seu irmão Geta, empregou suas riquezas para fazer com que seu crime

---

334. Lúcio Sétimo Bassiano (188-217) foi chamado Caracala, em razão do manto gaulês provido de capuz que usava com frequência. Com a ascensão ao poder por seu pai, Sétimo Severo, foi nomeado césar (herdeiro presuntivo) em 196 e indicado imperador em 197, vindo a ocupar o trono somente após a morte do pai, em 211. Inicialmente governou com o irmão mais novo, Geta, ambos alimentando fama de dissolutos e, entre si, uma intensa rivalidade que se transformou em ódio. Caracala mandou matar o irmão e, na condição de único imperador, empreendeu campanhas militares – na fronteira do Reno, do Danúbio e na Dácia –, altamente dispendiosas para o Estado. Talvez o evento mais marcante de seu reinado tenha sido a *Constitutio Antoniana*, ou Édito de Caracala, pela qual concedia a cidadania romana a todos os habitantes livres do império, com objetivo eminentemente fiscal: sem conferir direitos reais aos "beneficiados", visava a aumentar a base tributária mediante a cobrança de imposto sobre heranças. Odiado pela aristocracia e pelo Senado, foi assassinado durante uma campanha militar, provavelmente a mando de Macrino, que lhe sucederia no trono. (N.T.)

335. Lúcio Sétimo Severo (146-211) foi imperador romano – o primeiro de origem norte-africana, inaugurando a dinastia dos Severos – de 193 até sua morte. Militarmente, seu reinado se caracterizou pela vitoriosa guerra que aniquilou o Império Parta, e com isso a Mesopotâmia tornou a cair sob controle romano. Em seus últimos anos, teve de defender as fronteiras dos ataques dos bárbaros, sobretudo na Britânia, que punham em risco a integridade territorial do Império. No plano político, suas relações com o Senado foram das mais turbulentas, tendo ordenado a execução de dezenas de senadores acusados de corrupção e conspiração. Dissolveu a Guarda Pretoriana, substituindo-a por sua guarda pessoal, a fim de garantir total controle político e sua própria segurança. Ainda que sua ânsia pelo poder tenha convertido Roma em uma ditadura militar, foi um imperador bastante popular, tendo conseguido associar sua imagem à moralidade e ao combate à corrupção. (N.T.)

fosse tolerado pelos soldados, que amavam Gueta e diziam haver prestado juramento aos dois filhos de Severo, e não a um só.

Esses tesouros amealhados por príncipes quase sempre têm apenas efeitos funestos: corrompem o sucessor, que com eles se deslumbra, e se não lhe estragam o coração, estragam o espírito. Logo toma grandes iniciativas com um poder que lhe é acidental, não pode durar e não é natural, sendo mais inflado que engrandecido.

Caracala aumentou o pagamento dos soldados; Macrino escreveu ao Senado dizendo que esse aumento chegava a 70 milhões[336] de dracmas[337]. Ao que parece, esse príncipe inflacionava as coisas e, se se comparar a despesa às remunerações de nossos soldados de hoje com o restante das despesas públicas, e se se seguir a mesma proporção para os romanos, ver-se-á que essa soma teria sido enorme.

É preciso investigar qual seria a remuneração do soldado romano. Por meio de Orósio[338] sabemos que Domiciano aumentou em um quarto o pagamento estabelecido.[339] Ao que parece, segundo o discurso de um soldado reproduzido em Tácito, o soldo, por ocasião da morte de Augusto, era de dez onças de cobre.[340] Em Suetônio constatamos que César em seu tempo o havia dobrado.[341] Plínio afirmou que na Segunda Guerra Púnica ele fora diminuído em um quinto.[342] Portanto, correspondeu aproximadamente a seis onças de cobre na Primeira Guerra Púnica,[343] a cinco onças na Segunda,[344]

---

336. Sete mil miríades. (Dion, em *Macrin.*)
337. A dracma ática era o dinheiro romano, a oitava parte da onça e 1/64 de nosso marco.
338. Paulo Orósio (385-420), historiador, teólogo, sacerdote e apologista cristão, natural da Hispânia Romana. Embora pairem dúvidas sobre sua biografia, sabidamente foi uma figura de grande prestígio cultural, travando contato com as grandes personalidades de seu tempo, como Santo Agostinho ou Jerônimo de Estridão. Com Santo Agostinho, além de discutir temas teológicos, teria auxiliado na elaboração de *A cidade de Deus*. Dentre suas obras, sobressai-se a *Historiae Adversus Paganos*, que até o Renascimento foi uma das principais obras para se estudar a Antiguidade. (N.T.)
339. Ele aumentou em razão de setenta e cinco por cem.
340. *Anais*, livro I.
341. *Vida de César.*
342. *Hist. nat.*, livro XXXIII, art. 13. Em vez de dar onze onças de cobre por vinte, foram dadas dezesseis.
343. Um soldado, em Plauto (em *Mostellaria*), diz que ela era de três asses; isso só pode ser entendido como asses de dez onças. Mas se o pagamento era exatamente de dez asses na Primeira Guerra Púnica, na Segunda não foi reduzido em um quinto, mas em um sexto, e a fração foi negligenciada.
344. Políbio, que avalia em moeda grega, diverge por apenas uma fração.

a dez no reinado de César e treze e um terço sob Domiciano.[345] Farei aqui algumas reflexões.

O pagamento que a República fazia com facilidade quando tinha apenas um pequeno Estado, época em que a cada ano fazia uma guerra e a cada ano recebia despojos, não lhe foi possível fazer sem se endividar, na Primeira Guerra Púnica, quando Roma estendeu seus braços para fora da Itália, e teve de manter uma prolongada guerra e sustentar grandes exércitos.

Na Segunda Guerra Púnica, a paga foi reduzida para cinco onças de cobre, e essa diminuição pôde ser feita sem risco durante um tempo em que a maior parte dos cidadãos enrubescia à pura e simples aceitação do soldo e queria servir à própria custa.

Os tesouros de Perseu[346] e os de tantos outros reis, que a todo tempo eram levados para Roma, fizeram com que cessassem os tributos na cidade. Na opulência pública e particular, teve-se a sabedoria de não aumentar a paga de cinco onças de cobre.

Embora desse soldo se fizesse uma dedução para o trigo, roupas e armas, ela foi suficiente, porque só eram recrutados cidadãos que tivessem patrimônio.

Tendo Mário recrutado pessoas que não tinham coisa alguma, e seu exemplo tendo sido seguido, César foi obrigado a aumentar a paga.

Como esse aumento continuasse após a morte de César, ficou-se obrigado, nos consulados de Hírtio e de Pança, a restabelecer os tributos.

A fraqueza de Domiciano tendo lhe feito aumentar essa remuneração em um quarto, isso provocou uma grande chaga no Estado, cujo revés não está em nele imperar o luxo, mas em imperar ali condições que, pela natureza das coisas, permitem apenas o indispensável. Com Caracala, enfim, tendo concedido um novo aumento, ficou o Império em uma situação em que, impossibilitado de subsistir sem os soldados, tampouco podia subsistir com eles.

Caracala, para diminuir o horror do assassinato de seu irmão, divinizou-o e, algo singular, foi exatamente isso o que lhe ofereceu Macrino[347] que, depois

---

345. Ver Orósio e Suetônio, em *Domiciano*. Eles diziam a mesma coisa, com expressões diferentes. Fiz essas conversões em onças de cobre para que, a fim de me compreender, não se tenha necessidade de conhecer moedas romanas.
346. Cícero, *Dos Ofícios*, livro II.
347. Marco Opélio Macrino (164-218) foi prefeito do pretório sob o imperador Caracala. Após assassinar Caracala durante a campanha contra os partos, ele mesmo se declarou imperador,

de mandar que o apunhalasse, querendo apaziguar os soldados pretorianos, desesperados com a morte desse príncipe que tanto lhes dera, construiu para ele um templo e estabeleceu sacerdotes flâmines em sua honra.[348]

Isso fez com que a memória de Caracala não fosse conspurcada[349] e, o Senado não ousando julgar, que ele não fosse posto na categoria dos tiranos, como foi Cômodo, que não merecia esse título mais do que ele.

De dois grandes imperadores, Adriano e Severo, um estabeleceu a disciplina militar e o outro a relaxou.[350] Os efeitos responderam muito bem às causas: os reinos que se seguiram ao de Adriano foram felizes e tranquilos; após Severo, assistiu-se ao império de todos os horrores.

A prodigalidade de Caracala para com os soldados tinha sido imensa, e ele muito bem seguira o conselho que seu pai lhe havia dado ao morrer, de enriquecer os guerreiros e não embaraçar os outros.

Mas essa política só era boa para um reino: afinal, o sucessor, já não podendo fazer os mesmos gastos, era prontamente massacrado pelo Exército, de modo que sempre se viam os imperadores sábios seres mortos pelos soldados, e os maus, pelas conspirações ou por decretos do Senado.

Quando um tirano, entregando-se aos guerreiros, deixava os cidadãos expostos a suas violências e rapinagens, isso não podia durar mais que um reinado: pois os soldados, à força de destruir, acabavam tirando o soldo de si próprios. Fazia-se então necessário sonhar em restabelecer a disciplina militar: essa iniciativa sempre custava a vida a quem ousasse tentá-la.

Quando Caracala foi morto pelas emboscadas de Macrino, os soldados, desesperados por ter perdido um príncipe que lhes conferia desmedidas

---

sem consultar o Senado. Quando Heliogábalo, com apenas 14 anos, foi apresentado como herdeiro presumido de Caracala e logo em seguida imperador, Macrino reagiu proclamando seu próprio filho, Diadumeniano, como Augusto. Na batalha entre as tropas de Macrino e as de Heliogábalo, o primeiro saiu derrotado, sendo executado em seguida. Terminava assim seu período como imperador, que durara apenas 14 meses. (N.T.)

348. Na religião romana, os flâmines eram sacerdotes responsáveis pelos deuses ou deusas patrocinados pelo Estado. Havia 15 flâmines na época da República Romana, todos sujeitos a tabus. Três deles eram considerados maiores e deveriam pertencer à classe social dos patrícios: o primeiro, a supervisionar o culto a Júpiter, divindade dos céus e soberano entre os deuses; um segundo supervisionava o culto a Marte, deus da guerra; um terceiro, o culto a Quirino, que presidia a vida social organizada e estava relacionado ao aspecto pacífico de Marte. Um quarto flâmine foi adicionado para o culto a Júlio César, e outros mais quando o culto imperial foi introduzido. (N.T.)

349. Elius Lampridius, em *Vida de Alexandre Sérvio*.

350. Ver o Resumo de Xifilino, *Vida de Adriano*, e Herodiano, *Vida de Severo*.

benesses,[351] elegeram Heliogábalo.[352] Quando este, ocupando-se tão somente de suas sórdidas volúpias e os deixando viver segundo seus caprichos, já não pôde ser tolerado, eles o massacraram. Mataram até mesmo Alexandre[353], que desejava restabelecer a disciplina e falava em puni-los.[354]

Assim perecia um tirano que, sem garantir sua vida, mas o poder de cometer crimes, com a funesta vantagem de que aquele que desejasse fazer melhor, depois ele, pereceria.

Depois de Alexandre, foi eleito Maximino[355], o primeiro imperador de origem bárbara. Seu porte gigantesco e a força de seu corpo o fizeram conhecido.

Juntamente com seu filho, foi morto por seus soldados. Os dois primeiros gordianos pereceram na África. Máximo,[356] Balbino[357] e o terceiro gordiano foram massacrados. Felipe,[358] que assassinara o jovem gordiano,

---

351. *Nota suprimida:* Essas liberalidades concedidas aos soldados vinham de uma prática antiga na república, pela qual aquele que triunfava distribuía algum dinheiro a cada soldado: era pouca coisa. Nas guerras civis – os soldados e o chefe sendo igualmente corrompidos –, esses dons se tornavam imensos, ainda que fossem tomados sobre os bens dos cidadãos, e os soldados queriam uma participação onde não havia butim. César, Otávio e Antônio não raro davam até 5 mil dinheiros aos soldados simples, o dobro ao chefe de fila, e aos demais, proporcionalmente. Um último romano valia 10 asses ou dez livros de cobre. (Edição de 1734.)
352. Naquele tempo, todos se julgavam bons para chegar ao poder. Ver Dion, livro LXXIX.
353. Marco Aurélio Severo Alexandre (208-235) reinou de 222 a 235, como o último imperador da dinastia dos Severos. Bem intencionado e empreendedor nos terrenos da educação e da economia. Na política externa, enfrentou problemas na fronteira oriental do Império, sob ameaça dos persas sassânidas, e na tradicionalmente difícil fronteira do Reno; em ambas tentou solucionar mediante negociação, e foi justamente isso, no caso das conversações de paz com os germanos, que o indispôs com seu próprio exército. Morreu assassinado durante um motim e foi sucedido por Maximino Trácio. (N.T.)
354. Ver Lampridius.
355. Caio Júlio Vero Maximino (173-238), apelidado "Trácio", de origem provavelmente germânica, foi imperador romano de 235 a 238, tendo sido o primeiro imperador que nunca esteve na cidade de Roma. Como um autêntico "imperador-soldado", conduziu campanha vitoriosa na sempre problemática Germânia. Contudo, em 238, deu-se uma insurreição liderada por Gordiano no norte da África, forçando o imperador a voltar rapidamente a Roma, marchando contra a cidade. (N.T.)
356. Máximo Pupiano, oriundo de família patriciana, foi imperador romano de fevereiro a maio de 238, juntamente com Balbino. (N.T.)
357. Décio Caelio Calvino Balbino (*c.* 165-238), membro de uma família senatorial romana, foi cônsul e coimperador no ano 238, o ano dos três imperadores. (N.T.)
358. Marco Júlio Felipe (*c.* 204-249), conhecido como Felipe, o Árabe, em razão da origem de sua família, foi imperador romano entre 244 e 249, tendo sido proclamado pelas legiões – ele fora prefeito do pretório. Intentando não repetir erros dos anteriores pretendentes ao trono, foi a Roma para conseguir o reconhecimento do Senado. Também se apressou em pactuar a paz com os persas, e deixou o irmão como governador das províncias orientais, em incremento às forças

ele próprio foi morto junto com seu filho. E Décio,[359] eleito em seu lugar, por sua vez pereceu pela traição de Galo.[360]

O que se chamava Império Romano naquele século era uma espécie de república irregular, um pouco semelhante à aristocracia de Argel, onde a milícia, que detém o poder soberano, faz e desfaz um magistrado a que se confere o título de *dey*[361], e talvez se tenha como regra por demais geral que os governos militares sejam, sob certos aspectos, mais republicano que monárquicos.

E que não se diga que os soldados participavam do governo tão só por sua desobediência e por suas revoltas. Acaso as arengas que lhes faziam os imperadores não eram, afinal, do mesmo gênero que as feitas pelos cônsules e tribunos outrora ao povo? E, ainda que os exércitos não tivessem um local para se reunir, ainda que não se conduzissem por certas formas, ainda que comumente não tivessem sangue frio, deliberando pouco e agindo muito, não dispunham, como soberanos, do destino público? E o que era um imperador senão um ministro de um governo violento, eleito para a utilidade particular dos soldados?

---

romanas no Oriente. Para aplacar um levante na fronteira do Danúbio, enviou Décio, então prefeito de Roma. Ocorre que este último foi proclamado imperador pelas tropas que conduzia junto ao Danúbio, em 249, e em seguida se pôs em marcha para Roma. Os exércitos de Décio e de Felipe se confrontaram em Verona, em 249, onde Felipe foi morto e derrotado. (N.T.)

359. Caio Méssio Quinto Trajano Décio (201-251), imperador de 249 a 251, idealizou um programa político centrado na restauração da força do Estado, com oposição militar a ameaças externas e renovação da religião do Estado. Reconhecia que o Império atravessava graves problemas de corrupção e decadência, os quais atribuía à perda dos antigos valores e ao abandono dos velhos cultos. No mesmo sentido, observava com desconfiança o crescente poder dos cristãos, determinou-se a reprimi-los, ordenou a construção de templos pagãos e reforçou os cultos e sacrifícios do passado. No campo militar, não obstante as dificuldades econômicas, foi obrigado a realizar importantes operações bélicas contra os godos, que haviam cruzado o Danúbio. Tal como seu antecessor, Felipe, Décio acabou destronado por um general que ele mesmo enviara para um confronto em fronteiras revoltosas – Treboniano Galo tinha uma aliança secreta com os godos. Décio foi o primeiro imperador romano a morrer em batalha contra um exército inimigo. (N.T.)

360. Sobre a *História dos Augustos*, Casaubon comentou que, nos 160 anos que ela abarca, houve 70 pessoas que, justa ou injustamente, receberam o título de *César: Adeo erant in illo principatu, quem tamen omnes mirantur, comitia imperii sempre incerta!* Isso permite bem visualizar a diferença desse governo em relação ao da França, onde, em um período de 1.200 anos, contam-se apenas 63 reis.

361. *Dey* era o título dado aos líderes da regência de Argel – atual capital da Argélia – e Trípoli – atual capital da Líbia –, sob o Império Otomano a partir de 1671. Os *deys* eram escolhidos por líderes civis, militares e religiosos para governar com elevado grau de autonomia em relação ao sultão otomano. No entanto, conforme descreve Montesquieu, era frequente o líder ser deposto em pouquíssimo tempo por falta de apoio das milícias turcas. (N.T.)

Quando o Exército associou ao Império Felipe, que era prefeito do pretório do terceiro gordiano, este lhe pediu que o comando inteiro lhe fosse entregue, e não o conseguiu obter:[362] arengou para o Exército, a fim de que o poder fosse igual entre eles, e tampouco isso o conseguiu; suplicou que lhe deixassem o título de César, o que lhe foi recusado; demandou que fosse o prefeito do pretório, e suas súplicas foram rejeitadas; enfim, implorou por sua vida. O Exército, em seus diversos julgamentos, exercia a magistratura suprema.

Os bárbaros, que no início eram desconhecidos aos romanos, e depois apenas incômodos, se lhes tornaram temíveis. Pelo acontecimento mais extraordinário do mundo, Roma de tal maneira aniquilara todos os povos que, tendo ela própria sido vencida, foi como se a Terra a tivesse parido de novo para a destruir.

Os príncipes dos grandes Estados via de regra têm poucas regiões vizinhas como objeto de sua ambição. Se houvesse muitas, envolveriam-nas no curso da conquista. São, pois, limitados por mares, montanhas e vastos desertos, cuja pobreza faz com que sejam desprezados. Também os romanos deixaram os germanos com suas florestas e os povos do norte com suas geleiras, e lá se conservavam ou mesmo se constituíam nações que acabaram por dominá-los.

Sob o reinado de Galo, grande número de nações, que na sequência se tornaram mais célebres, assolaram a Europa, e os persas, tendo invadido a Síria, só deixaram suas conquistas para conservar seu butim.

Os enxames de bárbaros que outrora saíram do norte já não aparecem mais. As violências dos romanos tinham feito que os povos do sul se retirassem para o norte. Enquanto se manteve a força que os continha, ficaram por lá; quando ela se enfraqueceu, espalharam-se para todos os lados.[363] O mesmo se deu alguns séculos depois. Por uma segunda vez, as conquistas de Carlos Magno[364] e seus tiranos tinham feito recuar os povos do sul

---

362. Ver Júlio Capitolino.
363. Vê-se a que se reduz a famosa questão: Por que o Norte não é tão populoso quanto já foi?
364. Carlos Magno (c. 742-814) foi o mais importante rei dos francos. Tendo assumido o trono em 768, organizou um exército forte, do qual tomavam parte, além dos soldados, os grandes proprietários de terra, acompanhados de bom número de camponeses equipados para guerrear. Com isso, expandiu as fronteiras do reino, construindo o Império Carolíngio. Nas regiões conquistadas, eram erigidas fortalezas e igrejas, em cujo entorno se organizavam vilas, que logo viriam a ser ligadas por estradas. Cristão, obrigava os povos conquistados a se converterem ao cristianismo. No ano de 800, foi coroado imperador pelo papa Leão III – a Igreja tinha a pretensão de fazer reviver o Império Romano do Ocidente. Apesar dos extraordinários avanços em diversas áreas, sobretudo na educação, o Império Carolíngio não foi muito além de Carlos Magno. Durante três anos, seus netos – filhos de Luís, o

para o norte; tão logo esse império se enfraqueceu, deslocaram-se uma segunda vez do norte para o sul. E se hoje um príncipe fizesse as mesmas devastações pela Europa, rechaçando as nações para o norte e prensando-as nos limites do Universo, ali aguentariam firme até o momento em que elas inundassem e conquistassem a Europa uma terceira vez.

Tendo chegado ao ápice a pavorosa desordem havida na sucessão imperial, viu-se surgir, no final do reinado de Valeriano[365] e durante o de Galiano[366] – seu filho –, trinta pretendentes diversos que, depois de em sua maior parte se entredestruírem, tendo tido um reinado bastante curto, foram denominados *tiranos*.

Com Valeriano tendo sido capturado pelos persas, e Galiano, seu filho, a negligenciar os assuntos de Estado, os bárbaros penetraram por toda a parte. Em igual situação se encontrava o Império no Ocidente[367] cerca de um século depois, e seria destruído, não fosse um concurso feliz de circunstâncias a resgatá-lo.

Odenato,[368] príncipe de Palmira, aliado dos romanos, caçou os persas, que tinham invadido quase toda a Ásia; a cidade de Roma formou um exér-

---

Piedoso – disputaram a sucessão do Império. Em 843, pelo Tratado de Verdum, o Império Carolíngio acabou dividido em três reinos distintos. (N.T.)

365. Públio Licínio Valeriano (200-260). Ao contrário dos usurpadores por ocasião da crise do século III – marcada por generais romanos que chegavam ao poder ao se sagrarem vitoriosos em guerras civis –, Valeriano descendia de família nobre e senatorial. Ao assumir, de pronto nomeou coimperador seu filho, Galiano, e o encarregou de defender a fronteira oriental do Império, cuja situação era de fato das mais difíceis. No Oriente, Antioquia caíra em mãos dos persas, que ocupavam também a Armênia. Em 253, deu-se a primeira grande invasão dos bárbaros na Gália – a região não pôde ser bem defendida porque Valeriano levara os exércitos dali para a Itália, a fim de proteger o recém-adquirido trono. No ano 259 sobreveio nova invasão dos germanos e dos francos. No ano seguinte, em uma batalha na Mesopotâmia, Valeriano foi capturado e morto pelos persas. (N.T.)

366. Públio Licínio Inácio Galiano (218-268) assumiu o Império em um período de crise profunda, com a qual soube lidar com relativo êxito, provavelmente por impor autoridade sobre território menos extenso, ainda que não por muito tempo. Um de seus principais métodos para tal foi a grande quantidade de moedas cunhadas, nas quais aparecia como vitorioso, piedoso, virtuoso. Humanista e adepto do neoplatonismo, manteve relação com o filósofo Plotino, que teria lhe sugerido a criação de uma comunidade aos moldes da que se tem em *A República* de Platão, liderada pelos "reis-filósofos". No campo militar, não obstante suas reformas, como a maior ênfase na cavalaria, em seu reinado o Império perdeu controle sobre grande parte da Gália. Foi morto por uma conspiração, tramada provavelmente pelo general que o sucedeu. (N.T.)

367. Invadido pelos bárbaros cento e cinquenta anos depois, sob Honório.

368. Lúcio Septímio Odenato (*c.* 220-267) foi soberano do reino árabe de Palmira, na Síria, e do posterior Império de Palmira. A derrota e prisão do imperador Valeriano, em 260, deixaram as províncias orientais à mercê dos persas sassânidas, cuja supremacia incomodava Palmira

cito de seus cidadãos, e este rechaçou os bárbaros que os vinham pilhar; um inumerável exército de citas, que cruzava o mar com cerca de 6 mil embarcações, pereceu em decorrência dos naufrágios, da miséria, da fome e de sua própria grandeza; e Galiano, tendo sido assassinado, Cláudio, Aureliano, Tácito e Probo,[369] quatro grandes homens que, por uma grande felicidade, sucederam-se, restabeleceram o Império prestes a perecer.

---

e seu regente. De início, Odenato tentou subornar o monarca persa Sapor I (ou Shapur). Sem êxito, aliou-se à causa de Roma, tomando o partido de Galiano, filho e sucessor de Valeriano. As vitórias do Reino de Palmira, logo tornado império, restauraram o domínio romano do Oriente, e Galiano não abriu mão de realizar o triunfo, exibindo os cativos e troféus que Odenato ganhara no Oriente. (N.T.)

369. Após a morte de Galiano, o poder de Roma passou pelos chamados "imperadores ilírios", oriundos da Ilíria, região que hoje corresponde à Croácia. Eram quase todos militares e, tendo galgado os diferentes graus da hierarquia, seu acesso ao posto máximo do Império foi franqueado pelas reformas militares de Galiano, em seu intento de fortalecer e fidelizar o Exército. Foram ao todo nove imperadores – também chamados "imperadores soldados", por sua origem militar –, e suas vitórias sobre invasores bárbaros, sobretudo germânicos, estiveram na base da restauração do Império no final do século III. (N.T.)

CAPÍTULO XVII

MUDANÇA NO ESTADO

Para prevenir as traições contínuas dos soldados, os imperadores se associaram a pessoas em que tinham confiança, e Diocleciano,[370] sob pretexto do vulto dos negócios, determinou que haveria ali sempre dois imperadores e dois césares. Ele ponderou que, os quatro princípios armados sendo ocupados por aqueles que tinham parte no império, tais exércitos se intimidariam uns aos outros; que os outros exércitos, não sendo suficientemente fortes para fazer de seu chefe imperador, pouco a pouco perderiam o hábito de eleger; e que enfim, estando a dignidade de César sempre subordinada, o poder, partilhado entre quatro em nome da garantia do governo, ficaria tão somente, entretanto, em toda a sua extensão nas mãos de dois.

Contudo, o que conteve ainda mais os que se ocupavam da guerra é que, tendo diminuído as riquezas dos particulares e a fortuna pública, os imperadores já não puderam lhes proporcionar dons tão consideráveis: de modo que a recompensa já não foi proporcional ao risco de se fazer uma nova eleição.

Além disso, os prefeitos do Pretório, que, pelo poder e pelas funções, eram mais ou menos como os grão-vizires daquele tempo e faziam massacrar à

---

370. Caio Aurélio Valério Diocleciano (*c.* 244-231) nasceu numa família ilíria de baixo estrato social, da província romana da Dalmácia. A exemplo de tantos outros, ascendeu socialmente pela via militar, tornando-se comandante de cavalaria do imperador Caro. Foi aclamado imperador durante campanha militar contra o Império Sassânida, após a morte de Caro e de seu filho, Numeriano. Implementou reformas, visando facilitar a administração de Roma, salvando-a da derrocada iminente. A mais notável foi a divisão do Império em Oriental e Ocidental. Além de adiar a queda do Império Romano, a divisão esteve na base do que viria a ser o Império Bizantino. Promoveu reformas também no recrutamento militar, aumentando o efetivo permanente de 350 mil para cerca de 400 mil a 500 mil homens. O Império ainda seria dividido em quatro regiões administrativas. Em 293, cada imperador escolheu um sucessor: Diocleciano indicou Galério e Maximiano indicou Constâncio Cloro – ambos os nomeados receberam o título de césar (título que designava: sucessor do imperador reinante). Passaram então a existir quatro imperadores, dois deles com o título de augusto e dois com o título de césar, formando uma organização que recebeu o nome de tetrarquia. (N.T.)

vontade os imperadores para se pôr em seu lugar, foram sobremaneira enfraquecidos por Constantino, que lhes deixou apenas as funções civis e os fez quatro em lugar de dois.

A vida dos imperadores começou então a ficar mais garantida; eles puderam morrer em seu leito, e isso pareceu um pouco adoçar seus costumes: já não vertiam sangue com tanta ferocidade. Mas como se fazia necessário que esse poder imenso transbordasse para algum lado, viu-se outro tipo de tirania, porém mais surda. Não eram mais os massacres, mas julgamentos iníquos, formas de justiça que pareciam se afastar da morte tão somente para murchar a vida. A Corte passou a ser governada e a governar mais por artifícios, pelos dispositivos mais requintados, com um maior silêncio. Enfim, no lugar daquela audácia para se conceber uma ação que fosse má e daquela impetuosidade em cometê-la, só o que se viu reinar foram os vícios das almas fracas e os crimes premeditados.

Instaurou-se um novo tipo de corrupção. Os primeiros imperadores amavam os prazeres; os de agora, a indolência. Mostravam-se menos ao militares; foram mais ociosos, mais entregues a seus criados, mais apegados a seus palácios e mais apartados do Império.

O veneno da Corte aumentou sua força à medida que ficou mais isolado:[371] nada se dizia, tudo se insinuava; as grandes reputações foram todas atacadas, e os ministros e os oficiais de guerra continuamente se submeteram ao arbítrio desse tipo de pessoas que nem podem servir ao Estado nem tolerar que se lhe sirva com glória.

Enfim, a afabilidade dos primeiros imperadores, a única a poder lhes conferir o meio de conhecer seus negócios, foi inteiramente banida. O Príncipe não soube de coisa alguma a não ser pelo relato de alguns confidentes que, sempre de concerto, e não raro mesmo quando pareciam ser de opinião contrária, atuavam junto dele tão somente na condição de um só.

A estada de vários imperadores na Ásia e sua perpétua rivalidade com os reis da Pérsia fizeram-no desejar ser adorados como esses últimos, e Diocleciano, outros dizem que Galério, ordenou-o por um edito.

Estabelecendo-se esse fausto e essa pompa asiática, logo os olhos se lhes habituaram e, quando Juliano pretendeu simplicidade e modéstia em suas maneiras, chamou-se *esquecimento da dignidade* ao que era apenas a lembrança dos antigos costumes.

Ainda que, desde Marco Aurélio, tenha havido pluralidade de imperadores, houve tão somente um Império e, a autoridade de todos sendo reconhecida nas províncias, o que havia era um poder único exercido por vários.

---

371. Ver o que os autores nos dizem sobre a corte de Constantino, de Valente etc.

Ocorre que Galério e Constâncio Cloro,[372] sem poder chegar a um acordo, realmente repartiram o Império,[373] e, por esse exemplo, que na sequência foi seguido por Constantino, que adotou o plano de Galério e não o de Diocleciano, introduziu-se um costume que foi menos uma mudança que uma revolução.

Além disso, o desejo que tinha Constantino de construir uma nova cidade, a vaidade de lhe conferir seu nome, levaram-no a transferir para o Oriente a sede do Império. Embora a área de Roma nem de longe fosse grande como é hoje, seus arrabaldes eram prodigiosamente estendidos.[374] A Itália, repleta de casas de campo, mais não era do que, propriamente, o jardim de Roma: os trabalhadores ficavam na Sicília, na África, no Egito,[375] e os jardineiros, na Itália. As terras eram cultivadas tão somente pelos escravos dos cidadãos romanos. Porém, quando se estabeleceu a sede do império no Oriente, Roma quase inteira passou para lá: os Grandes para lá conduziram seus escravos, isto é, quase todo o povo, e a Itália ficou privada de seus habitantes.

Para que a nova cidade em nada ficasse a dever à antiga, Constantino desejou que ali se distribuísse também o trigo, e ordenou que o do Egito fosse enviado a Constantinopla, e o da África a Roma; isso, ao que me parece, não foi lá muito sensato.

À época da República, o povo romano, soberano de todos os outros, naturalmente devia ter parte nos tributos; isso fez com que o Senado lhe vendesse trigo a preço baixo e, mais tarde, desse-lhe sem nada cobrar. Quando o governo se tornou monárquico, isso persistiu contra os princípios da monarquia; esse abuso foi deixado em virtude dos inconvenientes que haveria para modificá-lo. Mas Constantino, ao fundar uma cidade nova, ali o estabeleceu, sem qualquer boa razão.

Quando Augusto conquistou o Egito, levou para Roma o tesouro dos ptolomeus. Isso provocou quase a mesma revolução que a descoberta das Índias viria a fazer na Europa, e o mesmo que alguns sistemas introduziram em nossos dias: as reservas dobraram de valor em Roma.[376] E, como Roma

---

372. Sobre Galério e Constâncio Cloro, ver, anteriormente, nota 370, referente a Diocleciano. (N.T.)
373. Ver Orósio, livro VII, e Aurélio Vitor.
374. *Exspatiantia tecta multas addidere urbes*, diz Plínio (*História natural*, livro III).
375. "Antigamente", disse Tácito, "levava-se trigo às províncias afastadas, e ela [a Itália] ainda não era estéril. Porém cultivamos mais a África e o Egito, e preferimos expor a acidentes a vida do povo romano." (*Anais.*, livro XII.)
376. Suetônio, em *Augusto*. Orósio, livro VI. Roma teve muitas dessas revoluções. Afirmei que os tesouros da Macedônia que para lá eram levados tinham provocado a suspensão de todos os tributos. (Cícero, *Dos ofícios*, livro II.)

continuasse a atrair para si as riquezas de Alexandria, estas que ela própria recebia as da África e do Oriente,[377] o ouro e a prata se tornaram por demais comuns na Europa; isso deixou os povos em condições de pagar impostos consideráveis em espécie.

Mas quando o Império foi dividido, essas riquezas foram para Constantinopla. Diz-se, por outro lado, que as minas da Inglaterra ainda não tinham sido abertas;[378] que havia pouquíssimas delas na Itália[379] e na Gália; que, desde os cartagineses, as minas da Espanha pouco eram trabalhadas ou, pelo menos, já não eram tão ricas.[380] A Itália, que tinha apenas alguns jardins abandonados, não dispunha de quaisquer meios de atrair para si o dinheiro do Oriente, enquanto o Ocidente, para ter suas mercadorias, para ali enviava o seu. O ouro e a prata se tornaram, então, extremamente raros na Europa. Mas os imperadores quiseram continuar a exigir os mesmos tributos, e isso pôs tudo a perder.

Quando o governo dispõe de uma forma há muito estabelecida, estando as coisas postas de certo modo, quase sempre é de prudência deixá-las assim, porque as razões, não raro complexas e desconhecidas, que fizeram com que tal situação tenha subsistido, ainda fazem com que se mantenha. Mas quando se muda o sistema total, só se pode remediar os inconvenientes que se apresentam na teoria, restando outros que só a prática pode descobrir.

Assim, ainda que o Império já não fosse grande demais, a divisão que nele se fez o arruinou, porque todas as partes desse grande corpo, unidas de longa data, encontravam-se, por assim dizer, ajustadas para desse modo ficar e depender umas das outras.

---

377. No ano de 332 a.C., com o Egito sob domínio persa, Alexandre, o Grande, derrotou o rei persa Dario III, e os egípcios receberam-no, aclamando-o libertador. No ano seguinte, a cidade que levaria o nome de Alexandre foi fundada no delta do Nilo, em um ponto ali bastante estratégico, ao abrigo das cheias do rio, mas próxima dele, a ponto de ter acesso às mercadorias que chegavam ao porto. Júlio César tomou a cidade em 46 a.C., para pôr fim à guerra dinástica entre Cleópatra e seu irmão corregente Ptolomeu XVIII. Os romanos converteram o Egito no celeiro do Império, o que aumentou a importância de Alexandria, em cujos armazéns se depositava toda a colheita, terça parte da qual era enviada a Roma todos os anos; sua quantidade e seu preço eram fixos na bolsa de Alexandria. (N.T.)

378. Tácito (*De Moribus Germanorum*) o diz formalmente. Sabe-se, além disso, mais ou menos à época da abertura da maior parte das minas da Alemanha. Ver Thomas Sesreiberus sobre a origem das minas do Hartz. Acredita-se que as da Saxônia sejam muito mais antigas.

379. Ver Plínio, livro XXXVII, art. 77.

380. Os cartagineses, disse Deodoro, conheciam muito bem a arte de explorá-las, e os romanos, a de impedir que os outros delas tirassem proveito.

Constantino,[381] após ter enfraquecido o capital, desferiu outro golpe sobre as fronteiras: retirou as legiões que estavam nas margens dos grandes rios e as dispersou pelas províncias; isso produziu dois males: um deles, que a barreira a conter tantas nações foi subtraída; o outro, que os soldados viveram e se amoleceram no circo[382] e nos teatros.[383]

Quando Constâncio enviou Juliano[384] às Gálias, descobriu que cinquenta cidades ao longo do Reno[385] tinham sido tomadas pelos bárbaros; que as províncias tinham sido saqueadas; já não havia mais que a sombra de um exército romano, ao qual o simples nome dos inimigos fazia afugentar.

---

381. No que se diz de Constantino, não vamos de encontro aos autores eclesiásticos que declaram só ouvir falar de ações desse príncipe que tenham relação com a piedade, e não daquelas que digam respeito ao governo do Estado. (Eusébio, *Vida de Constantino*, livro I, cap. IX; Sócrates, livro I, cap. 1). [Flávio Valério Aurélio Constantino (272-337) foi alçado ao trono romano em 306, proclamado por suas tropas. Quando Constantino se tornou imperador, vigorava a "segunda tetrarquia"; após a morte de Galério, sobraram quatro imperadores: Maximino, na Ásia e no Egito; Licínio, no leste europeu; o próprio Constantino, no oeste; e Magêncio, como tirano da Itália e da África do Norte. Após várias lutas, em 324 Constantino derrotou o rival Licínio, do Império do Oriente, e se tornou o único augusto. Constantino governou um Império Romano em crescimento constante até sua morte. É também conhecido como Constantino, o Grande, ou, para a Igreja Católica Ortodoxa, São Constantino. Como primeiro imperador cristão, legalizou a religião cristã pelo Edito de Milão, de 313. É conhecido também por haver fundado a cidade de Bizâncio, atual Istambul, na Turquia, por muito tempo chamada Constantinopla (Constantini-pólis, cidade de Constantino). Convocou o Primeiro Concílio de Niceia, em 324, o qual pela primeira vez outorgou legitimidade ao cristianismo no Império. (N.T.)]

382. Zósimo, livro VIII.

383. Com a legalização do cristianismo, os combates de gladiadores escassearam. Constantino proibiu que os combates acontecessem, e eles foram inteiramente abolidos por Honório, de acordo com Teodoreto e Oton de Frisingue. De seus antigos espetáculos, os romanos retiraram apenas o que pudesse enfraquecer a coragem e servisse para atrair a volúpia. Num período anterior, antes que os soldados partissem para o Exército, faziam com que assistissem a um combate de gladiadores, para criar o hábito de ver sangue, ferro e ferimentos, e de não temer o inimigo (Júlio Capitolino, *Vida de Máximo e de Balbino*.) (Edição de 1734.) – Ver, anteriormente, no capítulo II. [De fato, o imperador Constantino os baniu em 325. Contudo, as lutas prosseguiriam ainda por mais um século, na clandestinidade, até que o papa Inocêncio I e o imperador Honório conseguissem decretar seu fim definitivo. (N.T.)]

384. Flávio Cláudio Juliano (331-363) foi imperador romano de 361 até sua morte, dois anos depois. Foi o último dos imperadores pagãos, tendo ficado conhecido como "o Apóstata", por não professar a fé cristã em um período em que o cristianismo era aceito e incentivado já desde Constantino I. Homem de notável formação intelectual, seu breve reinado ficou marcado pela pretensão de harmonizar a cultura e a justiça com os valores da antiga religião pagã de Roma. Montesquieu, obviamente, faz referência a um fato ocorrido antes de seu período como imperador: Juliano foi enviado às Gálias pelo imperador Constâncio, com o objetivo de combater as invasões bárbaras que assolavam as fronteiras imperiais naquela região. Pouco antes disso, havia nomeado césar do Império do Ocidente e casado com a irmã do imperador, Helena. (N.T.)

385. Amiano Marcelino, livros XVI, XVII e XVIII.

Esse príncipe, por sua sabedoria, sua constância, sua economia, sua conduta, seu valor e uma sucessão contínua de atos heroicos, rechaçou os bárbaros,[386] e o terror de seu nome os conteve enquanto ele viveu.[387]

A brevidade dos reinados, os diversos partidos políticos, as diferentes religiões, as seitas particulares dessas religiões fizeram com que o caráter dos imperadores tenha chegado a nós extremamente desfigurado. Darei apenas dois exemplos: esse Alexandre, tão covarde em Herodiano, parece cheio de coragem em Lamprídio; Graciano, tão louvado pelos ortodoxos, Filostorgo o compara a Nero.

Valentiniano sentiu mais do que ninguém a necessidade do antigo projeto: dedicou toda a sua vida para fortificar as marges do Reno, fazer recrutamentos na região e construir castelos, dispor tropas, dar a elas o meio de ali subsistir. Mas eis que sobreveio ao mundo um acontecimento a determinar que Valente, seu irmão, optasse por abrir o Danúbio, e isso com terríveis consequências.

Na região que se encontra entre a Meótida,[388] as montanhas do Cáucaso e o mar Cáspio, havia muitos povos a compor a maior parte da nação dos hunos ou a dos álanos. Suas terras eram extremamente férteis; amavam a guerra e o roubo; estavam quase sempre a cavalo ou em seus carros e erravam pelo país, ou então ficavam confinados; faziam uma série de estragos nas fronteiras da Pérsia ou da Armênia, mas as Portas Cáspias[389] podiam facilmente ser guardadas, e era difícil penetrar na Pérsia por outra parte. Como de modo algum imaginavam que fosse possível atravessar a Meótida,[390] eles não conheciam os romanos e, enquanto outros bárbaros devastavam o Império, ficavam eles nos limites que sua ignorância lhes houvera concedido.

Alguns deles disseram que o limo trazido pelo Tanais[391] formara uma espécie de crosta no Bósforo crimeriano, sobre a qual eles haviam passado.[392] Outros, que os dois jovens citas, perseguindo uma corsa que atravessara

---

386. Amiano Marcelino, livros XVI, XVII e XVIII.
387. Ver o magnífico elogio que Amiano Marcelo faz do príncipe (livro XXV). Ver também os fragmentos da *História*, de João de Antioquia.
388. "Lagoa Meótida" era o nome dado na Antiguidade grega ao atual mar de Azov. Tratava-se de uma pequena região ao norte do mar Negro, ligada a ele pelo estreito de Kerch. Ao norte se tem a atual Ucrânia; a leste, a Rússia; e a oeste, a península da Crimeia. (N.T.)
389. As Portas Cáspias eram um desfiladeiro situado junto ao mar Cáspio. Montesquieu se refere não apenas a seu difícil acesso, mas também ao fato de no desfiladeiro terem sido construídas fortificações que controlavam a passagem no sentido norte-sul. (N.T.)
390. Procópio, *História misturada*.
391. "Tanais" era o nome dado pelos gregos antigos ao atual rio Don, no território da Rússia. Em sua *Geografia*, o geógrafo Estrabão o tinha pela fronteira entre a Europa e a Ásia. (N.T.)
392. Zósimo, livro IV.

aquele braço de mar, também eles o atravessaram,[393] ficaram tomados de espanto ao ver um novo mundo, e, retornando ao antigo, ensinaram a seus compatriotas sobre as novas terras e, se ouso me servir desse termo, as Índias que haviam descoberto.[394]

De início, inumeráveis tropas de hunos apareceram e, encontrando primeiro os godos, saíram em seu encalço. Era como se essas nações estavam a se precipitar umas sobre as outras e que a Ásia, para exercer influência sobre a Europa, tinha adquirido um novo peso.

Assustados, os godos se postaram nas margens do Danúbio e, de mãos cruzadas, suplicaram por abrigo. Os aduladores de Valente aproveitaram a oportunidade e apresentaram-na como uma conquista feliz de um novo povo que vinha defender o Império e enriquecê-lo.[395]

Valente ordenou que entrassem sem as armas;[396] mas, a troco de dinheiro, seus oficiais deixaram-lhes tantas armas quantas quisessem. Ele mandou distribuir as terras; mas, diferentemente dos hunos, os godos não as cultivavam.[397] Chegava-se a privá-los até mesmo do trigo que lhes fora prometido. Morriam de fome, e estavam no meio de uma região rica; encontravam-se armados, e sofriam injustiças. Devastaram tudo, desde o Danúbio até Bósforo, exterminaram Valente e seu exército,[398] e só voltaram a cruzar o Danúbio para abandonar a terrível solidão que haviam produzido.[399]

---

393. Jornandes, *De Rebus Geticis*; *História misturada* de Procópio.
394. Ver Sozomeno, livro VI.
395. Amiano Marcelino, livro XXIX.
396. Daqueles que receberam essas ordens, um deles concebeu um amor infame; outro ficou louco com a beleza de uma mulher bárbara; outros ainda foram corrompidos com presentes, roupas de linho e coberturas franjadas. Cuidou-se tão somente de encher a casa de escravos e a fazenda de gado. (*História* de Dexippe).
397. Ver a *História gótica* de Prisco, onde essa diferença está bem estabelecida. – Talvez perguntem como podiam ficar tão poderosas as nações que não cultivavam a terra, enquanto as da América são tão pequenas. É que os povos pastores têm a subsistência bem mais assegurada que os povos caçadores. – De acordo com Amiano Marcelino, ao que tudo indica, os hunos, em seu primeiro estágio, não cultivavam os campos; viviam apenas de seus rebanhos, em uma região em que abundavam pastagens e era banhada por rios, como ainda hoje os pequenos tártaros, que habitam parte da mesma região. Desde sua partida, ao que parece, tendo habitado lugares menos adequados à alimentação dos rebanhos, esses povos começaram a cultivar a terra.
398. Como já foi referido em nota anterior, Valente foi nomeado augusto do Império do Oriente por seu irmão, Valentiano. Montesquieu se refere ao episódio da Batalha de Adrianópolis, quando a cavalaria dos godos atacou a romana, e a infantaria na qual Valente se encontrava foi cercada e trucidada. No final da batalha, dois terços do exército do Império tinham sido mortos em combate – entre eles, muitos oficiais. Em um duro golpe para Roma, a batalha é considerada o marco inicial das invasões dos bárbaros germanos. (N.T.)
399. Ver Zósimo, livro IV. Ver também Dexipo, no *Excerto das missões diplomáticas*, de Constantino Porfirogeneta.

CAPÍTULO XVIII
NOVAS MÁXIMAS ADOTADAS PELOS ROMANOS

Por vezes, a covardia dos imperadores e, com frequência, a fraqueza do Império fizeram com que se buscasse apaziguar com dinheiro os povos que o ameaçassem invadir.[400] Mas a paz não pode ser comprada, pois quem a vende fica tanto mais na condição de comprá-la ainda uma vez.

Vale mais correr o risco de fazer uma guerra desafortunada que dar dinheiro para ter a paz: pois sempre se respeita um príncipe quando se sabe que ele só será vencido após uma longa resistência.

Além do mais, esses tipos de gratificações se transformavam em tributos e, de início livres, tornavam-se necessários; eram vistos como direitos adquiridos e, quando um imperador os recusava a alguns povos ou queria lhes fazer doações menores, eles se tornavam inimigos mortais. Entre milhares de exemplos, o exército que Juliano conduziu contra os persas foi, em sua retirada, perseguido pelos árabes, a quem ele recusara o tributo costumeiro;[401] logo depois, sob o império de Valentiniano, os alemães, a quem tinham se oferecido presentes menos consideráveis que os de costume, indignaram-se; esses povos do norte, movidos já pelo ponto de honra, vingaram-se desse pretenso insulto com uma guerra cruel.

Todas essas nações que cercavam o Império na Europa e na Ásia foram pouco a pouco absorvendo as riquezas dos romanos,[402] e, assim como estes tinham se engrandecido porque a eles[403] foram levados o ouro e a prata de

---

400. No início, dava-se tudo aos soldados; em seguida, tudo aos inimigos.
401. Amiano Marcelino, livro XXV.
402. Id., livro XXVI.
403. "Quereis riquezas?", dizia um imperador a seu exército, que murmurava. "Eis aí o país dos persas! Vamos tomá-lo. Acreditem: de tantos tesouros que possuía a República romana, já nada resta. E o mal é daqueles que ensinaram os príncipes a comprar a paz dos bárbaros."

todos os reis, enfraqueceram-se eles próprios porque seu ouro e sua prata foram levados para os outros.

Os erros cometidos pelos homens de Estado nem sempre são livres: não raro são consequências necessárias da situação em que se está, e os inconvenientes fazem nascer outros inconvenientes.

A milícia, como já vimos, tornara-se muito onerosa para o Estado. Os soldados tinham três tipos de vantagens: a remuneração normal, a recompensa após o serviço militar e as liberalidades fortuitas, que não raro se tornavam direitos para pessoas que tinham o povo e o príncipe nas mãos.

A impossibilidade em que se estava de pagar tais encargos fez com que se contratasse uma milícia menos dispendiosa. Foram firmados tratados com nações bárbaras, que não tinham nem o luxo dos soldados romanos, nem o mesmo espírito, nem as mesmas pretensões.

Havia aí outra comodidade: uma vez que os bárbaros de repente se abatiam sobre uma região, não havendo entre eles quaisquer preparativos após a resolução de partir, era difícil fazer recrutamentos em tempo hábil nas províncias. Contratava-se assim outro corpo de bárbaros, sempre disposto a receber dinheiro, pilhar e a combater. Por algum tempo se ficava servido; mas, na sequência, havia dificuldade em reduzir os auxiliares tanto quanto os inimigos.

Os primeiros romanos não incluíam em seus exércitos número maior de tropas auxiliares que de romanas,[404] e ainda que seus aliados fossem propriamente súditos, eles não queriam ter como súditos pessoas mais belicosas que eles próprios.

Porém, nesses últimos tempos, eles não apenas deixaram de observar essa proporção das tropas auxiliares, como chegaram a encher de soldados bárbaros os corpos das tropas nacionais.

Assim, estabeleceram usos de todo contrários aos que os tinham tornado senhores de tudo, e, como outrora sua constante política fora a de se reservar a arte militar e dela privar todos os seus vizinhos, a partir dali eles a destruíram em seu próprio meio e a estabeleceram nos dos outros.

Eis, em uma palavra, a história dos romanos: eles venceram todos os povos por suas máximas; mas, chegando a esse ponto, sua República não pôde

---

Nossas finanças estão esgotadas; nossas cidades, destruídas; nossas províncias, arruinadas. Um imperador que só conhece os bens da alma não se envergonha de confessar uma pobreza honesta." (Amiano Marcelino, livro XXIV.)

404. Essa é uma observação de Vegécio, e, segundo Tito Lívio, parece que, se o número de auxiliares por vezes se revelou superior, foi por muito pouco.

subsistir; foi necessário mudar de governo, e máximas contrárias às primeiras, empregadas nesse novo governo, fizeram ruir sua grandeza.

Não é a sorte que domina o mundo. Pode-se perguntar aos romanos, que tiveram uma contínua sucessão de prosperidades enquanto se governaram em certo plano, e uma ininterrupta sequência de reveses, quando se conduziram em outro. Existem causas gerais, sejam elas morais, sejam físicas, que agem em cada monarquia, elevam-na e a mantêm, ou a derrubam; todos os acidentes se encontram sujeitos a essas causas, e se o acaso de uma batalha, isto é, uma causa particular, arruinou um Estado, foi por haver uma causa geral a fazer com que esse Estado devesse perecer por uma única batalha. Em uma palavra, o rumo principal arrasta consigo todos os acidentes particulares.

Vemos que, há quase dois séculos, as tropas terrestres da Dinamarca eram quase sempre derrotadas pelas da Suécia. Independentemente da coragem das duas nações e do destino das armas, deve ter havido no governo dinamarquês, civil ou militar, um vício interior que tenha produzido esse efeito, e creio não ser difícil descobri-lo.

Enfim, os romanos perderam sua disciplina militar: abandonaram até suas próprias armas. Diz Vegécio que, como os soldados a achassem pesadas demais, obtiveram do imperador Graciano a autorização para deixar a couraça e, em seguida, os elmos;[405] desse modo, expostos aos golpes sem defesa, não pensaram senão em fugir.

Vegécio acrescenta que eles tinham perdido o costume de fortificar o acampamento e que, por essa negligência, seus exércitos foram varridos pela cavalaria dos bárbaros.

A cavalaria era pouco numerosa entre os primeiros romanos: compunha mera undécima parte da legião, não raro menos que isso; e o que há de extraordinário é que eles possuíam muito menos do que nós, que temos a fazer tantos cercos, nos quais a cavalaria é pouco útil. Quando os romanos entraram em decadência, não tinham mais que a cavalaria. Ao que me parece, quanto mais uma nação se aperfeiçoa na arte militar, mais ela age por sua infantaria e, quanto menos a conhece, mais multiplica sua cavalaria. O caso é que, sem a disciplina a infantaria, seja ela pesada ou leve, nada é, ao passo que a cavalaria funciona sempre, mesmo na desordem.[406] A ação dela consiste mais em sua impetuosidade e em certo impacto; a da outra,

---

405. *De Re militari*, livro I, cap. XX.
406. A cavalaria tártara, sem observar qualquer de nossas máximas militares, fez, em todos os tempos, grandes coisas. Ver os *Relatórios*, sobretudo os da última conquista da China.

em sua resistência e em certa imobilidade: ela é muito mais uma reação do que uma ação. Enfim, a força da cavalaria é momentânea; a infantaria age por mais tempo, mas se faz necessária a disciplina para que ela possa agir por mais tempo.

Os romanos conseguiram dominar todos os povos, não só pela arte da guerra, mas também por sua prudência, sabedoria, constância, por seu amor à glória e à pátria. Sob os imperadores, todas essas virtudes se esvaneceram, restou-lhes a arte militar, com a qual, apesar da fraqueza da tirania de seus príncipes, eles conservaram o que haviam conquistado. Porém, quando a corrupção se pôs no lugar da própria milícia, tornaram-se presas de todos os povos.

Um império fundado pelas armas tem a necessidade de se sustentar pelas armas. Mas, assim como um Estado está com dificuldades, não se imagina como se pode delas sair, do mesmo modo, quando ele está em paz, com seu poder sendo respeitado, não lhes vem ao espírito de que modo isso pode mudar; assim, ele negligencia a milícia e, em relação a ela, acredita não ter nada a esperar e tudo a temer, chegando mesmo, não raro, a enfraquecê-la.

Como regra inviolável dos primeiros romanos se tinha que, quem abandonasse o seu posto ou, estando em combate, deixasse as armas, seria punido com a morte. Quanto a esse aspecto, Juliano e Valentiniano tinham estabelecido as antigas punições. Mas os bárbaros, incorporados a soldo pelos romanos,[407] habituados a fazer a guerra como hoje a fazem os tártaros, a fugir para continuar a combater, a buscar a pilhagem mais do que a honra, mostravam-se incapazes de semelhante disciplina.

Tamanha era a disciplina dos primeiros romanos, que vimos generais condenar à morte seus próprios filhos por terem conseguido uma vitória sem que o ordenassem. Mas quando se misturaram aos bárbaros, contraíram um espírito de independência que compunha o caráter dessas nações, e, ao se ler sobre as guerras de Belisário contra os godos, vê-se um general quase sempre desobedecido por seus oficiais.

No furor das guerras civis, Sila e Sertório preferiam perecer a fazer algo de que Mitrídates pudesse tirar vantagem. Mas, nos tempos que se seguiram, se um ministro ou algum dos grandes acreditasse que à sua avareza,

---

407. Não queriam se sujeitar aos trabalhos dos soldados romanos. Ver Amiano Marcelino (livro XVIII), que relata como algo extraordinário que, em certa ocasião, eles se sujeitaram a esse trabalho para agradar a Juliano, que desejava colocar algumas praças em estado de defesa.

à sua vingança ou à sua ambição fosse útil fazer com que os bárbaros entrassem no Império, entregava-o de pronto, para que o destruíssem.[408]

Não há Estado em que seja maior a necessidade de tributos que aquele que se debilita; de modo que se é obrigado a aumentar os encargos à medida que se tem menos condições de suportá-los. Nas províncias romanas, em pouco tempo, os tributos se tornaram intoleráveis.

É preciso ler em Salviano as terríveis cobranças inflingidas aos povos.[409] Os cidadãos, perseguidos pelos cobradores de impostos, não tinham outro remédio a não ser se refugiar entre os bárbaros ou entregar sua liberdade ao primeiro que a quisesse tomar.

Isso servirá para explicar, em nossa história francesa, a paciência com que os gauleses suportaram a revolução que deveria estabelecer essa constrangedora diferença entre uma nação nobre e uma nação plebeia.[410] Os bárbaros, ao transformarem tantos cidadãos em escravos da gleba, isto é, do campo a que estavam ligados, não introduziram quase nada que não tivesse sido exercido mais cruelmente antes deles.[411]

---

408. Tal não era de se admirar, dada a mistura com as nações que tinham sido errantes, que não conheciam uma pátria fixa, onde não raro corpos inteiros de tropas se juntavam ao inimigo que os tinha vencido, contra a sua própria nação. Ver em Procópio como eram os godos quando governados por Vítiges.

409. Ver todo o livro V *De Gubernatione Dei*. Ver também, nas *Missões diplomáticas*, obra escrita por Prisco, o discurso de um romano estabelecido entre os hunos, sobre a felicidade entre eles.

410. Constava ainda na edição de 1734: "uma nação que reservava para si a liberdade e o exercício das armas, enquanto a outra, pela lei da servidão, destinava-se a cultivar os campos, a que cada indivíduo se ligaria para sempre".

411. Ver ainda Salviano, livro V, e as leis do *Código* e do *Digesto* a esse respeito.

CAPÍTULO XIX

1. GRANDEZA DE ÁTILA. 2. CAUSA DO ESTABELECIMENTO DOS BÁRBAROS. 3. RAZÕES PELAS QUAIS O IMPÉRIO DO OCIDENTE FOI O PRIMEIRO A RUIR.

No período em que o Império se enfraquecia, a religião cristã se estabelecia, os cristãos recriminavam tal decadência aos pagãos, e estes dela pediam contas à religião cristã. Os cristãos diziam que Diocleciano tinha perdido o Império ao se associar a três colegas,[412] pois cada imperador queria fazer tão grandes despesas e manter exércitos tão fortes, como se fosse único; e diziam que, por isso, o número dos que recebiam não sendo proporcional ao número dos que concediam, os encargos se tornaram tão pesados, que as terras foram abandonadas pelos lavradores e se transformaram em florestas. Os pagãos, ao contrário, não cessavam de bradar contra um culto novo, até então inaudito; e assim como outrora, na Roma florescente, atribuía-se as inundações do Tibre e os outros efeitos da natureza à cólera dos deuses, da mesma forma, na Roma que fenecia, imputavam-se as infelicidades a um novo culto e à derrubada dos altares antigos.

O prefeito Símaco,[413] em carta escrita aos imperadores acerca do altar da Vitória,[414] foi o que mais fez valer contra a religião cristã razões que eram populares e, consequentemente, bastante capazes de seduzir.

---

412. Lactâncio, *Da morte dos perseguidores*.
413. Quinto Aurélio Símaco Eusébio (*c.* 340-402) ocupou importantes cargos públicos na administração do Império sob Valentiniano II, tendo sido prefeito de Roma em 384 e cônsul em 391. Em um momento em que o cristianismo começava a fortalecer suas bases, o pagão Símaco alcançou prestígio por sua habilidade em manter uma eficiente teia de relações com importantes personagens da época. Montesquieu faz menção a suas *Relações* (*Relatio*), que escreveu quando ocupava o cargo de prefeito da urbe (que era inferior à prefeitura do pretório). Com esse escrito, entrou em polêmica com Santo Ambrósio sobre o tema da restauração do Altar da Vitória na cúria do Senado romano. (N.T.)
414. Cartas de Simaco, livro X, carta 54.

"Que coisa pode melhor nos conduzir ao conhecimento dos deuses, dizia ele, do que a experiência de nossas prosperidades passadas? Devemos ser fiéis a tantos séculos e seguir nossos pais, que tão satisfeitos seguiram os deles. Pensai que Roma vos fala e vos diz: 'Grandes príncipes, pais da pátria, respeitai meus anos durante os quais eu sempre observei as cerimônias de meus ancestrais: esse culto submeteu o universo a minhas leis; por isso Aníbal foi repelido de minhas muralhas e os gauleses foram repelidos do Capitólio.'. É para os deuses da pátria que demandamos a paz; nós a reivindicamos para os deuses autóctones. Não entramos em disputas que não convêm às pessoas ociosas e queremos oferecer orações, e não combates."

Três autores célebres responderam a Símaco: Oroso compôs sua *História* para provar que no mundo sempre houve tantas grandes desgraças quanto aquelas de que se queixavam os pagãos; Salviano fez seu livro, no qual sustentou que eram os desregramentos dos cristãos que tinham atraído os ataques dos bárbaros;[415] e Santo Agostinho fez ver que a Cidade do Céu era diferente dessa Cidade da Terra[416], na qual os antigos romanos, por algumas virtudes humanas, tinham recebido recompensas tão vãs quanto suas virtudes.

Vimos que, nos primeiros tempos, a política dos romanos esteve em dividir todas as potências que pudessem lhes ombrear. Depois, não mais o conseguiram. Precisaram tolerar que Átila[417] submetesse todas as nações do norte; ele se estendeu do Danúbio ao Reno, destruiu todos os fortes e todas as obras feitas naqueles rios, e fez com que os dois impérios pagassem tributos.

"Teodósio", ele dizia com insolência, "é filho de pai bastante nobre, assim como eu. Mas, ao me pagar tributo, ele desceu de sua nobreza e se tornou

---

415. *Do governo de Deus.*
416. *Da cidade de Deus.*
417. Átila (c. 395-453) foi o último e mais poderoso rei dos hunos, tribo procedente provavelmente da Ásia, ainda que suas origens exatas sejam desconhecidas. Governou o maior império europeu de seu tempo de 434 até sua morte, em 453. Ficou conhecido como "o flagelo dos deuses". Suas possessões se estendiam da Europa Central até o mar Negro e do rio Danúbio ao mar Báltico. Durante seu reinado, foi um dos mais acerbos inimigos do Império Romano, quando este, já em sua agonia, dividia-se entre Império do Oriente e do Ocidente. Invadiu os Bálcãs duas vezes, esteve a ponto de tomar a cidade de Roma e chegou a sitiar Constantinopla. Ocupou a França até a altura de Orleans, onde os romanos o forçaram a retroceder na batalha dos Campos Catalônicos, e, em 452, conseguiu fazer o imperador Valentiniano III fugir de Ravena, então capital do Império Romano. Ainda que seu império tenha morrido com ele sem deixar uma herança notável, tornou-se figura lendária na história da Europa, lembrado sobretudo como paradigma da crueldade e da rapina. (N.T.)

meu escravo. Não é justo que ele prepare armadilhas a seu mestre, como um escravo perverso."[418]

"Não convém ao imperador, disse ele em outra ocasião, ser mentiroso. A um de meus súditos ele prometeu dar em casamento a filha de Saturnilo. Se ele não quiser manter a palavra, haverei de lhe declarar a guerra; se não puder mantê-la, e estiver em uma situação em que se ouse desobedecê-lo, marcharei em seu socorro."

Não se acredite ter sido por moderação que Átila deixou subsistir os romanos; ele seguia os costumes de sua nação, que o levavam a subjugar os povos, não a conquistá-los. Esse príncipe, em sua casa de madeira, na qual o representa Prisco,[419] senhor de todas as nações bárbaras[420] e, de certo modo, de quase todas as que eram policiadas, foi um dos grandes monarcas de que a história algum dia falou.

Em sua corte se viam os embaixadores dos romanos do Oriente e os do Ocidente, que vinham receber suas leis ou implorar sua clemência. Ele ora solicitava que lhes devolvessem os hunos desertores ou os escravos romanos fugidos, ora queria que lhe entregassem algum ministro do imperador. Ao império do Ocidente impôs um tributo de 2,1 mil libras de ouro; recebia os vencimentos de general dos exércitos romanos; enviava a Constantinopla aqueles que desejasse recompensar, para que os cobrissem de bens, negociando a todo tempo com o pavor dos romanos.

Átila era temido por seus súditos, e não parece que o odiassem. Prodigiosamente orgulhoso e, entretanto, astuto;[421] ardoroso em sua cólera, mas sabendo perdoar ou adiar a punição segundo o que conviesse a seus interesses; jamais fez a guerra quando a paz pudesse lhe dar uma série de vantagens; fielmente servido pelos próprios reis que se encontravam sob sua dependência: guardara para si a antiga simplicidade de costumes dos hunos. De resto, de modo algum se há de enaltecer pela bravura o chefe de uma nação em que os filhos se extasiavam ante o relato dos belos feitos militares de seus pais e onde os pais vertiam lágrimas por já não poderem imitar os filhos.

Após sua morte, todas as nações bárbaras tornaram a se dividir. Mas tão fracos estavam os romanos que não havia povo tão pequeno que não os pudesse hostilizar.

---

418. *História gótica e Relação da embaixada escrita por Prisco*. Era Teodoro, o Jovem.
419. *História Gótica: Hœ sedes regis barbariem totam tenentis, hœc captis civitatibus habitacula praeponebat.* (Jornandes, *De Reb. Geticis*.)
420. Segundo a *Relação* de Prisco, parece que na corte de Átila se tencionava submeter ainda os persas.
421. Sobre o cárater desse príncipe e dos costumes da corte, é preciso consultar Jornandes e Prisco.

Não foi certa invasão que pôs a perder o Império, foram todas as invasões. Depois daquela de caráter muito geral no tempo de Galo, ele pareceu se restabelecer, já que não havia perdido terreno. Porém, gradativamente, ele foi da decadência à queda, até sucumbir de repente, sob Arcádio e Honório.[422]

Os bárbaros em vão eram rechaçados para a sua região: chegariam mesmo a voltar para lá, a fim de pôr em segurança o seu butim. Em vão eram exterminados: as cidades não eram menos saqueadas; as aldeias, queimadas; as famílias, mortas ou dispersadas.[423]

Ao que era devastada uma província, os bárbaros que sucediam ali já nada encontravam, devendo passar a outra. No início, devastaram tão somente a Trácia, a Mésia e a Panônia.[424] Com a devastação dessas regiões, arruinaram a Macedônia, a Tessália, a Grécia; de lá foi preciso ir à Nórica[425]. O Império, isto é, a região habitada, encolhia-se cada vez mais, e a Itália se tornava fronteira.

A razão pela qual não se fez o assentamento sob Galo e Gálio é que eles ainda achavam o que pilhar.

Assim, quando os normandos, verdadeiras imagens de conquistadores do Império, assolaram a França por vários séculos e já não encontraram nada a tomar, aceitaram uma província que estava inteiramente deserta,[426] e a partilharam.

---

422. Flávio Arcádio (377-408) e Flávio Honório (395-423) eram filhos do imperador Teodósio I. Arcádio esteve associado ao Império desde 383, quando tinha 6 anos e recebeu o título de augusto. Foi nomeado cônsul por três vezes. Com a morte do pai, em 395, adquiriu a porção Oriental do Império Romano, enquanto Honório recebia o Ocidente. Durante todo o seu reinado, esteve sob o controle de seus ministros. Na verdade, os dois irmãos foram soberanos inexperientes, que se fizeram meros observadores das tramas de seus ministros. O primeiro deles, Rufino, foi assassinado em um complô possivelmente arquitetado por Flávio Estilicão, influente na porção oeste. O segundo, o eunuco Flávio Eutrópio, adquiriu proeminência após realizar campanha contra os hunos, em 397. Como eminências a atuar por trás do imperador, sucederam sua esposa Élia Eudóxia, nomeada augusta, e, a partir de 404, o prefeito pretoriano do Oriente Antêmio, que controlou o Império até a morte do Imperador. (N.T.)
423. Não havia nação mais destrutiva que a dos godos: tinham destruído todos os agricultores na Trácia e decepado as mãos dos que conduziam as carretas. (*Hist. Byzant.* de Malchus, no *Excerto das missões diplomáticas.*)
424. A Trácia, a Mésia e a Panônia eram regiões situadas no sudeste europeu, a oeste do mar Negro, nos territórios da península balcânica e das atuais Áustria e Hungria. (N.T.)
425. A Nórica era um território da tribo celta dos nóricos, que ocupava a atual Áustria e o sul da Alemanha. (N.T.)
426. Nas crônicas recolhidas por André de Chesne, ver a condição dessa província no final do século nono e início do décimo. (*Script. Normann. Hist. Veteres.*)

Naquele tempo, estando a Cítia[427] quase toda inculta,[428] os povos ali se encontravam sujeitos à fome frequente; substitiam, em parte, por um comércio com os romanos, que lhes traziam víveres das províncias vizinhas do Danúbio.[429] Os bárbaros davam em troca as coisas que tinha pilhado, os prisioneiros que tinham feito, o ouro e a prata que recebiam pela paz. Porém, quando não mais se pôde pagar tributos capazes de sustentá-los, eles foram obrigados a se fixar.[430]

O império do Ocidente foi o primeiro a ser abatido; eis aqui as razões.

Os bárbaros, tendo atravessado o Danúbio, encontravam à sua esquerda o Bósforo, Constantinopla e todas as forças do império do Oriente que os detinham. Isso fazia com que voltassem para a direita, para o lado da Ilíria, e pressionassem rumo ao ocidente. Produziu-se um refluxo de nações e um transporte de povos para aquele lado. Sendo as passagens da Ásia mais bem guardadas, tudo refluía em direção à Europa; já na primeira invasão, sob Galo, as forças dos bárbaros se dividiram.

Tendo o Império sido realmente dividido, os imperadores do Oriente, que possuíam alianças com os bárbaros, não as quiseram romper para socorrer os imperadores do Ocidente. Essa divisão na administração, diz Prisco,[431] foi muito prejudicial aos negócios do Ocidente. Assim, os romanos do Oriente recusaram aos do Ocidente uma armada naval, em razão de sua aliança com os vândalos.[432] Os visigodos, tendo feito aliança com Arcádio, entraram no Ocidente, e Honório foi obrigado a fugir para Ravena.[433]

---

427. A Cítia foi uma extensa região que ocupava a Europa e a Ásia, habitada por um grupo de povos iranianos, falantes de línguas iranianas e conhecidos como citas. A localização e extensão da Cítia variou com o tempo, mas basicamente se estendia do norte do mar Negro à região dos Montes Altai, onde estão as fronteiras da Mongólia, da China, da Rússia e do Cazaquistão. (N.T.)
428. Os godos, como dissemos, não cultivavam a terra. – Os vândalos os chamavam "trulles", nome de uma pequena medida, e isso porque, durante uma fome, tinham lhes vendido por preço muito alto medida semelhante de trigo. (Olimpiodoro, na *Bibliothèque de Photien*, livro XXX.)
429. Na *História*, de Prisco, se vê que, pelos tratados, havia mercados estabelecidos nas margens do Danúbio.
430. Quando os godos mandaram pedir a Zenão que, em sua aliança, recebesse Teuderico, filho de Triário, nas mesmas condições concedidas a Teuderico, filho de Balamer, o Senado consultado respondeu que os rendimentos do Estado não tinham sido suficientes para alimentar dois povos godos, e seria preciso escolher a amizade de um dos dois. (*História*, de Malchus, no *Excerto das missões diplomáticas*.)
431. Prisco, livro II.
432. Ibid.
433. Procópio, *Guerra dos vândalos*.

Zenão, por fim, para se desfazer de Teodorico, persuadiu-o a atacar a Itália, que Alarico[434] já tinha devastado.

Havia uma aliança[435] muito estreita entre Átila e Genserico, rei dos vândalos.[436] Este último temia os godos; casara seu filho com a filha do rei dos godos,[437] e, tendo em seguida feito cortar o nariz dela, mandara-a de volta; uniu-se então com Átila. Os dois impérios, acorrentados por seus dois príncipes, não ousavam se socorrer. A situação do Império do Ocidente era a mais deplorável; não havia quaisquer forças marítimas; estavam todas no Oriente,[438] no Egito, em Chipre, na Fenícia, Iônia, Grécia, os únicos países onde havia algum comércio. Os vândalos e outros povos atacavam as costas do Ocidente por toda parte; uma embaixada de italianos veio a Constantinopla, diz Prisco, a fim de fazer saber que era impossível que os negócios se sustentassem sem uma reconciliação com os vândalos.[439]

Aqueles que governavam no Ocidente não careceram de política. Julgaram que era preciso salvar a Itália, que de certo modo era a cabeça e o coração do Império. Fizeram com que os bárbaros passassem para as extremidades, e ali os assentaram. O desígnio era bem conhecido e foi bem executado. Essas nações pediam tão só a subsistência; foram lhes dadas as planícies; aos romanos ficaram reservados países montanhosos, as paisagens dos

---

434. Alarico (375-410), líder visigodo, foi o primeiro entre os líderes bárbaros a tomar a cidade de Roma, no famoso saque de Roma, em 410. O saque resultou do fracasso das negociações entre Alarico e o Império, na tentativa de obter para si mesmo um posto no Exército romano. No século IV, era comum o Império Romano utilizar bárbaros como tropas auxiliares em suas campanhas militares, sob o comando dos generais romanos. Alarico foi líder de um grupo de soldados, tendo servido sob o imperador Teodósio I até a morte deste, em 395. Nos anos seguintes, passou a atacar e pilhar várias províncias. Apesar de nunca ter pisado na península Ibérica, é considerado o primeiro rei visigodo na história de Portugal e da Espanha, onde seu povo se estabeleceu após sua morte. (N.T.)
435. Prisco, livro II.
436. Genserico (399-477) foi rei dos vândalos e alanos entre 428 e 477. Elemento-chave nos conflitos travados no século V pelo Império Romano do Ocidente, bem como em seus quase cinquenta anos de reinado. Em 435, Genserico chegou a um acordo com o Império Romano, e por tal acordo o reino vândalo passou a ser federado de Roma. Não obstante, em 439, tomou a cidade de Cartago, capturando a frota imperial ali atracada. Com esse movimento, tornava os vândalos, até então modesta tribo germânica, donos do Mediterrâneo Ocidental, logo vindo a se apoderar de importantes bases marítimas, como as Ilhas Baleares, a Córsega, a Sicília e a Sardenha. Em 455, submeteu Roma a um novo saque e, em 468, enfrentou o último esforço militar conjunto das duas metades do Império Romano. Em 474, por fim, assinou a paz perpétua com Constantinopla, pela qual o Império Bizantino reconhecia a soberania vândala sobre as províncias norte-africanas e as ilhas do Mediterrâneo. (N.T.)
437. Ver Jornandes, *De Reb. Get.*, cap. XXXVI.
438. Isso se notou sobretudo na guerra de Constantino contra Licínio.
439. Prisco, livro II.

rios, os desfiladeiros, as áreas junto aos grandes rios: preservaram soberania. Ao que parece, esses povos teriam sido forçados a se tornar romanos, e tal suposição se justifica pela facilidade com que seus destruidores foram eles próprios destruídos pelos francos, pelos gregos, pelos mouros. Todo esse sistema foi derrubado por uma revolução mais fatal do que todas as outras. O Exército da Itália, composto de estrangeiros, exigiu o que já se havia concedido a nações até mais estrangeiras: sob Odoacro,[440] ele formou uma aristocracia, que se concedeu a terça parte das terras da Itália, o que foi um golpe mortal desferido contra esse império.

Em meio a tantos reveses, é com triste curiosidade que se busca o destino da cidade de Roma. Ela estava, por assim dizer, sem defesa; podia facilmente ser submetida à fome; a extensão de suas muralhas fazia com que fosse muito difícil guardá-las; como se situasse em uma planície, facilmente se podia forçá-la; não havia recursos no seio da população, que estava extremamente reduzida. Os imperadores foram obrigados a se retirar para Ravena, cidade outrora defendida pelo mar, como Veneza é nos dias de hoje.

O povo romano, quase sempre abandonado de seus soberanos, começou a se tornar soberano e a fazer tratados para a sua conservação;[441] tem-se aí o meio mais legítimo para a conquista do poder soberano. Foi assim que a Armórica e a Bretanha começaram a viver sob suas próprias leis.[442]

Tal foi o fim do Império do Ocidente. Roma se engrandecera por haver tido somente guerras sucessivas; por inacreditável sorte, cada nação só a atacava depois de outra já ter sido arruinada. Roma foi destruída porque todas as nações a atacaram ao mesmo tempo e nela adentraram por toda parte.

---

440. Flávio Odoacro (*c.* 434-493) foi rei da tribo germânica dos hérulos. Em 476, ao depor o imperador Rômulo Augusto, apelidado "Augústulo" (pequeno Augusto), enviou as insígnias imperiais a Zenão I, que reinava no Império do Oriente. Com isso, pôs fim ao Império Romano do Ocidente e se tornou o primeiro dos reis bárbaros de Roma. A data, 4 de setembro de 476, é tradicionalmente reconhecida como o fim da Idade Antiga e o início da Idade Média. Odoacro, nomeado *rex gentiu* de suas tropas, continuou a reinar na Itália. No entanto, Teodorico, o Grande, estimulado por Zenão I, derrotou-o e acabou por assassiná-lo durante um banquete. (N.T.)
441. Ao tempo de Honório, Alarico, que sitiava Roma, obrigou a cidade a aceitar a sua aliança mesmo contra o Imperador, que a ela não pôde se opor. (Procópio, *Guerra dos godos*, livro I.) Ver Zósimo, livro VI.
442. Zósimo, livro VI.

CAPÍTULO XX

1. DAS CONQUISTAS DE JUSTINIANO.
2. DE SEU GOVERNO.

Como todos esses povos entravam no Império de forma desordenada, eles se incomodavam reciprocamente, e toda a política daquele tempo esteve em armar uns contra os outros; isso era fácil, em razão de sua ferocidade e de sua avareza. Eles se entredestruíam em sua maior parte antes de ter podido se estabelecer, o que fez com que o império do Oriente subsistisse por algum tempo.

Além disso, o norte vinha se exaurindo, e já não se viam as saídas de seus exércitos que tinham aparecido no início; afinal, após as primeiras invasões dos godos e dos hunos, sobretudo após a morte de Átila, estes e os povos que os seguiram atacaram com forças menos numerosas.

Ao que essas nações, que se tinham reunido em corpo de exército, dispersaram-se em povos, enfraqueceram-se em ampla medida: espalhadas pelos diversos lugares de suas conquistas, elas próprias estiveram expostas às invasões.

Foi nessas circunstâncias que Justiniano empreendeu a reconquista da África e da Itália e foi assim que nossos franceses executaram, de maneira igualmente ditosa contra os visigodos, contra os borgonheses, lombardos e sarracenos.

Ao que a religião cristã foi introduzida entre os bárbaros, a seita ariana, de um modo ou de outro, era dominante no Império. Valente lhe enviou sacerdotes arianos, que foram seus primeiros apóstolos. Ora, no intervalo que houve entre sua conversão e seu estabelecimento, essa seita de certo modo foi destruída entre os romanos. Os bárbaros arianos, tendo encontrado toda uma região ortodoxa, jamais puderam obter sua afeição, e para os imperadores foi fácil perturbá-los.

Além disso, esses bárbaros, dos quais a arte e o gênio de modo algum estiveram em atar as cidades e tanto menos em defendê-las, deixaram que as muralhas caíssem em ruína. Procópio nos ensina que Belisário[443] encontrou as da Itália nessa situação. As da África tinham sido desmanteladas por Genserico,[444] como as da Espanha o foram, na sequência, por Vitisa, com a ideia de se assegurar de seus habitantes.[445]

A maior parte desses povos do norte, uma vez estabelecidos nas regiões do sul, logo se deixou tomar pela indolência e se tornou incapaz das fadigas da guerra.[446] Os vândalos enlanguesciam na volúpia: uma mesa delicada, hábitos afeminados, banhos, a música, a dança, os jardins, os teatros tinham se tornado necessários.

Eles já não provocavam inquietação nos romanos,[447] diz Malchus,[448] desde que tinham deixado de manter os exércitos que Genserico mantivera sempre em alerta, e com os quais conjurava seus inimigos e surpreendia o mundo inteiro com a facilidade de suas investidas.

A cavalaria dos romanos era muito experiente em atirar com o arco; mas a dos godos e dos vândalos se servia apenas da espada e da lança, e só a podia combater de longe.[449] Foi essa diferença que Belisário atribuiu parte de seus êxitos.

Os romanos (sobretudo sob Justiniano) obtiveram grandes serviços dos hunos, povos dos quais tinham saído os partas, e combatiam como eles. A partir do momento em que perderam seu poder em razão da derrota de Átila e das divisões originadas pelo grande número de seus filhos,

---

443. Flávio Belisário (505-565) foi um dos grandes generais do Império Bizantino e um dos maiores da história. Durante o reinado de Justiniano, fez-se o principal protagonista das lutas de expansão do Império. Entre seus principais êxitos bélicos estão as lutas contra os persas – a quem forçou a assinar uma "Paz Eterna", após duas décadas de guerra com o Oriente Próximo – e a Revolta de Nika, em 532, em Constantinopla, que ameaçava destronar o Imperador. Conquistou o reino vândalo no norte da África, em seguida tomou a Sicília, e de lá passou à península itálica, então sob domínio ostrogodo. Em uma segunda expedição, em 548, conquistou Roma, que se manteve sob poder bizantino por décadas. Ao retornar a Constantinopla, teve de defender a capital do Império Bizantino de um ataque desferido por uma coalizão de povos eslavos e búlgaros. Em 562, foi aprisionado, acusado de tomar parte em conspiração contra Justiniano. Libertado no ano seguinte, morreu empobrecido algum tempo depois. (N.T.)
444. Procópio, *Guerra dos vândalos*, livro I.
445. Mariana, *História da Espanha*, livro VI, cap. XIX.
446. Procópio, *Guerra dos vândalos*, livro II.
447. Da época de Honorico.
448. *História bizantina*, no *Excerto das missões diplomáticas*.
449. Ver Procópio, *Guerra dos vândalos*, livro I, e, do mesmo autor, *Guerra dos godos*, livro I. Os arqueiros godos se moviam a pé e eram pouco treinados.

passaram a servir aos romanos na condição de auxiliares e formaram sua melhor cavalaria.

Todas essas nações bárbaras se distinguiam cada qual por sua maneira particular de combater e de se armar.[450] Os godos e os vândalos eram temíveis com a espada na mão; os hunos eram arqueiros admiráveis; os suevos, bons homens de infantaria; os alanos usavam armas pesadas; e os hérulos eram uma tropa leve. Em todas essas nações, os romanos tomavam diferentes corpos de tropas que convinham a seus desígnios e combatiam contra uma só, detendo as vantagens de todas as outras.

É algo singular que as nações mais fracas tenham sido as que formaram as maiores povoações: seria muito enganador julgar suas forças por suas conquistas. Nessa longa sequência de incursões, os povos bárbaros, ou melhor, os enxames que deles saíam, destruíam ou eram destruídos; tudo dependia das circunstâncias e, enquanto uma grande nação era combatida ou detida, uma tropa de aventureiros que encontrasse uma região aberta fazia aí devastações assustadoras. Os godos, cuja desvantagem nos exércitos fez com que fugissem diante de tantas nações, estabeleceram-se na Itália, na Gália e na Espanha. Os vândalos, deixando a Espanha por fraqueza, passaram para a África, onde fundaram um grande império.

Justiniano pôde equipar contra os vândalos não mais do que cinquenta embarcações e, quando Belisário desembarcou, tinha apenas 5 mil soldados.[451] Era uma iniciativa bastante ousada, e Leão, que no passado enviara a eles uma frota composta por todas as embarcações do Oriente, e na qual havia 100 mil homens, não chegou a conquistar a África e acreditou que perderia o Império.

Essas grandes frotas, não mais que os grandes exércitos de terra, quase nunca foram bem-sucedidas. Como esgotam um Estado quando a expedição é longa ou quando algum revés se lhe abate, elas já não podem ser socorridas nem reparadas; se uma parte se perde, o que resta não é nada, porque as embarcações de guerra, as de transporte, de cavalaria, de infantaria, as munições, enfim, as diversas partes dependem de todo o conjunto. A lentidão da empresa faz com que sempre se encontrem inimigos preparados. Além disso, é raro uma expedição se fazer em uma estação conveniente; se cai na época das tempestades, inúmeras coisas só ficam prontas alguns meses depois de quando foram prometidas.

---

450. Uma passagem notável de Jornandes nos traz todas essas diferenças: foi por ocasião da batalha travada pelos gépidas contra os filhos de Átila.
451. Procópio, *Guerra dos godos*, livro II.

Belisário invadiu a África, e o que muito o beneficiou foi haver tirado da Sicília uma grande quantidade de provisões, em consequência de um tratado feito com Amalasunta[452], rainha dos godos. Quando foi enviado para atacar a Itália, vendo que os godos extraíam sua subsistência da Sicília, começou por conquistá-la; impôs a fome a seus inimigos e se encontrou na abundância de todas as coisas.

Belisário tomou Cartago, Roma e Ravena, e enviou os reis dos godos e dos vândalos como cativos a Constantinopla, e lá, depois de muito tempo, viram-se renovados os antigos triunfos.[453]

Nas qualidades desse grande homem podemos encontrar as principais causas de seus êxitos.[454] Com um general que seguia todas as máximas dos primeiros romanos, formou-se um exército semelhante aos dos antigos exércitos romanos.

Via de regra, as grandes virtudes se ocultam ou se perdem na servidão; mas o governo tirânico de Justiniano não pôde oprimir a grandeza dessa alma, nem a superioridade desse gênio.

Também o eunuco Narses[455] foi entregue a esse reino para o tornar ilustre. Criado no palácio, detinha a alta confiança do imperador: afinal, os príncipes sempre consideram seus cortesãos seus mais fiéis súditos.

Porém, a má conduta de Justiniano, sua prodigalidade, suas vexações, suas rapinagens, sua desvairada ânsia em construir, em modificar, em re-

---

452. Amalasunta (c. 495-535) foi rainha dos ostrogodos de 526 a 534. Era filha de Teodorico, o Grande. Casou-se com Eutarico em 515 e, quando este morreu, em 522, ela se tornou regente dos godos durante cerca de dez anos, já que o filho, Atalarico, era ainda extremamente jovem. Com a morte precoce do filho, como rainha frágil que era, Amalasunta recorreu a seu primo, Teodato, para ser parceiro no trono. Mas o próprio Teodato, que tampouco era bem visto pelos godos, permitiu ou mesmo ordenou seu encarceramento, e posterior assassinato, em uma ilha lacustre da Toscana. O tratado a que se refere Montesquieu foi realizado pela rainha Amalasunta, temerosa e enfraquecida, com o imperador Justiniano I, antecessor de Belisário. A intenção era que este o conduzisse à Constantinopla com seu tesouro, como medida de segurança. (N.T.)
453. Justiniano lhe concedeu apenas o triunfo da África.
454. Ver "Suidas", no artigo *Belisário*.
455. Narses (478-573) foi, ao lado de Belisário, um dos grandes generais que, como eunuco, servia na corte de Constantinopla ao imperador Justiniano I durante a chamada "Reconquista". Em 552, quando contava 74 anos, foi escolhido por Justiniano para liderar a campanha contra os ostrogodos na península itálica. Apesar da idade avançada, Narses provou ser tão enérgico e habilidoso quanto seu predecessor, Belisário, e impôs importantes derrotas aos ostrogodos. Narses permaneceu na Itália como prefeito (governador), vindo a ser destituído do cargo por Justino II, sobrinho de Justiniano. Tendo entregado o posto, mas se recusado a deixar a Itália, Narses se retirou para uma vila próxima de Nápoles. Muitas fontes da época creditam a Narses, como vingança contra Justino II, uma trama secreta para a invasão da península itálica pelos lombardos em 568. (N.T.)

formar, sua inconstância de desígnios e seu reino duro e fraco, que se tornou mais incômodo em razão de sua longa velhice, foram infortúnios reais, mesclados a êxitos inúteis e a uma glória vã.

Essas conquistas, que tinham por causa não a força de um império, mas certas circunstâncias particulares, puseram tudo a perder: enquanto os exércitos se mantinham ocupados com elas, novos povos atravessaram o Danúbio, desolaram a Ilíria, a Macedônia e a Grécia, e os persas, em quatro invasões, impingiram ao Oriente chagas incuráveis.[456]

Quanto mais rápidas foram essas conquistas, menos tiveram elas um fundamento sólido: mal a Itália e a África foram conquistadas, fez-se necessário reconquistá-las.

Justiniano buscara no teatro uma mulher que ali se prostituíra durante muito tempo.[457] Ela o dominou de maneira imperiosa como não há paralelo na história, e, a todo tempo introduzindo nas questões de Estado as paixões e fantasias de seu sexo, corrompeu as vitórias e os êxitos mais felizes.

No Oriente, desde sempre se multiplicou o uso das mulheres, para delas retirar a prodigiosa ascendência que nesses climas exercem sobre nós. Em Constantinopla, porém, a lei de uma única mulher concedeu a autoridade a esse sexo; e isso algumas vezes introduziu no governo a fraqueza.

O povo de Constantinopla sempre se dividia em duas facções: a dos azuis e a dos verdes. Elas se originaram da afeição que nos teatros se tinha mais por certos atores do que por outros: nos jogos circenses, os carros cujos cocheiros vestidos de verde disputavam o prêmio com os vestidos de azul, e cada qual assumia interesse por isso até o desvario.

Essas duas facções, disseminadas em todas as cidades do Império, eram mais ou menos furiosas, seguindo a proporção do tamanho das cidades, e isso significa a ociosidade de grande parte da população.

Mas as divisões, sempre necessárias em um governo republicano, para mantê-lo, no governo dos imperadores só poderiam ser fatais, porque só faziam produzir a mudança do soberano, e não o restabelecimento das leis e a cessação dos abusos.

Justianiano, que favorecia aos azuis e recusava toda justiça aos verdes, exasperou as duas facções e, consequentemente, fortificou-as.[458]

---

456. Os dois impérios se devastaram ainda mais, uma vez que não se esperava conservar o que se tinha conquistado.
457. A imperatriz Teodora.
458. Era uma doença antiga. Suetônio diz que Calígula, aferrado à facção dos verdes, odiava o povo porque aplaudia a outra.

Elas chegaram a ponto de aniquilar a autoridade dos magistrados: os azuis não temiam as leis, porque o imperador os protegia contra elas; os verdes deixaram de respeitá-las, porque já não podiam defendê-los.[459]

Todos os laços de amizade, parentesco, dever, reconhecimento, foram suprimidos; as famílias se entredestruíam; todo celerado que quisesse cometer um crime pertencia à facção dos azuis; qualquer homem que fosse roubado ou assassinado era da facção dos verdes.

Um governo tão pouco sensato era ainda mais cruel: o imperador, não contente em impor a seus súditos uma injustiça de caráter geral, cobrindo-os de impostos excessivos, assolava-os com todo tipo de tiranias em seus assuntos particulares.

Eu não seria naturalmente inclinado a acreditar em tudo o que Procópio nos diz sobre isso em sua *História secreta*, porque os elogios magníficos que ele fez a esse príncipe em suas outras obras enfraquecem seu testemunho nesta, onde ele o retrata como o mais estúpido e o mais cruel dos tiranos.

Mas confesso que duas coisas me fazem ficar a favor da *História secreta*.

A primeira é que ela está mais relacionada à espantosa fraqueza em que se encontrava esse império ao final desse reinado e nos que sucederam.

A outra é um monumento que ainda existe entre nós: são as leis desse imperador, nas quais se vê, no curso de alguns anos, a jurisprudência variar mais do que o fez nos últimos três séculos de nossa monarquia.

Essas variações, em sua maior parte, versam sobre coisas de tão pouca importância, que não se vê razão alguma que devesse levar um legislador a introduzi-las,[460] a menos que as expliquemos pela *História secreta* e afirmemos que esse príncipe vendia igualmente seus julgamentos e suas leis.

Porém, o que mais prejuízo causou ao Estado político do governo foi o projeto, por ele concebido, de reduzir todos os homens a uma mesma opinião quanto aos assuntos da religião, nas circunstâncias que tornavam seu zelo inteiramente indiscreto.

Como os antigos romanos fortificassem seu império, ao permitir aí toda espécie de culto, mais tarde ele foi reduzido a nada ao cortar, uma após a outra, as seitas que não eram dominantes.

Essas seitas eram nações inteiras. Algumas, depois de terem sido conquistadas pelos romanos, tinham conservado sua região antiga, como os

---

459. Para se ter uma ideia do espírito daquele tempo, é preciso ver Teófanes, que relata uma longa conversa, que se deu no teatro, entre os verdes e o imperador.
460. Ver as *Novelas*, de Justiniano.

samaritanos[461] e os judeus. As outras tinham se disseminado por um país, como os sectários de Montano[462], na Frígia, os maniqueus,[463] os sabatianos,[464] e em outras províncias ou arianos. Sem falar que grande parte das pessoas do campo ainda era idólatra e se obstinava a uma religião tão grosseira quanto eles.

Justiniano, que destruía essas seitas com a espada ou por suas leis, e que, obrigando-os a se revoltar, obrigou-se a exterminá-las, tornou incultas diversas províncias: ele acreditava ter aumentado o número de fiéis; mais não tinha feito que diminuir o dos homens.

---

461. Os samaritanos são um pequeno grupo étnico-religioso originário da Palestina e aparentado aos judeus. Consideram-se descendentes dos antigos habitantes do antigo reino de Israel, enquanto os judeus ortodoxos os consideram descendentes de povos estrangeiros que adotaram uma versão adulterada da religião hebraica. Sua religião se baseia no Pentateuco, composto pelos cinco primeiros livros do Antigo Testamento, excluindo-se os subsequentes. Rejeitam a importância religiosa de Jerusalém, não possuem rabinos e não aceitam o Talmud dos judeus. Sua doutrina se ancora nos seguintes princípios: unidade e unicidade de Deus; Moisés como único profeta; o Pentateuco como único livro de inspiração divina; o monte Gerizim como local inspirado por Deus para situar um santuário; a ressurreição dos mortos ocorrerá antes do Juízo Final. Os samaritanos passaram a sofrer perseguições e ataques sistemáticos à altura do século V, com o Império Bizantino usando a força para converter certas minorias, cristãs ou não, à sua modalidade de cristianismo. O tempo dos samaritanos foi destruído de maneira definitiva por Zenão I e, durante o governo de Justiniano, tiveram uma revolta severamente sufocada. Milhares deles foram mortos ou vendidos como escravos, outros se converteram, de modo que sua população foi drasticamente reduzida. (N.T.)
462. Montano foi um líder religioso e profeta da Ásia Menor, que viveu entre os séculos II e III. Fundou um movimento fanático que vivia segundo suas revelações proféticas, carentes de fundamentação bíblica e exegese. Foi logo considerado herético por um clero católico cuja hierarquia, que Montano rejeitava, estava em consolidação. Segundo a *História Eclesiástica* de Eusébio, as preleções de Montano deixavam seus ouvintes entre apreensivos e oprimidos ante as fantasiosas mensagens sobre a vinda gloriosa do Espírito Santo e sobre o fim dos tempos. (N.T.)
463. O maniqueísmo é uma doutrina religiosa sincrética e dualista, fundada e propagada pelo profeta de origem persa Mani, Manes ou Maniqueu, no século III. Com um sincretismo de elementos do gnosticismo, do zoroastrismo e do cristianismo, concebeu-se uma teoria que, abarcando todo o universo, dividia-o estritamente entre bom, ou Deus – ou luzes –, e mal, ou o diabo – ou as trevas. A matéria é intrinsicamente má, e o espírito, intrinsicamente bom. As ideias maniqueístas se disseminaram desde as fronteiras com a China até o norte da África. Ao final do século III, Mani foi crucificado, e seus adeptos sofreram perseguições na Babilônia e no Império Romano – neste sob o imperador Diocleciano e sob os imperadores cristãos. O próprio Santo Agostinho professou o maniqueísmo antes de se converter à doutrina e à religião cristãs. Apesar de a Igreja ter condenado o maniqueísmo como heresia, ele continuou vivo até a Idade Média. (N.T.)
464. De Sabátio (Sabbatai Zevi) e seus seguidores, os sabatianos, sabe-se que eram "criptojudeus" da Turquia. Criptojudeus porque eram muçulmanos na vida pública e, no entanto, secretamente professavam uma modalidade de judaísmo – justamente, o sabatianismo. Reconheciam Sabátio como o Messias, seguiam certos ritos semelhantes aos do judaísmo regular, rezavam em hebraico e, mais tarde, em ladino. (N.T.)

Procópio nos ensina que, pela destruição dos samaritanos, a Palestina se tornou deserta, e o que torna esse fato singular é que se enfraqueceu o Império por zelo pela religião na região em que, alguns reinados depois, os árabes penetraram para a destruir.

O que havia de desesperador e que, enquanto o Imperador levava a intolerância tão longe, ele próprio não entrava em acordo com a Imperatriz sobre os pontos mais essenciais; ele seguia o Concílio de Calcedônia[465], e a Imperatriz favorecia os que se lhe opunham, fosse de boa-fé, diz Evagro,[466] fosse de propósito.

Quando se lê Procópio sobre as edificações de Justiniano, e quando se vê os lugares e os fortes que esse príncipe fez erigir por toda a parte, sempre nos ocorre uma ideia, por mais que seja falsa de um Estado florescente.

De início, os romanos não tinham fortificações; sua confiança era toda ela voltada às forças armadas, que eles posicionavam ao longo dos rios, onde se elevavam torres, a certos intervalos de distância, para alojar os soldados.

Mas, como não houvesse senão exércitos ruins, ou mesmo, não raro, exército algum, a fronteira não sendo defendida do interior, era preciso fortificá-lo,[467] e assim se passou a possuir mais fortificações e menos forças, mas abrigos e menos segurança. O campo, só sendo habitável em torno das fortificações, mandou-se construí-las por toda a parte. Era como na França do tempo dos normandos,[468] que nunca foi tão franca quanto na época em que suas cidades eram cercadas por muros.

Assim, todas essas listas de nomes de fortes que Justiano fez erigir, às quais Procópio dedica páginas inteiras, mais não são do que monumentos à fraqueza do Império.

---

465. O Concílio de Calcedônia foi realizado em 451, mediante convocação pelo imperador bizantino Marciano, com o intuito de debater as duas naturezas de Jesus Cristo e corrigir os erros e abusos do Concílio de Éfeso, realizado dois anos antes. O Concílio de Calcedônia encerrou as discussões cristológicas que haviam permeado concílios ecumênicos anteriores, mediante a rejeição veemente do monofisismo e o estabelecimento do dogma do diofisismo, segundo o qual haveria em Cristo duas naturezas, a humana e a divina. (N.T.)
466. Livro IV, cap. X.
467. Augusto havia estabelecido nove fronteiras ou marcas. Sob os imperadores que se sucederam, o número aumentou. Os bárbaros se mostravam onde ainda não tinham aparecido. E Dion (livro LV) relata que, à sua época, sob o império de Alexandre, havia treze. Pela *Notícia do Império*, escrita segundo Arcádio e Honório, vê-se que, somente no império do Oriente, havia quinze. O número continuou a aumentar: a Panfília, a Licaônia e a Pisídia tornaram-se marcas, e todo o império foi coberto de fortificações. Aureliano já se tinha obrigado a fortificar Roma.
468. E também dos ingleses.

CAPÍTULO XXI

DESORDENS NO IMPÉRIO DO ORIENTE

Naquela época, os persas estavam em situação mais favorável do que os romanos. Pouco temiam os povos do Norte[469], porque uma parte do monte Taurus, entre o mar Cáspio e o Ponto Euxino, os separava deles, e porque guardavam uma passagem bastante estreita, fechada por uma porta[470], que era o único lugar por onde a cavalaria podia passar. Em todos os outros lugares, esses bárbaros estavam obrigados a descer por precipícios e a abandonar seus cavalos, que constituíam toda a sua força;[471] mas eram ainda detidos pelo Araxes, rio profundo que corre de oeste a leste, cujas passagens eram defendidas com facilidade.

Além disso, os persas estavam tranquilos no lado do oriente; no sul, eram limitados pelo mar. Para eles era fácil fomentar a divisão entre os príncipes árabes, que só pensavam em pilhar uns aos outros. Portanto, como inimigos só tinham mesmo os romanos. "Sabemos", dizia um embaixador de Hormisdas,[472] "que os romanos estão ocupados com muitas guerras e em lutar contra quase todas as nações. Eles sabem, ao contrário, que estamos em guerra somente contra eles."

Tanto quanto os romanos negligenciaram a arte militar, os persas a tinham cultivado. "Os persas", dizia Belisário a seus soldados, "de modo algum os excedem em coragem; só têm sobre vós a vantagem da disciplina."

Nas negociações, assumiam a mesma superioridade que na guerra. Sob pretexto de que mantinham uma guarnição nas Portas Caspianas, pagavam um tributo aos romanos, como se cada povo não tivesse fronteiras para guardar. Faziam com que pagassem pela paz, pelas tréguas, pelos armistícios,

---

469. Os hunos.
470. As Portas Caspianas.
471. Procópio, *Guerra dos persas*, livro I.
472. *Embaixadores* de Menandro.

pelo tempo que se empregava em negociar, pelo tempo que se havia despendido fazendo a guerra.

Os ávaros tinham atravessado o Danúbio, os romanos – que na maior parte do tempo não tinham tropas a lhes opor, estando às voltas com os persas quando seria o caso de combater os ávaros, e contra os ávaros quanto seria preciso submeter os persas – foram ainda forçados a se submeter a um tributo, e a majestade do Império foi desonrada em todas as nações.

Justino, Tibério e Maurício[473] fizeram um trabalho cuidadoso para defender o Império. Este último tinha virtudes; mas elas eram ofuscadas por uma avareza quase inconcebível em um grande príncipe.

O rei dos ávaros ofereceu a Maurício lhe devolver os prisioneiros que ele fizera mediante o pagamento de meia moeda de prata por cabeça. Diante de sua recusa, mandou degolá-los. Indignado, o Exército romano se revoltou, e tendo os verdes se sublevado ao mesmo tempo, um centurião chamado Focas foi elevado ao império e mandou assassinar Maurício e seus filhos.[474]

A história do Império Grego – é assim que doravante vamos chamar o Império Romano – não é mais do que uma trama de revoltas, de sedições

---

473. Justino, Tibério e Maurício foram os três imperadores que, sucessivamente, reinaram em Bizâncio após Justiniano. Flávio Justino Júnior Augusto, ou Justino II (*c.* 520-578): o que houve de mais relevante em seu reinado foi a invasão da Itália pelos lombardos. Além disso, Justino teve de combater os ávaros ao norte e a invasão dos persas na Síria. Teve de comprar uma paz, precária, por meio de um tributo anual. Retirou-se da vida pública em 574, em razão de seus ataques de insanidade. Com isso, elevou à dignidade de césar o general Tibério. Flávio Tibério Constantino Augusto, ou Tibério II Constantino (*c.* 540-582), aumentou os gastos do Império para se popularizar e desencadeou ações militares no antigo Império Romano do Ocidente, onde negociou a paz com os visigodos na Hispânia e derrotou os mouros no norte da África. Adoeceu e morreu em 582, com o general Maurício nomeado seu herdeiro. Flávio Maurício Tibério (539-602) teve de lidar com intermináveis guerras em todas as fronteiras, e conseguiu apenas adiar a desintegração do Império Bizantino. Em um processo que se iniciara já sob Tibério, as províncias dos Bálcãs estavam sendo devastadas pelos eslavos, que avançaram até o Peloponeso e demandavam campanhas dispendiosas e exaurientes. Com a aclamação de Focas, Tibério acabou executado, juntamente com os cinco filhos, apesar de representar mínima ameaça. (N.T.)

474. Em 602, Maurício, sempre às voltas com a falta de recursos financeiros, decidiu que o Exército deveria invernar para além do rio Danúbio, o que se revelou sério equívoco. Exauridas, as tropas se amotinaram e proclamaram como imperador o centurião Flávio Focas, que reinou no Império Bizantino entre 602 e 610. Em Constantinopla, quase ao mesmo tempo em que Focas era aclamado pela *deme* dos verdes, as cabeças de Maurício e dos filhos eram exibidas, mesmo antes que Focas providenciasse um funeral cristão para os restos mortais do antecessor, que era profundamente religioso. O governo de Focas foi de início bem recebido, até por ter começado reduzindo impostos, que à época de Maurício eram bastante altos. Sempre alimentou boas relações com a Santa Sé e perseguiu violentamente hereges e não cristãos. Mostrou-se violento também ante a intensa oposição que passou a lhe fazer frente. Foi capturado e morto justamente por um líder revoltoso, o general Heráclio (*c.* 575-641). Focas teve o corpo mutilado e arrastado pelas ruas de Constantinopla. (N.T.)

e de perfídias. Os súditos não tinham nem mesmo a ideia de fidelidade que é devida aos príncipes, e a sucessão dos imperadores foi tantas vezes interrompida, que o título de "porfirogeneta"[475], isto é, nascido no aposento em que as imperatrizes davam à luz, foi um título distintivo, que poucos príncipes, de diversas famílias imperiais, puderam usar.

Todos os caminhos eram bons para se chegar ao poder: a ele se chegava pelos soldados, pelo clero, pelo Senado, pelos camponeses, pelo povo de Constantinopla e das outras cidades.

Tendo a religião cristã se tornado dominante no império, foram surgindo sucessivamente diversas heresias, a que era preciso combater. Tendo Ário negado a divindade do verbo; os macedonianos,[476] a do Espírito Santo; Nestório,[477] a unidade da pessoa de Jesus Cristo; Eutiques,[478] suas duas naturezas; os monotelitas,[479] essas duas vontades: era preciso reunir concílios contra eles. Mas, uma vez que as decisões não eram universalmente recebidas, muitos imperadores, seduzidos, recaíam nos mesmos erros condenados. E como jamais houvesse nação que nutrisse ódio tão violento aos hereges quanto os gregos, que se acreditavam maculados ao falar com um herege ou

---

475. Esta palavra, derivada do grego, significa *nascido na púrpura*.
476. O macedonianismo foi um movimento herético surgido em meados do século IV, seguindo as ideias de Macedônio I, patriarca de Constantinopla. Diferentemente do arianismo, que negava a consubstancialidade do Filho ao Pai e, à época, turbava a Igreja em disputas teológicas, os macedonianos negavam a divindade do Espírito Santo, razão pela qual foram chamados *pneumatômacos*, isto é, "adversários do Espírito". Foram considerados heréticos no Segundo Concílio Ecumênico, em 381, em Constantinopla. (N.T.)
477. Nestório (*c.* 386-*c.* 451) foi um monge oriundo da Anatólia, que se tornou patriarca de Constantinopla em 428. Acreditava haver em Cristo duas pessoas (ou naturezas) distintas, uma humana e outra divina, completas em si, de modo a constituir dois seres independentes. Isso implicava a rejeição do uso do título Theotokos ("Mãe de Deus") para a Virgem Maria, que deteria apenas a natureza humana de Jesus, o que obviamente o punha em rota de colisão com membros do clero. Sua doutrina acabou condenada pelo Concílio de Éfeso, em 443. Com isso, Nestório foi excomungado pelo papa Celestino I, e os nestorianos foram desterrados para o Oriente pelo imperador bizantino Teodósio II. (N.T.)
478. Eutiques (378-454) foi um monge de Constantinopla que fundamentou a heresia do monofisismo, negando que Cristo, após a encarnação, tivesse duas naturezas perfeitas. Empenhado em combater o nestorianismo e denunciar seus adeptos, ele mesmo acabou condenado pelo Concílio de Constantinopla, em 448, e pelo Concílio de Éfeso, no ano seguinte. (N.T.)
479. O monotelismo foi uma heresia difundida no século VII por Sérgio, patriarca de Constantinopla, que sustentava uma única vontade em Cristo – a divina. Ela se opunha ao nestorianismo, que afirmava haver em Cristo duas pessoas, a divina e a humana, e com sua doutrina da "vontade única" tentava congraçar os monofisistas. A Igreja deu seu parecer no III Concílio de Constantinopla (680-681), quando se decidiu que em Cristo haveria duas vontades distintas, mas sem oposição entre elas, com a vontade humana se submetendo à vontade divina e onipotente. (N.T.)

conviver com ele, aconteceu de muitos imperadores terem perdido a afeição de seus súditos, e os povos se habituaram a pensar que príncipes tantas vezes rebeldes a Deus não podiam ter sido escolhidos pela Providência para governá-los.

Certa opinião nascida dessa ideia, de que não se devia derramar o sangue dos cristãos, a qual se firmou cada vez mais quando apareceram os maometanos, fez com que os crimes que não interessassem diretamente à religião recebiam fraca punição: contentavam-se em lhes vazar os olhos,[480] ou em lhes cortar o nariz ou os cabelos, ou de mutilar de qualquer forma os que incitassem alguma revolta ou atentassem contra a pessoa do príncipe. Ações semelhantes puderam ser cometidas sem perigo e mesmo sem que houvesse coragem.

Certo respeito aos ornamentos imperiais fez com que logo se voltassem os olhos para os que ousassem se cobrir com eles. Era um crime usar ou ter em casa tecidos púrpura. Mas, uma vez que um homem se vestisse com eles, de pronto era seguido, porque o respeito estava mais atrelado ao hábito que à pessoa.

A ambição era tanto mais exacerbada pela estranha mania da época, em que quase não se tinha homem de reputação que não tivesse em relação a si alguma predição que lhe prometesse o Império.

Como as doenças do espírito não se curam de forma alguma,[481] a astrologia judiciária[482] e a arte de fazer predições por objetos vistos na água de uma bacia se seguiram, entre os cristãos, às adivinhações pelas entranhas das vítimas ou pelo voo dos pássaros, que foram abolidas com o paganismo. Promessas vãs foram o motivação da maior parte das empreitadas temerárias dos particulares, assim como se tornaram a sabedoria do conselho dos príncipes.

Com os infortúnios do império aumentando dia a dia, foi-se naturalmente levado a atribuir os insucessos na guerra e os tratados vexaminosos na paz à má conduta dos que governavam.

As próprias revoluções geravam as revoluções, e o efeito ele próprio se transformou em causa. Como os gregos tinham visto passar pelo trono, sucessivamente, tantas diversas famílias sem se apegar a nenhuma delas,

---

480. Zenão contribuiu amplamente para estabelecer esse relaxamento. Ver Malchus, *História bizantina*, no *Excerto das missões diplomáticas*.
481. Ver Nicetas, Vida de *Andrônico Comneno*.
482. A astrologia judiciária fazia parte da doutrina dos estoicos, a mais influente entre as correntes filosóficas da Antiguidade tardia. Para os estoicos, a vida física do homem seria determinada pelos acontecimentos exteriores – daí a influência das posições dos corpos celestes, a liberdade cabendo apenas à sua alma. (N.T.)

e, tendo a fortuna escolhido imperadores de todas as condições, não havia nascimento suficientemente baixo, nem mérito tão reduzido que lhes pudesse subtrair a esperança.

Diversos exemplos recebidos na nação ali formaram o espírito geral e fizeram os costumes, que reinam tão imperiosamente quanto as leis.

Entre nós, parece que os grandes empreendimentos são mais difíceis de realizar que os antigos. De modo algum se os pode esconder, porque hoje em dia é tamanha a comunicação entre as nações, que todo príncipe tem ministros em todas as cortes e pode ter traidores em todos os gabinetes.

A invenção dos correios fez com que as notícias voassem e chegassem de toda a parte.

Como os grandes empreendimentos não podem se realizar sem dinheiro, e uma vez que, desde a invenção das letras de câmbio, os negociantes são deles os senhores, seus negócios não raro se ligam aos segredos de Estado e nada negligenciam para desvendá-los.

A invenção da imprensa, que levou os livros às mãos de todos, a da gravura, que tornou as cartas geográficas tão comuns, enfim, o estabelecimento dos papéis políticos fizeram com que todos passassem a conhecer os interesses gerais para que se pudesse estar mais bem esclarecido sobre fatos secretos.

As conspirações no Estado se tornaram difíceis já que, desde a invenção dos correios, todos os segredos particulares passaram a estar em poder do público.

Os príncipes podem agir com prontidão, porque têm em suas mãos as forças do Estado; os conspiradores são obrigados a agir lentamente, porque tudo lhes falta. Porém, no presente em que tudo se esclarece com mais facilidade e prontidão, por pouco que estes últimos percam tempo em se organizar, eles são descobertos.

CAPÍTULO XXII

FRAQUEZA DO IMPÉRIO DO ORIENTE

Na confusão das coisas, estando Focas mal fortalecido, da África veio Heráclito e o mandou matar; encontrou as províncias invadidas, e as legiões, destruídas.

Nem bem tinham conseguido remediar um pouco esses males, os árabes saíram de seu país para disseminar a religião e o império que Maomé[483] simultaneamente havia fundado.

Jamais se viu progressos tão rápidos; de início conquistaram a Síria, a Palestina, o Egito, a África e invadiram a Pérsia.

Deus permitiu que sua religião deixasse de ser dominante em tantos lugares, não porque a tivesse abandonado, mas porque, esteja ela na glória ou na humilhação exterior, ela é sempre igualmente adequada a produzir seu efeito natural, que é o de santificar.

A prosperidade da religião é diferente da dos impérios. Um autor célebre dizia que era bastante fácil estar doente, porque a doença é o verdadeiro estado do cristão.[484] Poder-se-ia mesmo dizer que as humilhações da Igreja, sua dispersão, a destruição de seus templos e os sofrimentos de seus mártires são o momento de sua glória e que, quando aos olhos do mundo ela parecia triunfar, é bem esse o momento comum de seu declínio.

Para explicar tal célebre acontecimento da conquista de todos países pelos árabes, não basta recorrer apenas ao entusiasmo. Havia já muito tempo,

---

483. Maomé (c. 570-632). Segundo a religião islâmica, Maomé é o mais recente e último profeta do Deus de Abraão, tendo sido precedido por Jesus, Moisés, Davi, Jacó, Ismael e Abraão. Como figura política, unificou várias tribos árabes e liderou um exército unido sob a fé do Islã, permitindo as conquistas que resultaram em um império islâmico que se estendeu da Pérsia à península Ibérica. Pelos muçulmanos não é considerado um ser divino, mas humano; contudo, os fiéis o têm pelo mais perfeito entre os seres humanos. (N.T.)

484. Montesquieu se refere ao filósofo e matemático Blaise Pascal (1623-1662), que afirma que "a doença é a condição natural do ser humano" em sua *Oração para o bom uso das doenças* (1659). (N.T.)

os sarracenos[485] tinham se distinguido entre os auxiliares dos romanos e dos persas; ao lado dos osroenianos[486], eram os melhores arqueiros que já houve no mundo; Alexandre Severo e Maximino haviam posto a seu serviço tantos quantos lhes fosse possível, e foi com grande êxito que deles fizeram uso contra os alemães, que os atacavam a distância; sob Valente, os godos não puderam lhes resistir;[487] enfim, eram naquele momento a melhor cavalaria do mundo.

Dissemos que, entre os romanos, as legiões da Europa valiam mais que as da Ásia. Era bem o contrário para a cavalaria: eu me refiro à dos partas, à dos osroenianos e à dos sarracenos; e foi isso que deteve as conquistas dos romanos, já que, desde Antíoco,[488] um novo povo tártaro, cuja cavalaria era a melhor do mundo, apoderou-se da Alta Ásia.

Essa cavalaria era pesada,[489] e a da Europa, ligeira; hoje em dia é bem o contrário. A Holanda e a Frísia ainda não tinham sido, por assim dizer, criadas,[490] e a Alemanha era repleta de bosques, lagos e pântanos, onde a cavalaria de pouco servia.

A partir do momento em que se deu um curso aos grandes rios, esses pântanos se dissiparam, e a Alemanha mudou suas feições. As obras de Valentiniano no Necker[491] e as dos romanos no Reno operaram uma série de mudanças,[492] e, sendo o comércio estabelecido, países que não produziam cavalos[493] passaram a criá-los e a deles fazer uso.

485. "Sarracenos" era o termo utilizado pelos cristãos da Idade Média para, de forma genérica e também equivocada, designar os árabes ou muçulmanos. Em português, a designação costuma ser aplicada especificamente aos árabes que se estabeleceram na península Ibérica, enquanto os termos "Islã" e "muçulmano" foram introduzidos nas línguas europeias apenas no século XVII. (N.T.)

486. Os osroenianos eram naturais de Osroene, antigo reino situado na porção norte da Mesopotâmia, por vezes conhecida pelo nome de sua capital, Edessa. O reino desfrutou de uma semiautonomia à completa independência entre 132 a.C. e 244 d.C., foi conquistado por Trajano em 144 e tornou-se província romana entre os anos 244 e 608. (N.T.)

487. Zósimo, livro IV.

488. Antíoco II Teos (o deus) (c. 287 a.C.-246 a.C.) foi um rei selêucida, durante cujo governo Andrágoras, seu sátrapa na Pártia, proclamou a independência desta, fundando o Império Parta com Arsaces I. (N.T.)

489. Ver o que diz Zósimo (livro I) sobre cavalaria de Aureliano e a de Palmira. Ver também Amiano Marcelino sobre a cavalaria dos persas.

490. Compunha-se, em sua maior parte, de terras submersas, que a técnica tornou apropriadas a servir de morada aos homens.

491. Ver Amiano Marcelino, livro XXVII.

492. O clima dali já não é tão frio quanto diziam os antigos.

493. César disse que os cavalos dos alemães eram ordinários e pequenos (*Guerra dos gauleses*, livro IV, cap. II) e Tácito (*Sobre os costumes dos germânicos*) disse: *Germania pecorum fœcunda, sem pleraque improcera*.

Tendo sido envenenado Constantino,⁴⁹⁴ filho de Heráclio, e seu filho Constante tendo sido morto na Sicília, sucedeu-o Constantino, o Barbudo, seu filho mais velho.⁴⁹⁵ Reuniram-se os notáveis das províncias do Oriente e quiseram coroar seus dois outros irmãos, sustentando que, assim como era preciso crer na Trindade, era razoável também possuir três imperadores.

A história grega é repleta de traços como esses, e, tendo o espírito medíocre passado a constituir o caráter da nação, já não houve sabedoria nas iniciativas, e foram vistos problemas sem causas e revoluções sem motivo.

Uma beatice universal abateu os ânimos e entorpeceu todo o Império. Para dizer propriamente, Constantinopla foi a única região do Oriente em que a religião cristã foi dominante. Ora, essa covardia, essa indolência das nações da Ásia se mesclaram à própria devoção. Entre milhares de exemplos, arrolo apenas o de Filípico, general de Maurício, que, estando prestes a travar uma batalha, pôs-se a chorar⁴⁹⁶ ao considerar o grande número de pessoas que seriam mortas.

São bem outras lágrimas dos árabes⁴⁹⁷ que choraram de dor em razão de seu general ter concedido uma trégua que os impedia de derramar o sangue dos cristãos.

O que se tem é uma diferença total entre um exército fanático e um exército beato. Em nossos tempos modernos se viu, em uma célebre revolução, que o exército de Cromwell era tal como o dos árabes, e os exércitos da Irlanda e da Escócia, como o dos gregos.

Uma superstição grosseira, que rebaixa o espírito tanto quanto a religião o eleva, depositou toda a virtude e toda a confiança dos homens em uma ignorante estupidez pelas imagens, e se viram generais levantar um cerco⁴⁹⁸ e perder uma cidade⁴⁹⁹ para se apossar de uma relíquia.

---

494. Constantino, o Barbudo, ou Constantino III (612-641), após a morte de seu pai, Heráclio, tornou-se coimperador com seu meio-irmão Heraclonas e a madrasta, Martina. O temor de uma conspiração entre ambos fez com que Constantino distribuísse mais de 2 milhões de soldos entre os militares, com o intuito de garantir a sucessão aos dois filhos. Morreu de tuberculose quatro meses depois, deixando Heraclonas como imperador único. Mas a suspeita de que Heráclio e a madrasta o tivessem envenenado convulsionou o Exército, que depôs o imperador e expulsou sua família. Então assumiu o trono o filho de Constantino, Constante II (630-668), que foi imperador de 641 – de início ao lado do tio, devido à sua pouca idade – até sua morte. (N.T.)
495. Zonaras, *Vida de Constantino, o Barbudo*.
496. Teofilacto, livro II, cap. III, *História do Imperador Maurício*.
497. *História da conquista da Síria, da Pérsia e do Egito pelos sarracenos*, por M. Ockley.
498. Zonaras, *Vida de Romão Lacapeno*.
499. Nicetas, *Vida de João Comneno*.

Sob o domínio dos gregos a religião cristã degenerou, até o ponto em que estava em nossos dias entre os moscovitas, antes que o czar Pedro I[500] tivesse feito renascer essa nação e introduzisse, no Estado que governava, mais mudanças do que fazem os conquistadores nos Estados por eles usurpados. Pode-se facilmente crer que os gregos caíram em uma espécie de idolatria. Não há como suspeitar que os italianos ou os alemães daquele tempo fossem pouco ligados ao culto exterior. Entretanto, quando os historiadores gregos falam do desprezo dos primeiros pelas relíquias e pelas imagens, dir-se-ia que são como nossos polemistas a se inflamar contra Calvino[501]. Quando os alemães estavam a caminho da Terra Santa, Nicetas disse que os armênios lhes receberam como amigos, e isso porque eles não adoravam imagens. Ora, se no modo de pensar dos gregos os italianos e os alemães não rendiam suficiente culto às imagens, qual não seria a enormidade de seu culto?

Ele considerou que havia no Oriente quase a mesma revolução que se deu no Ocidente cerca de dois séculos, quando, com a renovação das letras, começou-se a se sentir os abusos e os desregramentos em que se tinha caído, com todo o mundo buscando um remédio para o mal, e pessoas atrevidas e muito pouco dóceis dilacerando a Igreja, em vez de reformá-la.

Leão Isauriano,[502] Constantino Coprônimo e Leão, seu filho, fizeram guerra às imagens e, depois que o culto foi restabelecido pela imperatriz

---

500. Pedro I (1672-1725), ou Pedro, o Grande, foi czar da Rússia e primeiro imperador do Império Russo. Ao perceber que a Rússia era social e tecnicamente atrasada, resolveu se espelhar nas nações do Ocidente, fazendo ingressar no país ideias de progresso e implantando reformas modernizadoras em suas instituições e em sua cultura. Realizou duas importantes expedições diplomáticas à Europa Ocidental. Além de tentar granjear apoio das nações europeias para fazer frente ao Império Otomano, seu objetivo era buscar conhecimentos técnicos, militares, náuticos e também humanísticos – idealizou a tradução para o russo de obras do francês, do alemão, do inglês e do holandês. A partir de 1703, começou a edificar São Petersburgo, a nova capital da Rússia, com projeto urbanístico executado por engenheiros e arquitetos da Europa Ocidental e em conformidade com os costumes ocidentais. A cidade faria as vezes de uma janela da Rússia aberta para o restante da Europa, sobretudo do ponto de vista cultural. (N.T.)

501. João Calvino (1509-1564), teólogo francês, foi um dos idealizadores e líderes da Reforma Protestante. O calvinismo, variante do protestantismo que ele ensinou e praticou, é influente até hoje, tendo se disseminado sobretudo em países como a Suíça – originou-se em Genebra e marcou profundamente a vida da cidade como líder religioso e também como legislador –, a Holanda e a Escócia. Na inevitável comparação com Martim Luther, dotado de uma retórica mais direta, Calvino tinha um estilo de pensamento mais refinado e geométrico, quase de filigrana. O biógrafo Benard Cottret o retrata ao modo de um filósofo pré-cartesiano, de estilo a um só tempo clássico e severo. (N.T.)

502. Leão III, o Isauriano, (717-741) foi o imperador bizantino que iniciou a referida guerra iconoclasta. Militar enérgico e intolerante em questões religiosas, o combate ao culto às imagens

Irene,[503] Leão, o Armênio,[504] Miguel, o Gago, e Teófilo aboliram-nas ainda uma vez. Esses príncipes acreditaram só poder moderar tal culto destruindo-o; fizeram a guerra aos monges,[505] que incomodavam o Estado e, assumindo sempre vias extremas, quiseram exterminá-los pelo gládio, em vez de procurar discipliná-los.

Os monges,[506] acusados de idolatria pelos partidários das novas ideias, deram o troco acusando-os de magia[507] e, mostrando ao povo as igrejas despidas de imagens e de tudo o que até ali fora objeto de sua veneração, levou-o a imaginar que elas só poderiam estar servindo para realizar sacrifícios aos demônios.

O que avivou a querela sobre as imagens e, na sequência, fez com que pessoas sensatas já não pudessem propor um culto moderado, foi que ela esteve atrelada a questões muito sensíveis: o que estava em questão era o poder, e, tendo este sido usurpado pelos monges, só podiam aumentá-lo ou preservá-lo realçando incessantemente o culto exterior, do qual eles próprios faziam parte. Eis o motivo pelo qual as guerras contra as imagens foram sempre guerras conra eles e, depois de se sagrarem vencedores quanto a esse aspecto, seu poder não mais teve limites.

---

tinha a intenção de enfraquecer o poder dos mosteiros. Leão III, no que foi seguido por seu filho Constantino V (675-741), fechou conventos, removeu imagens de igrejas e confiscou bens do clero. (N.T.)

503. Irene de Atenas ou Irene, a Ateniense, (*c.* 752-803) imperatriz bizantina, foi imperatriz consorte em 775-780, além de imperatriz-mãe e regente no período de 780-797. Como imperatriz, seu ato mais notável foi a restauração da veneração dos ícones. Convocou o Segundo Concílio de Niceia, realizado em 787, e este, além de novamente reunir a Igreja Ortodoxa à de Roma, finalmente autorizou a veneração. (N.T.)

504. Leão V, o Armênio (775-820), reinstituiu a iconoclastia, acreditando que a política iconódula – favorável à veneração dos ícones – estivesse associada às derrotas para os búlgaros e para os árabes, e a política contrária pudesse atuar na pacificação do Império. Miguel II, dito o Amoriano ou também "o Gago" (770-829), apoiou a iconoclastia, mas tacitamente incentivou a reconciliação com os iconódulos, deixando de persegui-los e permitindo que retornassem do exílio. Já seu filho, Teófilo (813-842), demonstrou ser um iconoclasta fervoroso. Em 832, fez publicar um édito proibindo terminantemente a veneração dos ícones, havendo relatos de penas cruéis perpetradas aos iconódulos recalcitrantes. (N.T.)

505. Muito antes disso, Valente fizera uma lei para obrigá-los a ir à guerra e mandou matar todos os que não a obedecessem. (Jornandes, *De Regn. Success.*, e a lei 26, Cod. *De Decur.*)

506. Nada do que aqui se verá sobre os monges gregos diz respeito a seu estilo de vida: afinal, não se pode dizer que uma coisa não seja boa porque, em determinada época e em determinado lugar, tenha se abusado dela.

507. Leão, o Gramático, *Vida de Leão, o Armênio*. Ibid., *Vida de Teófilo*. Ver Suídas, o verbete *Constantino*, filho de Leão.

Deu-se então o que se viu, alguns séculos depois, na querela de Barlaão[508] e Acindino contra os mongens, que atormentou esse império até sua destruição. Discutia-se se a luz que apareceu em torno de Jesus Cristo no Tabor seria criada ou incriada. No fundo, os monges pouco se preocupavam sobre o que era uma coisa ou outra; mas, como Barlaão os atacasse diretamente, fazia-se necessário que essa luz fosse incriada.

A guerra que os imperadores iconoclastas declararam aos monges fez com que retomassem um tanto os princípios do governo, que a receita pública fosse empregada em favor do público e que, enfim, se subtraísse ao corpo do Estado seus entraves.

Quando penso na ignorância profunda em que o clero grego mergulhou os laicos, não posso evitar compará-los com os citas[509] de que fala Heródoto,[510] que furavam os olhos dos escravos para que nada os pudesse distrair e impedi-los de baterem seu leite.

A imperatriz Teodora[511] restabeleceu as imagens, e os monges de novo começaram a abusar da devoção pública. Chegaram a oprimir o clero secular: ocuparam todos os cargos importantes[512] e pouco a pouco foram exluindo todos os eclesiásticos do epicospado. Foi isso que tornou esse clero inteolerável e, se formarmos um paralelo com o clero latino, se compararmos a conduta dos papas à dos patriarcas de Constantinopla, ver-se-á pessoas tão sábias quanto as outras eram pouco sensatas.

Eis aqui uma estranha contradição do espírito humano. Entre os primeiros romanos, os ministros da religião não estando excluídos dos cargos da

---

508. Barlaão de Seminara ou Barlaão, o Calabrês (1290-1348), monge, teólogo e filólogo italiano de grande erudição, foi um dos promotores da união entre as Igrejas do Oriente e do Ocidente. Foi no âmbito das negociações para essa união que ele se tornou protagonista de uma virulenta polêmica contra os métodos ascéticos e místicos de alguns monges do monte Athos e seu defensor, Gregório Palamas (1296-1359). Como humanista e partidário da teologia escolástica, fazia oposição veemente aos hesicastas, que propunham um acesso à luz divina – a mesma visualizada pelos discípulos no monte Tabor – e a união com Deus mediante uma modalidade de oração que aliava técnicas de respiração a uma prece de repetição propositadamente constante. (N.T.)
509. Os citas foram um povo de pastores nômades equestres, de ascendência turca, que durante toda a Antiguidade dominaram a estepe pôntico-cáspia, que era então conhecida como Cítia (atual Ucrânia e sul da Rússia). (N.T.)
510. Livro IV.
511. Teodora, dita a Armênia, foi imperatriz-consorte de Bizâncio, esposa de Teófilo e imperatriz-regente de seu filho, Miguel III, o Ébrio. Apesar de o marido ser um iconoclasta, Teodora sempre manteve acesa a sua fé na veneração de imagens. Com a morte do imperador Teófilo, convocou um concílio sob a liderança do patriarca de Constantinopla, Metódio, que depôs o clero iconoclasta e restaurou definitivamente o culto aos ícones nas igrejas. (N.T.)
512. Ver Paquímero, livro VIII.

sociedade civil, pouco se envolviam nos assuntos de Estado. Uma vez sendo estabelecida a religião cristã, os eclesiásticos, que se encontravam mais apartados dos assuntos mundanos, com eles passaram a se envolver de forma moderada. Porém quando, na decadência do Império, os monges passaram a constituir o único clero, essas pessoas, destinadas, por uma profissão particular, a fugir dos assuntos do Estado e temê-los, abraçaram todas as oportunidades que pudessem lhes dar alguma participação; não deixaram de fazer alarde por toda parte e de agitar esse mundo que tinham deixado.

Nenhum assunto de Estado, nenhuma paz, nenhuma guerra, nenhuma treva, nenhuma negociação, nenhum casamento eram tratados a não ser por meio do ministério dos monges: o conselho do príncipe ficou repletos deles, e as assembleias da nação se compunham quase completamente de monges.

É quase impossível imaginar os males que daí resultam: eles enfraqueceram o espíritos dos príncipes e os levaram a fazer de forma imprudente mesmo as coisas boas. Enquanto Basílio ocupava os soldados de seu exército em construir uma igreja para São Miguel, ele deixou que a Sicília fosse pilhada pelos sarracenos e fosse tomada Siracusa, e Leão, seu sucessor, que empregava sua frota para o mesmo uso, deixou que ocupassem Tauromênio e a ilha de Lemnos.[513]

Andrônico Paleólogo[514] abandonou a Marinha porque lhe asseguraram que Deus estava tão contente com seu zelo pela paz da Igreja, que seus inimigos não ousariam atacá-lo.[515] Temia também que Deus lhe pedisse contas do tempo que ele empregara para governar seu Estado, tempo esse que ele furtava dos assuntos espirituais.

Os gregos, grandes oradores, grandes contendores, naturalmente sofistas, passaram a incessantemente enredar a religião em controvérsias. Como os monges tivessem alto crédito na corte, e esta se tornava sempre tanto mais fraca quanto mais corrupta, aconteceu que os monges da corte se

---

513. Zonaras e Nicéforo, *Vida de Basílio e de Leão*.
514. Andrônico II Paleólogo (*c.* 1259-1332) foi imperador bizantino durante o longo período de 1282 a 1328. Em um governo atormentado por dificuldades econômicas, durante seu reinado o valor da moeda bizantina caiu de modo catastrófico, enquanto a fazenda imperial reduzia drasticamente a arrecadação do Estado. Para reduzir despesas e aumentar receitas, Andrônico II aumentou os impostos, cortou as isenções fiscais, ao mesmo tempo em que desmobilizou a armada bizantina, tornando o Império cada vez mais dependente das repúblicas rivais de Veneza e Gênova. A decadência tornou o Império vulnerável também a inimigos internos – notadamente os búlgaros –, provocando uma guerra civil que duraria até 1328, quando Andrônico II foi obrigado a abdicar e passou seus últimos anos em um mosteiro. (N.T.)
515. Paquímero, livro VII.

corrompessem reciprocamente, e o mal passou a estar em ambos. Disso se seguiu que toda a atenção dos imperadores estivesse voltava a acalmar, e muitas vezes a instigar disputas teológicas, das quais sempre se observou se tornarem frívolas na medida mesma em que se tornavam mais acirradas.

Miguel Paleólogo,[516] cujo reinado foi bastante agitado por disputas sobre a religião, ao ver as horríveis devastações provocadas pelos turcos na Ásia, dizia, suspirando, que o zelo temerário de certas pessoas – que, depreciando sua conduta, haviam levantado seus súditos contra ele – o havia forçado a aplicar todos os seus cuidados em sua própria conservação e em negligenciar a ruína das províncias. "Eu me contentei", disse ele, "em abastecer essas partes mais afastadas mediante o ministério dos governadores, estes que me dissimularam as necessidades, fosse por terem sido comprados, fosse por temor de serem punidos."

Os patriarcas de Constantinopla tinham um poder imenso: uma vez que, nos tumultos populares, os imperadores e as altas autoridades do Estado se refugiavam nas igrejas, e o patriarca, podendo entregá-los ou não, exercia esse direito a seu bel-prazer, ele sempre se descobria, ainda que indiretamente, árbitro de todos os assuntos públicos.

Quando o velho Andrônico mandou dizer ao patriarca que cuidasse dos assuntos da Igreja e o deixasse governar os do Império, o patriarca respondeu: "É como se o corpo dissesse à alma: 'Não pretendo ter nada em comum convosco, e preciso de vosso auxílio apenas para exercer minhas funções.'".[517]

Como tão monstruosas pretensões eram insuportáveis aos príncipes, os patriarcas, com muita frequência, eram expulsos de sua sede. Porém, em uma nação supersticiosa, onde se acreditassem abomináveis todas as funções eclesiásticas que pudessem ser exercidas por um patriarca do qual se acreditava intruso, isso produzia contínuos cismas: cada patriarca, o antigo, o novo, o mais novo, tendo cada qual seus sectários.

Essas querelas eram muito mais tristes do que as que pudesse haver em torno do dogma, já que eram como uma hidra, sempre capaz de se regenerar por uma nova disposição.

---

516. Paquímero, livro VI, cap. XXIX. (Foi usada aqui a tradução do senhor presidente Cousin.) [Miguel Paleólogo ou Miguel VIII (c. 1224-1282), foi imperador bizantino de 1259 a 1282. Na tentativa de separar o papa de seus antigos aliados e se aliar ao papado, decidiu unir a Igreja Católica à Ortodoxa, separadas desde 1054, com o Grande Cisma do Oriente. Para tanto, convocou o Segundo Concílio de Lyon, em 1274, pelo qual se formou uma tênue aliança entre católicos e ortodoxos. A aproximação provocou inúmeras convulsões entre os bizantinos, com as cadeias de Constantinopla enchendo-se de descontentes. Além disso, a união se mostrara efêmera: pressionado pelo rei da Sicília, Carlos de Anjou, o papa Martinho IV excomungou o imperador. (N.T.)]

517. Paleólogo. Ver a *História dos dois Andrônicos*, escrita por Cantacuzeno, livro I, cap. I.

O furor das disputas se tornou uma condição tão natural aos gregos que, quando Cantacuzeno tomou Constantinopla,[518] encontrou o imperador João e a imperatriz Ana ocupados com um concílio contra alguns inimigos dos monges, e, quando Maomé II[519] sitiou a cidade,[520] não conseguiu suspender os ódios teológicos, e lá se estava mais ocupado com o Concílio de Florença[521] do que com o exército dos turcos.[522]

Nas disputas comuns, como cada um percebe que pode se enganar, a pertinácia e a obstinação não são extremas. Porém, nas que temos acerca da religião, como, pela natureza da coisa, cada qual acredita estar certo de sua opinião, nós nos indignamos contra aqueles que, em vez de se modificar, obstinam-se em fazer com que nos modifiquemos.

Os que vierem a ler a *História* de Paquímero[523] bem conhecerão a impossibilidade em que os teólogos por si sempre estiveram e estarão, de resolver suas divergências. Vemos ali um imperador[524] que passa a vida a reuni-los,

---

518. Cantacuzeno, livro III, cap. XCIX.
519. Maomé II (1432-1481) foi sultão do Império Otomano em duas ocasiões. Em seu segundo sultanato, em 1453, dois anos depois de subir ao trono, deu-se o fato que marcou não apenas o seu reinado, como todo o curso da história: a tomada de Constantinopla. A invasão de Constantinopla, aliada a outras campanhas militares bem-sucedidas na região, fez com que o Estado Otomano fosse reconhecido como império pela primeira vez. Além da invasão de Constantinopla, o reinado de Maomé II foi marcado pela excepcional tolerância religiosa com que tratou os súditos, sobretudo os bizantinos, nomeando o antigo patriarca como governador de Constantinopla. (N.T.)
520. Ducas, *História dos últimos paleólogos*.
521. O Concílio de Florença, que, segundo Montesquieu tanto mobilizou os bizantinos, foi uma continuação do Concílio iniciado na Basileia, que passou também por Ferrara. Foi transferido para Florença por problemas financeiros e sob o pretexto de que a peste estaria se espalhando pela região. O objetivo, basicamente, era o de reunificar as várias Igrejas cristãs nascidas com o Cisma do Oriente. Com um acordo acerca de diversos pontos doutrinários e a posterior declaração da chamada União de Florença, o Grande Cisma parecia terminado. Mas os fiéis gregos se rebelaram, pleiteando um sínodo oriental; os bispos orientais, da Igreja Ortodoxa Russa, ao retornar descobriram que o acordo era amplamente rejeitado por seus fiéis. Desse modo, a União de Florença jamais foi aceita pelas Igrejas Ortodoxas. (N.T.)
522. Perguntava-se se as pessoas tinham assistido à missa de um padre que consentisse em sua união: fugia-se dele como do fogo; via-se a grande igreja como um templo profano. O monge Genádio lançou seus anátemas sobre todos os que desejavam a paz. (Ducas, *História dos últimos paleólogos*.)
523. Jorge Paquímero ou Paquímeres (*c.* 1242-1310) foi um escritor e historiador bizantino. Dono de uma produção literária considerável, da qual se destaca o seu *Quadrivium* (aritmética, música, geometria e astronomia), de grande valor para a história da música e da astronomia da Idade Média, e sobretudo a sua *História de Bizâncio*, em 13 volumes. Paquímeres foi membro atuante da comunidade religiosa bizantina e lutou contra o pacto de união entre as Igrejas Ortodoxa e Católica, promovida por Miguel Paleólogo. (N.T.)
524. Andrônico Paleólogo.

a escutá-los e a aproximá-los; vê-se, por outro lado, uma hidra de disputas que renasce sem cessar, e se percebe que, com o mesmo método, com a mesma paciência, com as mesmas esperanças, a mesma vontade de terminar, a mesma simplicidade em suas intrigas e o mesmo respeito por seus ódios, eles jamais se conciliariam, até o fim o mundo.

Eis aqui um exemplo bastante notável. Por solicitação do imperador,[525] os partidários do patriarca Arsênio fizeram um acordo com aqueles que seguiam o patriarca Josefo, pacto este que determinava que as duas facções escrevessem suas pretensões, cada qual em um papel, e os dois papéis seriam lançados em um braseiro; se um dos dois se mantivesse intacto, o julgamento de Deus seria seguido, e já se ambos fossem consumidos, eles renunciariam as suas diferenças. O fogo devorou ambos os papéis; as duas facções se reuniram; a paz durou um dia. No dia seguinte, eles disseram que sua mudança deveria ter dependido de uma persuasão interior, e não do acaso, e a guerra recomeçou mais viva do que nunca.

Deve-se dar grande atenção às disputas dos teólogos: mas é preciso esconder essa atenção o máximo possível: o esforço que parecemos fazer para acalmá-los sempre os credencia, fazendo ver que sua maneira de pensar é importante para fazer decidir sobre a tranquilidade do Estado e a segurança do príncipe.

Não se pode dar um fim a suas disputas escutando suas sutilezas, assim como não se pode abolir os duelos criando-se escolas em que se aprimorasse o ponto e honra.

Os imperadores gregos tiveram tão pouca prudência que, quando as disputas adormeciam, ocorria-lhes o ânimo de despertá-las. Anastácio,[526] Justiniano,[527] Héraclio[528] e Manuel Comneno[529] propuseram questões de fé a seu clero e a seu povo, que teria desconhecido a verdade em sua boca, mesmo que a tivessem encontrado. Assim, sempre pecando na forma e via de

---

525. Paquímero, livro I.
526. Évagro, livro III.
527. Procópio, *História secreta*.
528. Zonaras, *Vida de Heráclio*.
529. Nicetas, *Vida de Manuel Comneno*. [Manuel I Comneno (1118-1180) é considerado um dos mais importantes e bem-sucedidos imperadores de Bizâncio. Ávido por reconstruir seu império e torná-lo novamente uma superpotência do Mediterrâneo, Manuel I esteve à frente de uma política externa ativa e vigorosa, o que passava por uma aliança com o papa. Tendo em mente as consequências políticas da restauração entre a Igreja Ortodoxa e a Católica Romana, intentou uma conciliação permanente com o papado. Apesar das grandes somas em dinheiro, que, destinadas ao provisionamento de tropas, foram oferecidas ao papa Adriano IV, o acordo não se concretizou. (N.T.)]

regra no fundo, querendo fazer ver sua perspicácia, que tão bem poderiam ter mostrado nas tantas outras questões que lhes eram confiadas, empreenderam disputas vãs sobre a natureza de Deus, este que, ocultando-se dos sábios porque são orgulhosos, não se mostra melhor aos poderosos da Terra.

É um erro acreditar que haja no mundo uma autoridade humana que seja despótica em todos os aspectos: isso jamais houve e não haverá jamais. O poder mais imenso é sempre limitado por algum aspecto. Que o Grande Senhor[530] introduza um novo imposto em Constantinopla, um clamor geral logo lhe fará encontrar os limites que ele não conhecia. Um rei da Pérsia pode muito bem obrigar um filho a matar seu pai ou um pai a matar seu filho;[531] mas obrigar seus súditos a beber vinho é algo que ele não pode fazer. Em toda nação existe um espírito geral sobre o qual o próprio poder se encontra fundado. Quando ele se choca com esse espírito, é consigo mesmo que se choca, e necessariamente se detém.

A mais envenenada fonte de todos os reveses dos gregos está em que eles jamais conheceram a natureza nem os limites do poder eclesiástico e do secular; isso fez com que incorressem, por um lado e pelo outro, em extravios contínuos.

Essa grande distinção, que é a base sobre a qual repousa a tranquilidade dos povos, encontra-se fundada não somente na religião, mas também na razão e na natureza, que desejam que as coisas realmente separadas, que só podem subsistir separadas, jamais sejam confundidas.

Embora, entre os antigos romanos, o clero não constituísse um corpo separado, essa distinção era tão conhecida por eles quanto entre nós. Cláudio consagrara à Liberdade a casa de Cícero, que, ao retornar de seu exílio, pediu-a de volta. Os pontífices decidiram que, se ela tinha sido consagrada sem uma ordem expressa do povo, seria possível devolvê-la sem ferir a religião. Cícero[532] diz que "eles declararam só ter examinado a validade da consagração, e não a lei feita pelo povo; que tinham julgado a primeira questão como pontífices, e julgariam a segunda como senadores".

---

530. "Grande Senhor" era um título concedido ao sultão e imperador dos turcos otomanos. (N.T.)
531. Ver Chardin. *Description du gouvernement politique et militaire des Persans*, ch. II.
532. *Cartas a Ático*, livro IV. *Tum Lucullus de omnium collegarum sententia respondit, reliogionis judices pontifices fuisse, legis senatum; se et collegas suos de religione statuisse, in senatu de lege statuturos.* (Loc. cit.)

CAPÍTULO XXIII

1. RAZÕES DA DURAÇÃO DO IMPÉRIO DO ORIENTE. 2. SUA DESTRUIÇÃO.

Depois do que acabo de dizer sobre o império grego, é natural perguntar como ele pôde subsistir por tanto tempo. Creio poder dar as razões para tal.

Os árabes, tendo atacado e conquistado algumas províncias, seus chefes passaram a disputar o califado, e o lume de seu primeiro zelo já não produzia mais do que discórdias civis.

Os mesmos árabes tendo conquistado a Pérsia e tendo ali se dividido ou enfraquecido, os gregos já não foram forçados a manter as principais forças de seu império às margens do Eufrates.

Um arquiteto chamado Calínico, que viera da Síria para a Constantinopla, tendo encontrado a composição de um fogo que era soprado por um tubo, e era tal que a água e tudo o que extingue as chamas comuns só fazia aumentar sua violência, os gregos, que dele fizeram uso, durante vários séculos estiveram em condições de queimar todas as frotas de seus inimigos, sobretudo as dos árabes, que vinham da África ou da Síria para atacá-los até Constantinopla.

Esse fogo foi colocado na categoria dos segredos de Estado, e Constantino Porfirogeneta,[533] na obra dedicada a Romano, seu filho,[534] sobre a administração do Império, advertiu-o de que, quando os bárbaros lhe pedissem

---

533. Constantino VII Porfirogênito ou Porfirogeneta (905-959) foi um imperador bizantino, filho de Leão VI. O sobrenome Porfirogênito significa "nascido na púrpura", em razão de ter nascido na sala púrpura do palácio imperial de Constantinopla – a sala se destinava ao nascimento dos herdeiros ao trono. Ainda que em termos gerais a avaliação de seu reinado seja positiva, Constantino é mais conhecido pela sua atuação como escritor e erudito, tendo dedicado uma de suas obras ao filho, Romano. (N.T.)

534. Romano II (939-963) sucedeu a seu pai, Constantino VII, como imperador bizantino. Foi um imperador amante dos prazeres, mas também sensato na escolha dos ministros. O que de mais importante houve em seu reinado foi a reconquista de Creta, tomada dos árabes por seu general Nicéforo Focas, que veio a sucedê-lo. (N.T.)

o *fogo grego*[535], ele devia lhes responder que a ele não era permitido dá-lo, porque um anjo, que o trouxe ao imperador Constantino, proibiu que fosse comunicado às outras nações, e que os que tinham ousado fazê-lo foram devorados pelo fogo do céu tão logo entraram na igreja.

Constantinopla fazia o maior e quase único comércio do mundo, em um tempo em que as nações góticas, de um lado, e os árabes, de outro, tinham arruinado o comércio e a indústria por toda a parte: as manufaturas da seda vieram para lá vindas da Pérsia e, com a invasão dos árabes, elas foram bastante negligenciadas na própria Pérsia. Além disso, os gregos eram os senhores do mar. Isso introduziu no Estado riquezas imensas e, consequentemente, grandes recursos; e, tão logo ele teve alguma tranquilidade, logo se viu reaparecer a prosperidade pública.

Eis aqui um grande exemplo disso. O velho Andrônico Comneno[536] era o Nero dos gregos; mas uma vez que, entre todos os seus vícios, ele tinha uma firmeza admirável para impedir as injustiças e as vexações dos mais ilustres, observamos que, durante os três anos em que ele reinou, muitas províncias se restabeleceram.[537]

Tendo enfim se estabelecido os bárbaros que habitavam as margens do Danúbio, eles já não se mostraram tão temíveis, chegando a servir de barreira contra outros bárbaros.

Assim, enquanto o Império era abatido sob um mau governo, eventos particulares o sustentavam. É de modo semelhante que hoje vemos algumas nações da Europa se manter, não obstante sua fraqueza, graças aos tesouros das Índias; os Estados temporais do papa, graças ao respeito ao soberano; e os corsários de Barbária,[538] graças ao impedimento

---

535. O fogo grego era uma arma incendiária usada pela Marinha bizantina. Composto de enxofre, salitre e nafta, cujas proporções específicas jamais foram reveladas, tinha a vantagem de continuar queimando na água e a desvantagem de seu transporte ser arriscado, já que era altamente inflamável. Teria sido inventado pelo arquiteto grego Calínico, de Heliópolis, na então província da Fenícia. A arma foi responsável por uma série de importantes vitórias militares bizantinas, sobretudo na salvação de Constantinopla de cercos árabes; com isso, pôde-se prolongar a sobrevivência do Império. (N.T.)
536. Andrônico I Comneno (1118-1185) foi imperador bizantino entre 1883 e 1885. Seu reinado se notabilizou por medidas duras. Era movido pelo firme propósito de conter o feudalismo e limitar o poder dos nobres, seus rivais ao trono. Quanto ao povo, sentia-se a severidade dessas medidas, ao mesmo tempo as reconheciam justas, sentindo-se protegidos da voracidade de seus senhores. Andrônico, no entanto, tornava-se cada vez mais violento e paranoico: por suspeita de traição, em 1185, ordenou a execução de todos os prisioneiros, exilados e suas famílias. Isso provocou fúria e um sem-número de revoltas por parte dos aristocratas. (N.T.)
537. Nicetas, *Vida de Andrônico Comneno*, livro II.
538. Os corsários, ou piratas da Barbária, foram piratas que, até meados do século XIX, atuaram na porção ocidental do Mediterrâneo e nordeste do Oceano Atlântico, a partir de portos situados na costa da Barbária, zona litorânea do norte da África, em um território que hoje

que impõem ao comércio das pequenas nações: isso os torna úteis aos poderosos.[539]

Atualmente, o império dos turcos se encontra quase no mesmo grau de fraqueza em que outrora estava o dos gregos. Mas ele subsistirá por muito tempo: afinal, se algum príncipe puser esse império em perigo, perseguindo suas conquistas, as três potências comerciais da Europa conhecem seus negócios bastante bem para não saírem em sua defesa imediatamente.[540]

Para eles, é uma felicidade que Deus tenha permitido haver no mundo nações capazes de possuir inutilmente um grande império.

No tempo de Basílio Porfirogeneta[541], o poder dos árabes foi destruído na Pérsia. Maomé,[542] filho de Sambrael, que reinava ali, chamou do norte 3 mil turcos na condição de auxiliares.[543] Em razão de algum descontentamento, enviou um exército contra eles, mas estes o puseram a correr. Maomé, indignado com seus soldados, ordenou que passassem diante dele vestidos com trajes de mulher; mas eles se juntaram aos turcos, que foram logo retirar a guarnição que protegia a ponte do Araxes, abrindo passagem a uma inumerável multidão de seus compatriotas.

Após terem conquistado a Pérsia, expandiram-se de oriente a ocidente sobre as terras do Império, e Romano Diógenes, tendo desejado detê-los, fizeram-no prisioneiro e submeteram quase tudo o que os gregos tinham na Ásia, até o Bósforo.

---

vai do Marrocos à Líbia. Suas principais presas eram embarcações pertencentes aos povos cristãos da bacia do Mediterrâneo. Eventualmente, empreendiam incursões às povoações costeiras da Europa, tendo em vista saques e captura de escravos. (N.T.)

539. Eles atrapalhavam a navegação dos italianos no Mediterrâneo.

540. Assim, os projetos contra os turcos, como o que foi feito sob o pontificado de Leão X, pelo qual o imperador deveria ir a Constantinopla pela Bósnia; o rei da França, pela Albânia e pela Grécia; e outros príncipes, embarcar em seus portos: esses projetos, eu dizia, não eram sérios ou eram feitos por pessoas que não viam o interesse da Europa.

541. Basílio Porfirogeneta (958-1025), filho de Romano II Porfirogeneta, foi imperador bizantino em 963 e uma segunda vez entre 976 e 1025. Em razão de sua luta contra os búlgaros, recebeu o apelido de "Bulgaróctone" ou "Matador de Búlgaros". Durante seu reinado, que durou 49 anos, o mais longo da história bizantina, o Império atingiu seu apogeu territorial, dominando a península balcânica, a Ásia Menor, o norte da Síria, a alta Mesopotâmia, a Armênia e o sul da península itálica. Ao dar sua irmã, Ana, em casamento a Vladimir I de Kiev, na prática submeteu a Rússia à influência de Constantinopla. (N.T.)

542. O sultão Maomé (Mahmud) de Ghazni (971-1030) governou o Império Gaznévida de 997 ou 998 até sua morte – foi o primeiro governador com o título de sultão, e isso significava um rompimento com a suserania do califa. O Império Gaznévida se estendia por uma vasta região, que inclui parte do atual Irã, Afeganistão, parte do Paquistão e o noroeste do subcontinente indiano. Muçulmano intolerante, em suas conquistas destruía templos hindus, forçava conversões ao Islã, cometia saques e fazia escravos. (N.T.)

543. História escrita por Nicéforo Briênio-César, *Vidas de Constantin Ducas e Romano Diógenes*.

Algum tempos depois, sob o reinado de Aleixo Comneno[544], os latinos atacaram o Ocidente. Fazia um bom tempo que um cisma infeliz acendera um ódio implacável entre as nações dos dois ritos,[545] e esse ódio teria explodido mais cedo se os italianos não tivessem pensado mais em reprimir os imperadores da Alemanha, que eles temiam, do que os imperadores gregos, que faziam apenas odiar.

Era essa a situação quando de um só golpe se disseminou pela Europa uma opinião religiosa segundo a qual os lugares em que Jesus Cristo nascera e aqueles em que ele padecera tinham sido profanados pelos infiéis, e que o modo de apagar seus próprios pecados estava em pegar em armas para expulsá-los. A Europa estava repleta de pessoas que amavam a guerra, que tinham muitos crimes a expiar e às quais foi proposto expiá-las seguindo a sua paixão dominante: todos tomaram a cruz e as armas.[546]

---

544. Aleixo Comneno (c. 1048-1118) foi imperador bizantino de 1081 até sua morte. Durante seu longo reinado, teve de enfrentar a invasão dos normandos, repeliu ataques dos pechenegues – povo originário do sudoeste da Eurásia e da Crimeia – e dos cumanos – povo nômade que habitava originalmente a região entre o norte do mar Negro e o rio Volga –; também teve de lidar com o crescente poder dos turcos seljúcidas na Ásia Menor. Mas o grande desafio de seu reinado foi enfrentar as dificuldades causadas pela Primeira Cruzada, que aliás foi suscitada em boa parte por um pedido seu, na pessoa de embaixadores que enviara ao Concílio de Piacenza, de 1095. Com o objetivo de combater a invasão muçulmana, na verdade ele solicitara tropas mercenárias, e não as imensas hostes recrutadas pela Cruzada. As vitórias dos cruzados (do segundo e mais grosso contingente) recuperaram cidades e regiões importantes para o Império Bizantino, mas suas relações com Aleixo nunca foram amistosas. (N.T.)

545. O distanciamento entre as duas Igrejas, Católica Apostólica Romana e Católica Apostólica Ortodoxa, remete a diferenças culturais e políticas acalentadas no curso de séculos. As tensões remontam, no mínimo, à divisão do Império Romano em Oriental e Ocidental. Quando Miguel Cerulário se tornou patriarca de Constantinopla, em 1043, deu início a uma campanha contra as Igrejas latinas em Constantinopla, ordenando o seu fechamento em 1053. Em resposta, Roma enviou a Constantinopla o legado papal, cardeal Humberto, que acabou por excomungar Cerulário. O ato foi entendido como extensivo a todos os membros da Igreja do Oriente. Cerulário, por sua vez, excomungou o legado, o papa Leão IX e toda a Igreja do Ocidente, em um concílio, por ele convocado, no qual rasgava a bula papal. (N.T.)

546. O domínio dos turcos seljúcidas sobre a Palestina foi percebido pelos cristãos do Ocidente como uma ameaça aos peregrinos e cristãos do Oriente. Em 1095, no Concílio de Clermont, o papa Urbano II exortou os nobres franceses a libertar a Terra Santa e colocar Jerusalém novamente sob domínio cristão – e ademais a expedição militar seria uma forma de penitência. Tradicionalmente fala-se em nove Cruzadas, ocorridas entre 1096 e 1207, mas na verdade elas constituíram um movimento quase contínuo, instado pela pregação de Urbano II, segundo a qual teriam a salvação todos os que morressem em combate. Uma das cruzadas mais importantes foi justamente a primeira, chamada Cruzada dos Nobres ou dos Cavaleiros. Liderada por Godofredo de Bulhões (Godefroy de Bouillon), conquistou Jerusalém em 1099, após longo cerco e à custa de uma carnificina que perturbou os próprios vencedores. Para organizar a conquista, surgiram quatro Estados cruzados, os chamados Estados Latinos: o Condado de Edessa, o Principado de Antioquia, o Condado de Trípoli e o Reino de Jerusalém. Surgiram ordens de cavalaria para proteger tais territórios, o sistema feudal foi transplantado para o Oriente – embora os cavaleiros fossem pagos não com feudos, mas apenas com direitos ou

Os cruzados, tendo chegado ao Oriente, sitiaram Niceia e a tomaram; entregaram-na aos gregos e, em meio à consternação dos infiéis, Aleixo e João Comneno rechaçaram os turcos até o Eufrates.

Porém, qualquer que fosse a vantagem que os gregos pudessem extrair das expedições dos cruzados, não havia imperador que não tremesse diante do perigo de ver passar no meio de seus Estados tão orgulhosos heróis e tão grandes exércitos.

Procuraram então desgostar a Europa em relação a essas iniciativas, e os cruzados por toda a parte encontraram traições, perfídia, e tudo o que se pode esperar de um inimigo tímido.

É preciso confessar que os franceses, que haviam iniciado essas expedições, em nada se esforçaram para se fazer tolerar. Por meio das invectivas de Ana Comneno contra nós,[547] vê-se que, no fundo, de modo algum nos constrangíamos em uma nação estrangeira e tínhamos então os defeitos pelos quais atualmente nos censuram.

Um conde francês ia se colocar no trono do imperador; o conde Balduíno[548] puxou-o pelo braço e lhe disse: "Vós deveis saber que quando estamos num país é preciso seguir seus usos.". – "Realmente, eis aí um belo grosseirão", respondeu, "a sentar-se aqui, enquanto tantos capitães estão de pé!".

Os alemães, que vieram em seguida e eram as melhores pessoas do mundo, fizeram uma rude penitência por nossos desatinos e por toda parte encontraram espíritos que fizéramos revoltar.[549]

Enfim, o ódio foi levado ao cúmulo, e alguns maus-tratos impostos a mercadores veneziados, a ambição, a avareza, um falso zelo, determinaram que os franceses e os venezianos empreendessem a cruzada contra os gregos.

Eles os encontraram tão pouco aguerridos quanto, em tempos mais recentes, os tártaros encontraram os chineses. Os franceses faziam troça de suas vestes afeminadas;[550] passeavam pelas ruas de Constantinopla vestidos com

---

rendas –, as cidades mercantis italianas tornaram-se cruciais para a sobrevivência desses Estados, que logo passaram a receber levas de peregrinos. Para protegê-los, foram criadas ordens de cavalaria, como as dos Cavaleiros Templários, Teutônicos e Hospitalários. (N.T.)

547. *História de Aleixo*, seu pai, livros X e XI.
548. Balduíno I de Constantinopla (1172-1205) foi conde de Flandres e um dos nobres mais importantes a se engajar na Quarta Cruzada, de crucial importância pela tomada de Constantinopla e conquista de parte do Império Bizantino. Na parte conquistada, Balduíno fundou o Império Latino. Com isso, fez-se o primeiro imperador latino de Constantinopla, conduzindo o Império no biênio 1204-1205. Acabou derrotado por Kaloyan, imperador da Bulgária, e terminou seus dias na prisão. (N.T.)
549. Nicetas, *História de Manuel Comneno*, livro I.
550. Id., *História após a tomada de Constantinopla*, cap. III.

suas roupas coloridas; levavam à mão tinteiro e papel, a fim de escarnecer dessa nação que renunciara à profissão das armas; e, após a guerra, recusaram-se a receber em suas tropas qualquer grego que fosse. Tomaram toda a parte do Ocidente e elegeram imperador o conde de Flandres, cujos Estados distantes não podiam provocar inveja alguma aos italianos. Os gregos se mantiveram no Oriente, separados dos turcos por montanhas e dos latinos pelo mar.

Os latinos, que não tinham encontrado obstáculos em suas conquistas, encontraram uma infinidade deles ao se estabelecer, enquanto os gregos retornaram da Ásia para a Europa, retomaram Constantinopla e quase todo o Ocidente.[551]

Mas esse novo império mais não foi que uma sombra do primeiro, e deste não teve nem os recursos nem o poder.

Na Ásia ele possuía apenas as províncias que estão aquém do Meandro e do Sangário;[552] a maior parte das da Europa foi dividida em pequenas soberanias.

Além do mais, durante os sessenta anos em que Constantinopla se manteve nas mãos dos latinos, estando os vencidos dispersos e os conquistadores ocupados com a guerra, o comércio passou inteiramente às cidades da Itália, e Constantinopla foi privada de suas riquezas.

O próprio comércio do interior era feito pelos latinos. Os gregos, novamente restabelecidos e com temor a tudo, queriam se conciliar com os genoveses, concedendo-lhes a liberdade de comerciar sem pagar impostos,[553] e os venezianos, que de modo algum aceitaram a paz, mas apenas algumas tréguas, e a quem não quiseram irritar, tampouco pagaram a eles.

Ainda que, antes da tomada de Constantinopla, Manuel Comneno tivesse deixado a Marinha decair, como o comércio ainda subsistisse, podia-se facilmente restabelecê-lo. Mas quando, no novo império, ele foi abandonado, para o mal não se teve remédio, já que a impotência aumentava dia a dia.

Esse Estado, que dominava diversas ilhas, era partilhado pelo mar e circundado por ele em tantos lugares, já não dispunha de embarcações para navegá-lo. As províncias não tinham mais comunicação entre si; obriga-

---

551. Embora pareça contraditório os latinos atacarem o Ocidente, essa passagem do texto, que já suscitou muita controvérsia, pode estar fazendo referência à porção ocidental do Império Bizantino, considerando que, a partir do século VII, este fora dividido em temas, que eram divisões administrativas e militares destinadas a conter os ataques frequentes de povos como os lombardos, os eslavos e os ávaros. (N.T.)
552. Meandro e Sangário eram os nomes dados a dois rios que banham a região sudoeste da Turquia e desaguam o primeiro no mar Egeu e o segundo no mar Negro. Chamam-se hoje Merendes e Sakarya. (N.T.)
553. Cantacuzeno, livro IV.

vam-se os povos a se refugiar continente adentro, para evitar os piratas;[554] e, quando ela o fez, recebeu ordem de se retirar para as fortalezas a fim de se salvar dos turcos.

À época, os turcos travavam uma guerra singular: saíam propriamente à caça de homens; por vezes atravessavam duzentas léguas de terra para fazer suas devastações. Como estivessem divididos sob diversos sultãos,[555] não se podia fazer a paz com todos por meio de presentes, e era inútil fazê-la com alguns. Eles tinham se tornado maometanos, e seu fervor religioso os comprometeu a maravilhosamente devastar as terras dos cristãos. Além disso, como eram os povos mais feios da Terra,[556] também suas mulheres eram horrorosas, e, a partir do momento em que vislumbraram as gregas, já não puderam suportar as outras.[557] Isso os levou a raptos contínuos. Aliás, eles sempre foram dados a assaltos, e eram mesmo esses hunos que outrora tantos males tinham causado ao Império Romano.[558]

Como os turcos inundassem tudo o que restava do Império grego na Ásia, os habitantes que deles puderam escapar fugiram para o Bósforo, e os que encontraram embarcações se refugiaram na parte do Império que ficava na Europa, o que aumentou consideravelmente o número de seus habitantes. Mas esse número não tardou a diminuir. Houve guerras civis tão furiosas, que as duas facções apelaram a diversos sultões turcos sob essa condição, tão extravagante quanto bárbara, de que todos os habitantes que eles capturassem nas terras do partido contrário seriam levados como escravos,[559] e, com o objetivo de arruinar seus inimigos, cada qual concorria para destruir a nação.

Bajazet[560] tendo submetido a todos os outros sultões, os turcos à época teriam feito o que fizeram depois, sob Maomé II, se eles próprios não estivessem a ponto de ser exterminados pelos tártaros.

---

554. Paquímero, livro VII.
555. Cantacuzeno, livro III, cap. XCVI; e Paquímero, livro XI, cap. IX.
556. Isso deu ensejo à lenda nórdica, relatada pelo godo Jornandes, de que Filimer, rei dos godos, ao entrar nas terras dos guetas e tendo encontrado feiticieiras, perseguiu-as para longe de seu exército; elas erraram pelos desertos, onde demônios íncubos copularam com elas, vindo daí a nação dos hunos: *Genus ferocissimum, quod fuit primum inter paludes, minutum, tetrum atque exile, nec alia voce notum nisi quæ humani sermonis imaginem assignabat.*
557. Miguel Ducas, *História de João Manuel, João e Constantino*, cap. IX. No início de seu *Excerto das missões diplomáticas*, Constantino Porfirogeneta advertiu que, quando os bárbaros fossem a Constantinopla, os romanos deveriam evitar mostrar a grandeza de suas riquezas ou a beleza de suas mulheres.
558. Ver nota 556. (N.T.)
559. Ver *A história dos imperadores João Paleólogo e João Cantacuzemo*, escrita por Cantacuzemo.
560. Bajazet I (Bayezid I) (1354?-1403) foi o quarto líder e sultão do Império Otomano, cujo reinado se estendeu de 1389 a 1402. Conquistou a Bulgária, os reinos da Valáquia e da Mol-

Não tenho coragem de falar das misérias que se seguiram; direi somente que, sob os últimos imperadores, o Império, reduzido às cercanias de Constantinopla, acabou como o Reno, que não é mais que um riacho quando se perde no oceano.

---

dávia – região hoje pertencente à Romênia – e impôs um cerco a Constantinopla em 1391. Foi obrigado a abandonar o cerco em 1402, com a investida do exército de Tamerlão (Timur-I-Leng), originário de um novo império mongólico que conquistara boa parte da Ásia Central, todo o Irã, o Cáucaso, e invadira a Anatólia. Nesta, em Angora, hoje Ankara (na atual Turquia), Bajazet foi preso e morreu no cativeiro em 1403. (N.T.)

Este livro foi impresso pela Paym
em fonte Minion Pro sobre papel Lux Cream 80 g/m²
para a Edipro no outono de 2017.